RECUEIL

MÉTHODIQUE ET RAISONNÉ

DES LOIS ET RÉGLEMENS

SUR

LA VOIRIE.

Les exemplaires qui ne sont pas revêtus de ma signature sont réputés contrefaits.

IMPRIMERIE DE MADAME HUZARD
(NÉE VALLAT LA CHAPELLE).

RECUEIL

MÉTHODIQUE ET RAISONNÉ

DES LOIS ET RÉGLEMENS

SUR

LA VOIRIE,

LES ALIGNEMENS ET LA POLICE DES CONSTRUCTIONS,

CONTENANT

UN RÉSUMÉ DE LA JURISPRUDENCE DU MINISTÈRE DE L'INTÉRIEUR
ET DU CONSEIL D'ÉTAT SUR CETTE MATIÈRE ;

PAR H.-J.-B. DAVENNE,

SOUS-CHEF AU MINISTÈRE DE L'INTÉRIEUR.

A PARIS,

Chez
- Madame HUZARD, Libraire, rue de l'Éperon, n°. 7 ;
- L'AUTEUR, rue de Condé, n°. 19, faubourg Saint-Germain ;
- CARILIAN-GOEURY, Libraire, quai des Augustins, n°. 41.

1824.

TABLE DES CHAPITRES.

	Pag.
Avertissement	1

PREMIÈRE PARTIE.

Réglemens généraux.................................... 7
Chapitre Ier. *De la voirie, de son objet, de son origine et de la compétence des autorités en cette matière*.............................. ibid.
Section Ire. *Grande voirie*........................ 21
Section II. *Voirie municipale*...................... 28
§ Ier. *Voirie urbaine*............................ ibid.
§ II. *Petite voirie*................................... 30
Chapitre II. *De l'alignement et des saillies*.... 31
Section Ire. *Grande voirie*....................... 35
Section II. *Voirie municipale*..................... 55
Chapitre III. *Des prohibitions et servitudes, des charges de la propriété et de la dépossession.* 73
Section Ire. *Des prohibitions et servitudes*... ibid.
Section II. *Des charges de la propriété*..... 115
Section III. *De la dépossession*................. 128
Appendice au Chapitre III (*Prohibitions*).... 243
Chapitre IV. *Des contraventions, des peines et des poursuites.*............................. 151
Section Ire. *Grande voirie*........................ 152
Section II. *Voirie urbaine*......................... 178

Chapitre V. *Dispositions particulières aux chemins vicinaux et aux cours d'eau*............ 191
Section Ire. *Des chemins vicinaux*............ ibid.
Section II. *Des cours d'eau*............ 221

SECONDE PARTIE.

Réglemens particuliers a la ville de Paris... 249
Chapitre Ier., Section Ire., § Ier. *De la compétence des autorités*............ ibid.
§ II. *Des alignemens*............ 252
§ III. *Des saillies*............ 260
§ IV. *De la police des constructions*............ 282
§ V. *Du pavage*............ 293
§ VI. *Des constructions autour de Paris*............ 302
§ VII. *Dispositions diverses*............ 307
Chapitre II. *De la petite voirie*............ 323
Section Ire. *De la sûreté de la voie publique*... 324
Section II. *De la viabilité*............ 330
§ Ier. *Des saillies*............ ibid.
§ II. *Des embarras de la voie publique*............ 338
§ III. *Des passages publics*............ 355
Section III. *Propreté et salubrité*............ 367
§ Ier. *Du nettoiement des rues*............ ibid.
§ II. *Réglemens concernant la rivière de Bièvre*. 379
§ III. *Des caves, puits, égouts et fosses d'aisance*. 386

FIN DE LA TABLE DES CHAPITRES.

AVERTISSEMENT.

De toutes les parties de notre législation, celle dont traite cet ouvrage est peut-être la plus imparfaite, et conséquemment celle dont l'application présente le plus de difficultés ; mais peut-être aussi ces difficultés tiennent-elles pour beaucoup à l'embarras de coordonner entre elles toutes les dispositions dont se compose le code de la voirie, et qui, éparses dans une foule de traités et de recueils incomplets ou surannés, ne peuvent être bien connues qu'à l'aide de recherches et de comparaisons qui exigent un travail long et pénible.

Le nouveau régime administratif qui s'établit au moment de la révolution maintint en vigueur les réglemens existans sur cette matière, mais supprima en même temps les juridictions exceptionnelles qui jusqu'alors avaient été chargées de les faire exécuter. Les peines qu'ils prononçaient changèrent aussi, du moins en ce qui concernait la voirie municipale, par l'adoption d'un mode de répression différent pour les délits de police auxquels les infractions à ces réglemens furent assimilées : en sorte qu'ils ont été modifiés sous les rapports de la compétence et la pénalité. C'est ainsi que les arrêts et ordonnances rendus par les parlemens, les bureaux des finances et les autres juridictions abolies, leur ont survécu, mais seulement quant aux points à l'égard desquels il n'y a pas été dérogé dans la suite. De là, la nécessité de rapprocher les anciens réglemens des principes du système moderne, auquel ils sont soumis, et d'en retrancher ou rectifier les dispositions qui y seraient contraires.

D'une autre part, les lois postérieures à 1789 ont créé des règles nouvelles qui se combinent avec les anciennes quand elles ne les abrogent pas, et dans les deux cas leur application exige encore des rapprochemens et des distinctions que l'administrateur doit étudier.

Enfin, dans beaucoup de circonstances,

soit insuffisance de la législation, soit qu'elle ait abandonné à dessein à l'administration le droit de prononcer sur des questions qu'elle ne pouvait embrasser, une jurisprudence établie par des actes de l'autorité souveraine, et la plupart du temps par de simples décisions ministérielles, supplée au silence des réglemens généraux sur des points qui touchent de très-près aux intérêts privés. C'est sur-tout la connaissance de cette jurisprudence qui importe aux autorités locales, puisqu'elles y trouveront un sûr moyen de résoudre, dans le sens de l'opinion du Ministère de l'intérieur et du Conseil d'État, les difficultés qui s'élèvent si fréquemment dans l'application des réglemens de voirie; ce qui, joint à l'avantage d'éclairer le jugement des magistrats et de promettre aux administrés une justice toujours et par-tout égale, assurera la confirmation des décisions rendues, en cas de recours à l'autorité supérieure.

Tel est le but principal de ce *Recueil*.

Il ne fallait que des recherches et quelque méthode pour parvenir à présenter dans un même cadre et dans le meilleur ordre possible toutes les dispositions tant anciennes que nouvelles qui régissent la voirie. Ma position au Ministère de l'intérieur m'a permis de donner à un semblable travail le complément nécessaire, en y joignant, comme je l'ai fait, d'après les décisions ministérielles qui ont statué sur des cas analogues, la solution des diverses questions contentieuses auxquelles peut donner lieu l'interprétation des réglemens; ce qui fait de cet ouvrage une sorte d'instruction propre à l'usage des administrations locales et des propriétaires eux-mêmes. — En réunissant aux réglemens généraux qui font la base de ce code les règles particulières à la ville de Paris, j'ai eu non-seulement en vue de ne point omettre ce qui pouvait intéresser spécialement cette ville, mais en outre de fournir aux villes des départemens un moyen de s'approprier, avec les changemens exigés par les localités, celles de ces dispositions qui pourraient leur être appliquées, sur leur demande, par un réglement d'administration publique.

A l'égard des chemins vicinaux et des cours d'eau, je me suis peu étendu sur ces deux parties, attendu qu'une loi nouvelle et prochaine doit nécessairement changer le régime de la première, et rendrait dès lors superflus de plus grands développemens sur le système actuel, et que, quant à la seconde, elle ne se rattache que très-indirectement à la voirie.

J'ai cherché à propager la connaissance de règles qui n'intéressent pas moins les particuliers que les administrateurs chargés d'en surveiller l'exécution. Il m'a paru qu'il serait utile d'épargner aux uns et aux autres des recherches que tous n'ont pas d'ailleurs la possibilité d'entreprendre : c'est pourquoi j'ai rapporté tout ce qu'il peut être nécessaire de connaître sur cette branche d'administration parmi les actes émanés du pouvoir public depuis le seizième siècle, c'est-à-dire depuis l'origine de la législation sur la matière, jusqu'au moment de la publication de ce *Recueil*.

J'aurai atteint le but que je me suis proposé si je suis parvenu à faciliter l'intelligence d'une partie aussi importante du droit administratif, et à rendre moins fréquentes les contestations occasionnées par les prétentions opposées des magistrats et des propriétaires, en remettant sous les yeux des premiers et en faisant mieux connaître aux seconds les limites de leurs droits et l'étendue de leurs obligations réciproques.

RECUEIL

MÉTHODIQUE ET RAISONNÉ

DES LOIS ET RÉGLEMENS

SUR

LA VOIRIE,

LES ALIGNEMENS ET LA POLICE DES CONSTRUCTIONS.

PREMIÈRE PARTIE.

RÉGLEMENS GÉNÉRAUX.

CHAPITRE PREMIER.

De la voirie, de son objet, de son origine, et de la compétence des autorités en cette matière.

La première obligation qu'impose à l'homme le besoin de vivre en société est de faire, au bénéfice de la chose commune, l'abandon d'une portion de ses droits naturels : ainsi l'usage de la propriété est limité, à l'égard de chacun, suivant les circonstances et les lieux, en raison des considérations d'utilité générale, qui, dans certains cas, prévalent sur le droit de propriété même.

Veiller à l'observation des lois qui dérivent de ce principe, en régulariser l'application, maintenir en un mot les rapports d'intérêt qui doivent exister entre les individus et la communauté, est une des attributions les plus importantes de la police administrative. Parmi les objets que la conservation de l'ordre et l'intérêt des relations sociales recommandent à sa vigilance, figurent en première ligne la sûreté et la commodité de la voie publique.

Les besoins d'une circulation active, l'entretien de la salubrité, le bien-être des citoyens et les progrès des arts, ont fait sentir, sur-tout à l'égard des villes, la nécessité de créer des règles qui, en préservant le domaine public des envahissemens des particuliers, déterminassent d'une manière fixe les droits de ceux-ci dans leurs rapports avec l'intérêt général : tel est l'objet de cette branche de notre système d'économie publique, désignée sous le nom de *voirie*. Dans son acception la plus étendue, cette dénomination comprend tout ce qui concerne la confection, l'entretien et l'alignement des chemins et des rues, les travaux des ponts et chaussées, la police des bâtimens sur les routes et dans l'intérieur des villes, etc. ; il sera plus particulièrement question ici de ce qui, dans ces divers cas, intéresse la propriété individuelle par rapport à l'action du pouvoir administratif.

L'origine de la voirie est fort ancienne, quelques

auteurs conjecturent même qu'elle remonte aux premiers siècles de la civilisation; ce qu'il y a de certain, c'est que chez les Romains, nos modèles en fait de droit civil comme en beaucoup d'autres institutions, l'administration de la voirie, telle que nous l'entendons, fit long-temps partie des fonctions confiées aux édiles. Sous l'empire d'Auguste, elle fut remise à des officiers particuliers créés avec le titre de *curatores viarum*, et qui exerçaient sous l'autorité du magistrat chargé de la police, *præfectus urbis*. Il paraît que ce système d'administration, comme la plupart des coutumes des Romains, passa de ceux-ci aux Gaulois, et est ainsi parvenu jusqu'à nous.

Le mot de *voirie,* suivant les anciennes chartes du royaume et les coutumes de diverses provinces où il est exprimé par ceux de *viaria*, *viatoria*, *viatura*, *advocatio*, etc., signifiait proprement *basse justice.*

Les plus anciens actes de l'autorité souveraine qui donnent quelques lumières sur cette partie de la législation, et qui remontent au temps de Louis-le-Gros* et de Philippe-Auguste **, montrent que dès ce temps il existait deux juridictions bien distinctes; savoir, celle du roi de France, comme seigneur suzerain, qui s'étendait à tous les grands chemins du royaume (ce qui répond aux routes royales d'aujourd'hui), et celle des seigneurs justiciers, qui

---

* Lettres-patentes de 1124, qui accordent la voirie à l'abbé de Saint-Denis depuis la rivière jusqu'à Aubervilliers.

** Lettres-patentes, datées de Melun 1222, intitulées : *Charta pacis.*

étaient en même temps voyers dans leurs terres, et qui exerçaient la même autorité sur tous les chemins comme dans les rues des villes de leurs domaines.

Cette division de droits et de prérogatives a occasionné de fréquentes contestations entre les juges royaux et les officiers des seigneuries. Long-temps le pouvoir de la couronne, trop faible pour résister aux prétentions des nobles, dut céder sur un point qui n'intéressait pas essentiellement sa dignité; mais vers le onzième ou le douzième siècle, les principaux seigneurs, qui donnaient en fiefs une grande partie de leurs possessions pour se procurer des services militaires, attachèrent des revenus au droit de voirie, et le transmirent, à charge de foi et hommage, comme on en voit un exemple dans la cession que fit le comte de Champagne au sire de Noyers de la voirie de Chablye. * Ces démembremens, en faisant passer dans d'autres mains la juridiction des chemins publics, rendirent insensiblement à la couronne l'exercice de ses droits, et commencèrent le déclin de la puissance des grands vassaux, depuis si fortement ébranlée sous Louis XI, et que la politique de Richelieu acheva d'anéantir.

C'est ainsi que dans la plupart des villes la voirie fut inféodée : les droits utiles qui y étaient attachés se percevaient au profit du seigneur voyer, et la justice, distincte de celle du prévôt, se rendait par les officiers seigneuriaux. On conçoit qu'un tel système, dirigé vers un but purement fiscal, loin de

---

* *Traité de la police*, par DELAMARRE, tome IV.

protéger les intérêts publics et privés, tendait au contraire à l'arbitraire le plus absolu : de là les permissions de bâtir accordées sans autre règle que le caprice ou l'intérêt du voyer ; de là l'irrégularité, l'insuffisance de largeur et l'insalubrité d'un très-grand nombre de rues dans les villes les plus considérables du royaume et principalement dans les plus anciennes.

Mais ce n'est pas seulement dans l'intérieur des villes que ce défaut de règles produisit de fâcheux effets : la police des chemins extérieurs n'était guère plus satisfaisante dans ces temps, où chaque suzeraineté, chaque châtellenie, formait en quelque sorte un état indépendant et isolé. Les seigneurs, presque toujours armés les uns contre les autres, loin de chercher à rendre plus commodes leurs relations de voisinage, avaient un intérêt tout contraire, puisqu'ils trouvaient dans la difficulté des voies un moyen de sécurité contre les agressions de leurs voisins. D'ailleurs les habitans, qui faisaient les chemins par corvée, ne désiraient pas leur amélioration, qui n'était pour eux qu'une charge de plus.

L'intervention de la puissance royale apporta quelques changemens à cet état de choses, dont l'influence sur les progrès de la civilisation et du commerce mérite d'occuper quelques lignes dans notre histoire; mais ce ne fut que vers le commencement du dix-septième siècle, que le grand Henri, sous le règne duquel toutes les parties de l'administration reçurent des améliorations notables, vint mettre un terme au désordre en créant la charge de grand-voyer de France, et en posant dans un édit qui détermine l'objet de cette haute fonction *, les bases d'une législation régénératrice.

La capitale elle-même ne fut pas à l'abri des inconvéniens du système vicieux suivi dans les autres parties du royaume; la voirie y était une dépendance du domaine de la couronne, que nos rois concédaient à leur gré. Saint Louis en gratifia Jean Sarrazin, son chambellan, comme on le voit par un titre qui fut déposé à la chambre des comptes en 1426, et qui est intitulé ainsi :

« C'est la copie du registre que Jehan Sarrazin, jadis voyer de Paris, fist escrire en l'an de grâce de N. S. Jésus-Christ, mil deux cent soixante-dix. »

Cette pièce contient le détail des fonctions et des droits que s'attribuait le voyer, et qui consistaient principalement à surveiller la viabilité des rues, l'ordre des halles et marchés, l'enlèvement des boues et immondices et autres objets de police urbaine, à raison de quoi il percevait des droits en argent et des redevances en nature suivant les cas. On y remarque sur-tout que les permissions de bâtir en saillie sur les rues dépendaient uniquement de sa volonté, qu'il ne relevait d'aucune autorité et n'était soumis à aucun réglement.

Avant le règne de Henri IV, les trésoriers de France étaient chargés, en vertu de diverses ordonnances de nos rois, notamment de celles des mois d'octobre 1489, octobre 1508 et janvier 1551, de

---

* Décembre 1607.

visiter les chemins publics et de veiller à leur entretien et à leur conservation.

Cette sorte de magistrature, instituée pour l'administration du trésor des rois de France, formait, dans chaque généralité, une juridiction désignée sous le nom de *bureau des finances*, qui connaissait de toutce qui intéressait le domaine royal; et comme, dans les premiers temps de la monarchie, les revenus de la couronne se composaient en majeure partie du produit des terres qui en formaient l'apanage, les fonctions des trésoriers de France les appelant sans cesse sur les divers points du royaume, soit pour visiter les domaines du roi, soit pour recevoir les redevances, il est vraisemblable que, d'une part, l'analogie des grands chemins avec les propriétés de la couronne; de l'autre, la nécessité de les parcourir souvent pour l'exercice de leur office dans les *chevauchées* qui leur étaient ordonnées, furent l'origine de la charge que reçurent ces magistrats de veiller à la conservation des routes.

L'édit de 1559, qui créa l'office de grand-voyer, dont fut pourvu le duc de Sully, ne leur enleva pas cette attribution; mais les difficultés qui s'élevèrent entre eux et le grand-voyer ne tardèrent pas à faire sentir la nécessité d'introduire un meilleur ordre dans le système, et un édit de 1626 supprima cette dernière charge, dont les fonctions furent définitivement réunies à celles des présidens trésoriers généraux de France, chacun pour le ressort de sa généralité. Peu après, ils y ajoutèrent l'office de voyer particulier de la ville de Paris.

Les bureaux des finances réunissaient deux sortes de compétence, l'une administrative et l'autre judiciaire : la première consistait dans le pouvoir d'ordonner les travaux des ponts et chaussées et autres ouvrages d'utilité publique, dont la direction leur était confiée, et de prononcer sur les difficultés qui s'élevaient en cette partie de leurs fonctions, sauf l'appel de leurs décisions au Conseil d'État; la seconde leur donnait le droit de juger en première instance les contraventions relatives à la voirie, et dans ce cas ils relevaient des parlemens.

Toutefois l'action de ces corps, comme voyers, ne s'étendait pas aux voiries seigneuriales; et à Paris même plusieurs exemples prouvèrent que leurs droits étaient limités *. Dans les villes de province où la justice n'appartenait pas au Roi, ils ne connaissaient que des matières qui intéressaient les routes de traverse et, par extension, des chemins à la charge des seigneurs péagers **.

Les ordonnances rendues par les trésoriers de France ont fixé la législation sur plusieurs points importans et produit de bons résultats; mais il manquait à leurs opérations, presque toujours isolées, une base propre à les coordonner quant au système général des alignemens. Des plans furent dressés pour les routes entretenues aux frais

* Arrêt du parlement de Paris, du 18 janvier 1661, entre les trésoriers de France et le voyer de l'archevêché. Autre arrêt du 25 du même mois, entre les mêmes et les religieux de Saint-Germain-des-Prés.

** *Dictionnaire de voirie*, par PERROT, pag. 424.

du Roi, et un arrêt du Conseil d'État, du 27 février 1765, remit aux trésoriers de France le soin de faire exécuter ceux de ces plans qui auraient été approuvés par Sa Majesté, comme aussi de statuer sur les contraventions auxquelles leur exécution pourrait donner lieu. Enfin intervinrent les lettres-patentes du 10 avril 1783, qui prescrivirent la même mesure à l'égard des rues de Paris, en ordonnèrent l'élargissement et confirmèrent, pour cette ville en particulier, les réglemens généraux antérieurs. Tels furent la marche et les progrès de la législation sur la voirie jusqu'au moment de la révolution, où les changemens qui survinrent dans toutes les branches de l'administration publique renversèrent le système établi.

L'assemblée constituante rendit la loi du 26 juillet 1790, qui prononça :

« Art. 1er. Le régime féodal et la justice seigneuriale étant abolis, nul ne peut, à l'un ou à l'autre de ces titres, prétendre aucun droit de propriété ni de voirie sur les chemins publics, rues et places des communes. »

La loi du 16-24 août de la même année décida :

« Art. 3. Les objets de police confiés à la vigilance et à l'autorité des municipalités sont 1°. tout ce qui intéresse la sûreté et la commodité du passage dans les rues, quais, places et voies publiques; ce qui comprend le nettoiement, l'illumination, l'enlèvement des encombremens, la démolition ou la réparation des bâtimens menaçant ruine, l'interdiction de rien exposer aux fenêtres ou autres parties des bâtimens qui puisse nuire par sa chute, et celle de rien jeter qui puisse blesser ou endommager les passans, ou causer des exhalaisons nuisibles. »

Sous l'ancienne législation, on distinguait la *grande* voirie de la *petite* par la nature des objets sur lesquels il s'agissait de prononcer; c'est-à-dire que l'on entendait par grande voirie tout ce qui concernait les alignemens des maisons et les permissions relatives aux saillies fixes; tandis que les étalages, les saillies mobiles et en général le soin de pourvoir journalièrement à la viabilité des rues étaient considérés comme dépendant de la petite voirie.

Ici commence une distinction nouvelle. On vient de voir, par l'article 3 ci-dessus rapporté de la loi du 24 août 1790, que la police de la voirie pour les chemins, rues et places des communes, fut remise aux municipalités comme étant subrogées aux droits des seigneurs justiciers [*].

Le décret du 22 décembre 1789 avait chargé les administrations départementales d'exercer, sous l'autorité et l'inspection du Roi, entre autres attributions :

« La conservation des forêts, rivières, chemins et autres choses publiques ;

» La direction et confection des travaux pour la confection des routes, canaux et autres ouvrages publics (dans le ressort de chaque département.) »

Une loi, du 7 septembre 1790, décida :

---

[*] *Voir* l'art. 5 de la loi du 10 juin 1793, au chap. III, § III.

« Art. 6. L'administration en matière de grande voirie appartient aux corps administratifs, et la police de conservation, tant pour les grandes routes que pour les chemins vicinaux, aux tribunaux de district. »

Celle du 14 octobre suivant développa la précédente, en spécifiant que :

« L'administration en matière de *grande voirie*, attribuée aux corps administratifs, comprend, dans toute l'étendue de la France, l'alignement des rues des communes *qui servent de grandes routes*. »

Il faut donc considérer aujourd'hui la grande voirie comme s'appliquant uniquement à ce qui concerne la conservation des routes et des rues qui en font partie, et la voirie municipale comme relative à la police des rues, places et chemins communaux, ainsi que des bâtimens qui les bordent.

La *petite voirie* s'entend, comme par le passé, du pouvoir confié à l'autorité de prévenir les embarras de la voie publique dans l'intérieur des villes, en réglant les dimensions des étalages, la saillie des enseignes, les limites et la durée des dépôts de matériaux sur le pavé des rues, le nombre et le placement des échoppes, etc., etc. A Paris, cette surveillance fait partie des attributions du Préfet de police.

On voit par ce qui précède que les fonctions des anciens bureaux des finances ont été divisées, quant à la partie administrative, suivant la distinction que présentait leur compétence. A l'égard de la partie contentieuse, le jugement des difficultés qui peuvent s'élever en matière de grande voirie est attribué aujourd'hui aux Conseils de préfectures par les lois des 28 pluviôse an VIII et 29 floréal an X., et les tribunaux de police prononcent sur les contestations relatives à la voirie urbaine, aux termes de l'article 471 du *Code pénal*. En cela la législation nouvelle a suivi les traces de l'ancienne, puisque les trésoriers de France jugeaient, dans les premiers cas, comme tribunaux administratifs, sauf recours au Conseil d'État, et que la juridiction des Conseils de préfectures est absolument la même; tandis que le jugement des contraventions de voirie urbaine et de petite voirie est resté dans l'attribution du pouvoir judiciaire, sans autre changement que l'ordre du tribunal.

La loi du 19—22 juillet 1791 a statué:

« ART. 20. Sont confirmés provisoirement les réglemens qui subsistent touchant la voirie, ainsi que ceux actuellement existans à l'égard de la construction des bâtimens et relatifs à leur solidité et sûreté, sans que de cette disposition il puisse résulter la conservation des attributions ci-devant faites à des tribunaux particuliers. »

Ainsi jusqu'à ce que des actes législatifs aient établi de nouvelles règles, les édits, ordonnances, lettres-patentes, déclarations, et autres actes qui avaient force de loi au temps où ils furent rendus, doivent continuer de recevoir leur exécution, sauf en ce qui concerne le jugement des contraventions, et les dispositions pénales qui ont été modifiées en plusieurs points, comme nous l'expliquerons dans la suite.

A Paris, on a considéré jusqu'ici les rues comme dépendant de la grande voirie, soit parce que les lettres-patentes de 1783 ayant ordonné la levée du plan de ces rues et statué à l'égard de Paris comme l'arrêt de 1765, pour ce qui concernait les routes entretenues par le Roi, l'analogie a paru motiver cette distinction, soit parce que la loi du 30 décembre 1790 a conféré au corps municipal les fonctions attribuées aux autorités administratives de département, en ce qui concerne les travaux publics. Quoi qu'il en soit, et bien qu'aucune disposition ne l'ait établi d'une manière expresse, ce système a prévalu et la jurisprudence du Conseil d'État l'a confirmé.

La question vient d'être jugée tout récemment, le 13 août 1823, par une ordonnance royale rendue sur le pourvoi formé par le sieur Dubois de la Touche, propriétaire rue de Chaillot, contre un arrêté du Conseil de préfecture de la Seine, qui l'avait condamné pour cause de contravention aux réglemens de voirie. Les motifs qui ont fait rejeter le moyen tiré de l'incompétence du Conseil de préfecture, sont ainsi exprimés :

« Considérant que le réglement du 10 avril 1783 a réservé au Gouvernement le droit de régler l'élargissement et le redressement des rues de notre bonne ville de Paris ;

» Considérant que du décret du 27 octobre 1808 il résulte que *toutes les rues appartiennent à la grande voirie.*

» Considérant qu'aux termes de la loi du 28 pluviôse an VIII, les Conseils de préfectures sont appelés, etc. »

On peut objecter cependant sur le premier motif que c'est aussi le Gouvernement qui règle l'élargissement et le redressement des rues dans les autres villes (art. 52 de la loi du 16 septembre 1807), sans que pour cela elles cessent d'être régies comme appartenant à la voirie municipale ;

Sur le second, que le décret du 27 octobre 1808 (*voir* IIe. partie, chapitre Ier., section Ire., § III), n'a spécifié les objets de grande voirie que par opposition à ceux qui dépendent de la petite, et dans le sens des anciens réglemens, sans que de cette classification on puisse tirer aucune induction propre à faire règle quant à la compétence du Conseil de préfecture, qui ne saurait d'ailleurs être valablement déterminée par un décret.

Toutefois il faut considérer cette exception comme ayant acquis force de chose jugée, et admettre comme principe établi que les rues de la ville de Paris sont assimilées aux grandes routes.

La compétence des autorités en matière de voirie est réglée, dans l'état actuel de la législation, par les dispositions qui suivent et qui s'appliquent 1°. à la grande voirie; 2°. à la voirie municipale, qui comprend les chemins vicinaux, la voirie urbaine et la petite voirie.

SECTION PREMIÈRE.

GRANDE VOIRIE.

Décret rendu pour la constitution des assemblées administratives.

Du 22 décembre 1789 - janvier 1790.

« SECTION III, ARTICLE 2. Les administrations de département seront encore chargées, sous l'autorité et l'inspection du Roi.... 6°. de la conservation des forêts, rivières, chemins et autres choses communes; 7°. de la direction et confection des travaux pour la confection des routes et autres ouvrages publics autorisés dans le département. »

Décret sur la mise en activité des corps administratifs.

Du 28 juin - 2 juillet 1790.

« ART. 6. Ils feront former un état ou tableau des routes de leur département, avec désignation de l'état dans lequel elles se trouvent, et de la situation tant des ouvrages d'*art* que de ceux ci-devant dits *corvée*, qui seront autorisés et mis en confection sur les fonds de 1790; ils feront pareillement dresser un tableau des ports de mer, des rivières navigables et canaux de leur département, avec désignation de l'état dans lequel ils se trouvent et de la situation des ouvrages d'art, pour les parties dont la dépense est à la charge des administrations »

Décret qui supprime les anciens offices et tribunaux.

Des 6, 7 - 11 septembre 1790.

« ART. 3. Les entrepreneurs de travaux publics

seront tenus de se pourvoir sur les difficultés qui pourraient s'élever en interprétation ou dans l'exécution des clauses de leurs marchés, d'abord par voie de conciliation devant le directoire du district (le Sous-Préfet), et dans le cas où l'affaire ne pourrait être conciliée, elle sera portée au directoire du département (le Préfet), et décidée par lui en dernier ressort.

» Art. 4. Les demandes et contestations sur le réglement des indemnités dues aux particuliers à raison de terrains pris ou fouillés pour la confection des chemins, canaux, ou autres ouvrages publics, seront portées, de même par voie de conciliation, devant le directoire de district, et pourront l'être ensuite au directoire du département, lequel les terminera en dernier ressort, conformément à l'estimation qui en sera faite par le Juge de Paix et ses assesseurs.

» Art. 5. Les particuliers qui se plaindront de torts et dommages procédant du fait personnel des entrepreneurs et non du fait de l'administration, se pourvoiront contre les entrepreneurs d'abord devant la municipalité du lieu où les dommages auront été commis, et ensuite devant le directoire du district, qui statuera en dernier ressort lorsque la municipalité n'aura pas pu concilier l'affaire.

» Art. 6. L'administration en matière de grande voirie appartiendra aux corps administratifs, et la police de conservation, tant pour les grandes routes que pour les chemins vicinaux, aux juges de district. »

(23)

La loi du 28 pluviôse an VIII a changé cette disposition de même que celle du 16 septembre 1807, articles 55 et 56, a modifié l'article 4 en ce qui concerne le réglement des indemnités dues aux propriétaires. (*Voir* la première de ces lois à sa date au présent chapitre, et la seconde au chapitre III, section III.)

Décret qui règle différens points de compétence des corps administratifs.

Du 7 - 14 octobre 1790.

« Art. 1er. L'administration en matière de grande voirie, attribuée aux corps administratifs par l'article 6 du titre XIV du décret sur l'organisation judiciaire (*voir* le décret précédent), comprend, dans toute l'étendue du royaume, l'alignement des rues des villes, bourgs et villages, qui servent de grandes routes. »

Décret relatif à l'organisation des ponts et chaussées.

Des 4 novembre, 14, 16, 28 et 31 décembre 1790 - 19 janvier 1791.

« Art. 4. Une administration centrale des ponts et chaussées est chargée de l'examen de tous les projets généraux de routes dans les différens départemens, ainsi que de ceux d'ouvrages d'art en dépendant, de ceux des canaux de navigation, construction, entretien et réparation des ports de commerce. »

Décret sur le même objet.

Des 4 et 6 - 18 août 1791.

« Art. 1er. L'administration centrale des ponts

et chaussées sera dans la main et sous la responsabilité du Ministre de l'intérieur. »

(Un Conseiller d'État est chargé, sous le Ministre de l'intérieur, de la direction des ponts et chaussées, et de la navigation intérieure en exécution d'un arrêté du 19 ventôse an X. Le décret du 7 fructidor an XII, celui du 20 février 1812, et l'ordonnance royale du 2 septembre 1815, ont réglé définitivement l'organisation de ce service.)

Loi

Du 28 germinal an VI (17 avril 1798).

« Art. 125. Les fonctions essentielles et ordinaires de la gendarmerie nationale, sont...... 29°. de saisir et arrêter tous ceux qui sont trouvés coupant ou détériorant, en manière quelconque, les arbres plantés sur les grandes routes. »

Loi concernant la division du territoire de la France et l'administration.

Du 28 pluviôse an VIII (17 février 1800).

« Art. 4. Le Conseil de préfecture prononcera sur les difficultés qui pourraient s'élever entre les entrepreneurs de travaux publics et l'administration, concernant le sens ou l'exécution des clauses de leurs marchés :

» Sur les réclamations des particuliers qui se plaindront de torts et dommages procédant du fait personnel des entrepreneurs, et non du fait de l'administration ;

» Sur les demandes et contestations concernant les indemnités dues aux particuliers, à raison des terrains pris ou fouillés pour la confection des chemins, canaux et autres ouvrages publiés » (*voir* l'arrêt du Conseil du 7 septembre 1755, les art. 55, 56 de la loi du 16 septembre 1807, et la loi du 8 mars 1810, chap. III, § III);

» Sur les difficultés qui pourront s'élever en matière de grande voirie. » (*Voir* la loi du 29 floréal an X, au chap. IV.)

Arrêté du Gouvernement sur une matière de compétence.

Du 3 brumaire an XI (25 octobre 1802).

« Considérant que la contestation qui s'est élevée entre le citoyen Zinck, homme de loi à Trèves, et le citoyen Geyer, commissaire de police de cette ville, chargé par le Maire de surveiller les travaux de réparation des grandes routes, était purement administrative;

» Considérant que le tribunal de paix de Trèves, qui avait reconnu son incompétence relativement à la connaissance du fond, devait également la reconnaître à l'égard des frais, qui n'étaient que l'accessoire :

» Le Conseil d'État entendu, les consuls arrêtent :

» Art. 1er. Le jugement rendu, le 24 thermidor dernier, entre les citoyens Zinck et Geyer, par le tribunal de paix de la ville de Trèves, est déclaré non avenu.

» Art. 2. Les difficultés survenues entre ces deux citoyens seront portées, instruites et jugées au Conseil de préfecture du département de la Sarre. »

Décret sur le mode de constater les contraventions.

Du 18 août 1810.

« Art. 1ᵉʳ. Les préposés aux droits réunis et aux octrois seront à l'avenir appelés concurremment avec les fonctionnaires publics désignés en l'art. 2 de la loi du 29 floréal an X *, à constater les contraventions, en matière de grande voirie, de poids des voitures et de police de roulage.

» Art. 2. Les préposés ci-dessus désignés, ainsi que les fonctionnaires publics désignés en l'art. 2 de la loi du 29 floréal an X, seront tenus d'affirmer devant le Juge de Paix les procès-verbaux qu'ils seront dans le cas de rédiger, lesquels ne pourront autrement faire foi et motiver une condamnation. »

Décret sur une matière de compétence.

Du 15 décembre 1813.

« Vu l'arrêt du Conseil d'État en date du 27 février 1765, relatif aux alignemens, constructions et réparations des bâtimens le long des grandes routes ;

» Vu la loi du 22 juillet 1791 qui les confirme ;

» Vu le décret du 11 septembre 1791 et la loi du 14 octobre même année, qui mettent l'administration en matière de grande voirie dans les attributions des corps administratifs ;

» Vu les arrêtés du Préfet de l'Ourthe des 16 floréal an X et 24 juin 1809, dans lesquels il rappelle

---

* Les Maires, Adjoints, Ingénieurs et Conducteurs des ponts et chaussées, les Agens de la navigation, les Commissaires de police et la gendarmerie.

à ses administrés la nécessité de demander l'autorisation de construire ou réparer les maisons bordant les routes :

» Notre Conseil d'État entendu, nous avons décrété, etc.

» Art. 1ᵉʳ. L'arrêté du Conseil de préfecture de l'Ourthe, du 24 décembre 1811, pris en matière de grande voirie, et par lequel ce Conseil prononce qu'il n'y a pas lieu de donner suite au procès-verbal dressé par un conducteur des ponts et chaussés contre la dame veuve Jean Simonis, est annullé.

» Art. 2. L'arrêté du Préfet de l'Ourthe, du 11 avril précédent, sera exécuté selon sa forme et teneur. »

Il suit des actes précédemment rapportés, quant à la compétence des autorités,

1°. Que l'administration et la police de conservation en matière de grande voirie appartiennent aux Préfets, sauf recours au Ministre de l'intérieur et ensuite au Conseil d'État ;

2°. Que le contentieux, ainsi que le pouvoir de prononcer les peines encourues pour les contraventions, est attribué aux Conseils de préfectures.

La jurisprudence du Conseil d'État établit en outre,

3°. Que les questions de propriété, tant du fond que des arbres plantés le long des routes, de même que les questions de servitude, sont du ressort des tribunaux [*] ;

4°. Que les délits punissables par les lois pénales

[*] Décrets et ordonnances royales des 18 mars, 15 mai 1813, 23 octobre 1815, 27 mai 1816 (*Comité du contentieux*).

sont également remis au jugement des tribunaux, sans préjudice de l'action des Conseils de préfectures pour ce qui est de simple conservation *.

SECTION II.

VOIRIE MUNICIPALE.

(*Voir* pour les chemins vicinaux au chapitre V.)

§ Ier. *Voirie urbaine.*

Loi sur la constitution des municipalités.

Du 14 décembre 1789.

« Art. 50. Les fonctions propres au pouvoir municipal sous la surveillance et l'inspection des corps administratifs, sont de diriger et de faire exécuter les travaux publics à la charge des communes. »

Loi sur l'organisation de l'ordre judiciaire.

Du 16-24 août 1790.

« Titre XI, art. 1er. Les corps municipaux veilleront et tiendront la main, dans l'étendue de chaque municipalité, à l'exécution des lois et réglemens de police, et connaîtront du contentieux auquel cette exécution pourrait donner lieu. »

(Le *Code pénal* attribue aujourd'hui aux tribunaux de police la connaissance des contraventions. *Voir* à cet égard le chapitre IV.)

« Art. 3. Les objets de police confiés à la vigilance et à l'autorité des municipalités sont, 1°. tout

---

* Décret du 17 juillet 1808 (*Comité du contentieux*).

ce qui intéresse la sûreté et la commodité du passage dans les rues, quais, places et voies publiques ; ce qui comprend le nettoiement, l'illumination, l'enlèvement des encombremens, la démolition ou la réparation des bâtimens menaçant ruine, l'interdiction de ne rien exposer aux fenêtres, ou autre partie des bâtimens, qui puisse blesser ou endommager les passans ou causer des exhalaisons nuisibles. »

Loi sur la police municipale et correctionnelle.

Du 19-22 juillet 1791.

« TITRE Ier., ART. 29. Sont confirmés provisoirement les réglemens qui subsistent touchant la voirie, ainsi que ceux actuellement existans à l'égard de la construction des bâtimens et relatifs à leur solidité et sûreté, sans que de cette disposition il puisse résulter la conservation des attributions ci-devant faites à des tribunaux particuliers.

» ART. 46. Aucun corps municipal ne peut faire de réglemens ; néanmoins il peut, sous le nom et l'intitulé de Délibérations (*les actes des Maires s'intitulent aujourd'hui Arrêtés*) et sauf la réformation, s'il y a lieu, par l'administration du département, sur l'avis de celle du district, faire des arrêtés sur les objets qui suivent :

» 1°. Lorsqu'il s'agira d'ordonner les précautions locales sur les objets confiés à sa vigilance et à son autorité par les art. 3 et 4 du titre XI du décret sur l'organisation judiciaire. » (*Voyez* la loi qui précède.)

» ART. 2. De publier de nouveau les lois et réglemens de police ou de rappeler les citoyens à leur observation. »

La loi du 28 pluviôse an VIII et un arrêté du 2 pluviôse an IX décident que le Maire est chargé seul de l'administration de la commune et a la faculté de déléguer à ses adjoints une partie de ses fonctions. Ceux-ci, peuvent aux termes de la loi du 21 fructidor an III, concourir avec le Maire à tous les actes de police qui intéressent particulièrement la commune.

Aux termes de la même loi du 28 pluviôse an VIII, les fonctions du ministère public près les tribunaux de police sont remplis par les Commissaires de polices dans les lieux où il en est établi, et dans les autres par les adjoints du Maire.

Les réglemens qui précèdent établissent, relativement à la compétence des autorités en matière de voirie urbaine,

1°. Que la police de conservation des rues des villes, bourgs et villages qui ne sont pas routes de traverse appartient aux maires;

2°. Que le jugement des contraventions est du ressort de l'autorité judiciaire.

Les questions de propriété sont également du ressort exclusif des tribunaux. (*Voir* les lois des 16 septembre 1807 et 8 mars 1810 au chap. III, § III.)

§ II. *Petite voirie.*

La compétence des autorités est absolument la même quant à la petite voirie, que relativement à la voirie urbaine, dont elle fait partie. Ainsi ce qui a été rapporté dans le dernier paragraphe, comprend tout ce qui concerne la petite voirie : les règles qui lui sont particulières et dont il sera question dans la suite, sont fondées sur les mêmes principes et donnent lieu à des formalités semblables dans leur applications.

Il n'existe de différence, à cet égard, que pour la seule ville de Paris, où l'on a vu que les rues étaient réputées grandes routes, et où la petite voirie dépend des attributions du Préfet de police.

Les contraventions de voirie urbaine, étant considérées comme objet de grande voirie, y sont portées devant le Conseil de préfecture, et celles qui concernent la petite voirie sont poursuivies par voie de police municipale ou correctionnelle, suivant les cas.

(*Voir* à la SECONDE PARTIE les *Réglemens particuliers à la ville de Paris.*)

CHAPITRE II.

De l'alignement et des saillies.

L'ALIGNEMENT est la limite fixée entre la voie publique et les propriétés privées, soit qu'elle résulte de l'état de possession, soit qu'il y ait eu changement prononcé par un réglement d'administration publique. Les règles à cet égard sont les mêmes pour la grande voirie comme pour la voirie municipale. Dans les deux cas, c'est à l'autorité administrative qu'il appartient de donner et de faire exécuter les alignemens ; savoir, pour les routes et rues de grande voirie, le Préfet; et pour la voirie municipale, le Maire de la commune.

On entend encore par ce mot l'opération qui consiste à déterminer sur le terrain la position que doivent occuper les édifices riverains des voies publiques.

L'objet principal de l'alignement est : 1°. de donner aux rues des villes, comme aux routes et chemins publics en général, la largeur nécessaire et la direction convenable;

2°. De faire disparaître les renfoncemens qui favorisent la malveillance, et nuisent à la propreté et à la salubrité dans l'intérieur des villes;

3°. D'obtenir, autant qu'il est possible, par la régularité des lignes, un moyen d'embellissement favorable aux progrès des arts.

Sous l'ancienne législation, et avant qu'on eût eu imaginé de fixer à l'avance par des plans légalement arrêtés, un système général d'alignement, les réglemens se bornaient à recommander « *de redresser les murs où il y a plis ou coudes, et de pourvoir à ce que les rues s'embellissent et s'élargissent au mieux que faire se pourra* * ». A l'égard des grands chemins, il y est seulement dit qu'*ils seront conduits de droit alignement*, et qu'à cet effet il sera permis de passer sur les héritages des particuliers, sauf l'indemnité qu'il y aura lieu de faire régler **.

Mais ces dispositions, trop indéterminées, lais-

* Edit de décembre 1607.
** Arrêt du Conseil du 26 mai 1705.

saient au pouvoir administratif une latitude redoutable pour les propriétaires, dont les droits étaient sans force contre l'ordre d'un simple magistrat : des réglemens plus précis étaient donc indispensables, tant pour mettre les citoyens à l'abri des erreurs ou des fautes de l'administration, que pour épargner à celle-ci le reproche d'arbitraire dans les décisions qu'elle était appelée à rendre en pareil cas.

L'arrêt du Conseil du 27 février 1765, les lettres-patentes du 10 avril 1783, et l'article 52 de la loi du 16 septembre 1807, en ordonnant la formation de plans généraux pour les routes entretenues aux frais de l'état, pour les rues de la ville de Paris, et enfin pour toutes les autres villes du royaume, ont atteint ce but désirable. Ces plans une fois arrêtés après discussion contradictoire, deviennent en quelque sorte des contrats qui lient réciproquement l'administration et les particuliers ; et c'est dans leur exécution rigoureuse et impartiale que repose la garantie de tous les intérêts.

Le terrain compris entre les alignemens des deux côtés de la voie est propriété publique, et cette propriété emporte celle du dessous et du dessus indéfiniment, aux termes de l'art. 552 du *Code civil*; conséquemment, les règles établies par le Code sur les servitudes entre propriétaires voisins * sont ap-

---

* *Code civil*, art. 678.—« On ne peut avoir des vues droites ou fenêtres d'aspect, ni des *balcons ou autres saillies* sur l'héritage clos ou non clos de son voisin, s'il n'y a dix-neuf décimètres (six pieds) de distance entre le mur où on les pratique et ledit héritage. »

plicables, jusqu'à un certain point, aux riverains des routes, chemins et rues à l'égard de l'État ou des communes *. Tout ce qui excède la ligne verticale d'un bâtiment au delà de l'alignement, à partir du sol jusqu'au comble, forme saillie et pourrait, dans la rigueur du droit, être entièrement interdit; mais cette prohibition absolue serait nuisible aux particuliers sans offrir d'utilité pour le public. En conséquence, on tolère les saillies d'une nature et de dimensions déterminées par des réglemens locaux, à charge par les propriétaires de payer des droits, que l'on peut considérer comme une indemnité due pour la jouissance d'une portion de la propriété publique dont les villes concèdent l'usage.

Les saillies prohibées par les anciens réglemens étaient les avances hors-œuvre des bâtimens, telles que échoppes, boutiques, loges, etc.; elles étaient, pour la plupart, le résultat d'empiétemens des riverains sur le domaine public : aussi plusieurs édits en prononcèrent-ils la suppression immédiate sans indemnité pour les propriétaires; mais il est une autre espèce de saillie plus importante et qui mérite plus d'égards, c'est celle que forme une partie de bâtiment de fond en comble, d'après un alignement arrêté. Ces sortes de saillies sont très-fréquentes depuis qu'il existe des plans d'alignemens dont l'objet est d'élargir et de régulariser les rues, et qui

* Les routes, chemins, rues, etc., à la charge de l'Etat sont dépendances du domaine public, aux termes de l'art. 538 du *Code civil*. La loi du 10 juin 1793 a décidé que les rues et places publiques sont la propriété des communes.

autorisent conséquemment à prendre sur les propriétés riveraines l'espace qui manque à la voie publique. On conçoit que la rigueur dont l'autorité usait à l'égard des premières, ne pouvait, sans injustice, s'étendre à celles-ci, puisque, dans le premier cas, il s'agissait de réprimer un abus du droit de propriété, tandis qu'ici c'est la propriété même qui cède à l'intérêt général. Les règles ont dû être modifiées en conséquence, et il en résulte que les dispositions prohibitives maintenues en vigueur se bornent à défendre la réparation des bâtimens sujets à retranchement. On verra dans le chapitre qui traite des prohibitions, comment les réglemens sur ce point doivent être interprétés et suivis.

SECTION PREMIÈRE.

GRANDE VOIRIE.

Édit portant règlement général pour les eaux et forêts, du titre des routes et chemins royaux ès forêts et marche-pied des rivières.

Du mois de juillet 1607.

« Art. 1er. En toutes les forêts de passage où il y a et doit avoir grand chemin royal servant aux coches, carrosses, messagers et rouliers de ville à autre les grandes routes auront au moins soixante-douze pieds de large, et où elles se trouveront en avoir davantage, elles seront conservées en leur entier.

» Art. 3. Ordonnons que, dans six mois du jour de la publication des présentes, tous bois, épines et broussailles qui se trouveront dans l'espace de soixante pieds des grands chemins servant au passage des coches et carrosses publics, tant de nos forêts que de celles des ecclésiastiques, communautés, seigneurs et particuliers, seront essartées et coupées, en sorte que le chemin soit libre et plus sûr, le tout à nos frais ès forêts de notre domaine, et aux frais des ecclésiastiques, communautés et particuliers dans les bois de leur dépendance. »

(Il résulte de cette dernière disposition l'interdiction de toute plantation de bois à moins de vingt mètres du bord extérieur des routes, de chaque côté.)

Edit contenant l'ordre, la fonction et les droits du grand-voyer et de ses commis.

Du mois de décembre 1607.

« Défendons à notredit grand-voyer ou ses commis de permettre qu'il soit fait aucunes saillies, avances et pans de bois ès rues aux bâtimens neufs, et même à ceux où il y en a à présent de construits, les réédifier ni faire ouvrages qui les puissent conforter, conserver et soutenir, ni faire aucun encorbellement en avance pour porter aucun mur, pan de bois ou autre chose en saillie, et porte à faux sur lesdites rues : ains faire le tout continuer à-plomb depuis le rez-de-chaussée tout contremont, et pourvoir à ce que les rues s'embellissent au mieux que faire se pourra, et en baillant par lui les alignemens, redressera les murs où il y a plis ou coudes, et de tout sera tenu de donner son procès-verbal de lui signé et de son greffier.

» Comme aussi défendons à tous nosdits sujets de ladite ville (Paris), faubourgs, prévôté, vicomté, et autres villes de notre royaume, faire aucun édifice, pan de mur, jambe étrière, encoignure, cave ni travail fermé, coude en saillie, siéges, barrières, contre-fenêtres, huis de cave, bornes, pas, marches, montoirs à cheval, auvents, enseignes, établis, cages de menuiserie, châssis à verre et autres avances sur ladite voirie, sans le congé et alignement de notredit grand-voyer ou sesdits commis : pourquoi faire nous lui avons attribué et attribuons la somme de soixante sols tournois, et après la perfection d'iceux seront tenus lesdits particuliers d'en avertir le grand-voyer ou son commis, afin qu'il récolle lesdits alignemens et reconnaisse si lesdits auront travaillé suivant iceux, sans toutefois payer aucune chose pour ledit alignement et confrontation ; s'il se trouvait que les ouvriers aient contrevenu aux alignemens donnés, seront lesdits particuliers assignés devant le prévôt de Paris ou son lieutenant, pour voir ordonner que la besogne mal plantée sera abattue, et condamnés en toute amende que de raison. »

Ordonnance des Trésoriers de France de Paris, sur la largeur des chemins publics.

Du 17 mai 1686.

« Ordonnons que dans tous les chemins allant de province en province et de ville en ville, il sera laissé une largeur de quarante-cinq pieds, qui est celle dont l'ordonnance de Blois (*du mois de mai 1579*) a ordonné la restitution; et que dans les chemins allant des bourgs et des villages aux villes, il y sera laissé une largeur de trente pieds au moins, qui est la largeur désignée par la plus grande partie des coutumes, sans toutefois qu'où, dans lesdits grands chemins ou autres, il se trouve une plus grande largeur, elle puisse aucunement être rétrécie. Ordonnons que toutes les haies, ronces, épines et arbres qui se trouveront dans lesdits espaces seront arrachés et coupés : faisons défenses à toutes personnes d'en mettre ni planter, sinon à six pieds près du bord desdits chemins, et à tous vignerons de rejeter et d'entasser aucunes pierres dans lesdits chemins et de les fouiller et couper, et auxdits laboureurs de plus les labourer.

» Ordonnons aux laboureurs, vignerons et autres d'aplanir toutes les buttes et tertres de terre qui seront au devant de leurs terres et vignes, comme aussi de faire, le long desdites terres et vignes, des fossés pour l'écoulement des eaux, lesquels ils relèveront exactement tous les ans, au 1er. octobre, sous pareille peine de cent livres d'amende. »

Déclaration du Roi portant réglement pour les fonctions et droits des officiers de la voirie.

Du 16 juin 1693.

(*Voir* au chapitre Ier. de la seconde partie *.)

* Ce réglement et plusieurs autres donnés spécialement pour la ville de Paris reçoivent une application générale quant aux dispositions prohibitives, depuis que les principes de la législation sur la voirie ont été rendus communs à toutes les villes de France.

Arrêt du Conseil contenant réglement pour l'alignement des ouvrages de pavé, le dédommagement des propriétaires sur le terrain desquels les routes seront formées, la plantation des arbres et la largeur des chemins.

Du 26 mai 1705.

« Le Roi ayant été informé, tant par les Trésoriers de France commis dans la généralité de Paris pour avoir le soin des ouvrages des ponts et chaussées de ladite généralité, que par les sieurs Commissaires départis dans les autres généralités, que lorsqu'en exécution des ordres de Sa Majesté, ils font faire de nouveaux ouvrages de pavé dans les grands chemins, ou lorsqu'ils font réparer ceux qui ont été ci-devant faits, les entrepreneurs desdits ouvrages sont tous les jours troublés par les propriétaires des héritages riverains desdits chemins, lorsque, pour redresser les chemins, lesdits entrepreneurs se mettent en état de passer dessus leurs terres; ce qui fait qu'il y a quantité de chemins qui, au lieu d'être d'un droit alignement comme ils auraient dû l'être, ont été faits avec des sinuosités fort préjudiciables aux intérêts de Sa Majesté, par la plus grande dépense qu'il faut faire pour les construire et pour les entretenir, et à la commodité publique, en ce que lesdits chemins en sont beaucoup plus longs; à quoi étant nécessaire de pourvoir, ouï le rapport du sieur Chamillart, conseiller ordinaire au Conseil royal, contrôleur général des finances, Sa Majesté en son Conseil, a ordonné et ordonne que les ouvrages de pavé qui se feront de nouveau par ses ordres, et les anciens qui seront relevés, seront conduits du plus droit alignement que faire se pourra, suivant qu'il en sera ordonné par le trésorier de France à ce commis dans la généralité de Paris, et par les sieurs commissaires départis dans les autres généralités ; auquel effet, il sera passé sans aucune distinction au travers des terres des particuliers, auxquels, pour leur dédommagement, sera délaissé le terrain des anciens chemins qui seront abandonnés ; et en cas que le terrain desdits anciens chemins ne se trouve pas contigu aux héritages des particuliers sur lesquels ces nouveaux chemins passeront, ou que la portion de leurs héritages qui resterait, fût trop peu considérable pour pouvoir être exploitée séparément, veut Sa Majesté que les particuliers dont les héritages seront contigus tant aux anciens chemins qui auront été abandonnés, qu'aux portions des héritages qui se trouveraient coupées par le nouveau chemin, soient tenus du dédommagement de ceux sur lesquels les nouveaux chemins passeront, suivant l'estimation qui sera faite par lesdits commissaires de la valeur du terrain qui leur sera abandonné, lequel dédommagement se fera en deniers lorsque le prix desdites portions d'héritages n'excédera pas deux cents livres, et lorsqu'il excédera ladite somme, il leur sera donné en échange par lesdits propriétaires, des héritages de pareille valeur, suivant l'évaluation qui en sera faite par lesdits commissaires, lesquels échanges seront exempts de tous droits de lods et ventes, tant envers Sa Majesté qu'envers les seigneurs particuliers.

» Ordonne en outre Sa Majesté qu'il sera fait des fossés de quatre pieds de largeur, sur deux pieds de profondeur, à l'extrémité des chemins de terres qui sont de chaque côté du pavé, de quelque largeur qu'ils se trouvent à présent dans les grandes routes allant de Paris dans les provinces, dont l'entretenement est employé dans les ponts et chaussées; et lorsqu'il n'y aura pas de chemin de terre déterminé, il en sera fait à trois toises de distance du pavé, de chaque côté dans lesdites routes, et à douze pieds dans les routes moins considérables; et ce tant pour l'écoulement des eaux, que pour conserver la largeur des chemins et les héritages riverains, lesquels fossés seront entretenus par les riverains, chacun en droit soi; et pour la sûreté des grands chemins, Sa Majesté fait défenses à tout particulier de planter à l'avenir des arbres, sinon sur leurs héritages et à trois pieds de distance des fossés séparant le chemin de leurs héritages : le tout à peine de dix livres d'amende contre les contrevenans. Enjoint Sa Majesté auxdits commissaires départis, et auxdits Trésoriers de France, chacun dans leur département, de tenir la main à l'exécution du présent arrêt, et de rendre toutes les ordonnances nécessaires, lesquelles seront exécutées nonobstant oppositions ou appellations quelconques, et en cas d'appel, Sa Majesté s'en réserve à elle et à son conseil la connaissance. »

Arrêt du Conseil qui ordonne l'élargissement des grands chemins et la plantation des arbres sur iceux dans l'étendue du royaume.

Du 3 mai 1720.

« ART. 1er. L'article 3 du titre *Des chemins royaux* de l'*ordonnance des eaux et forêts*, du mois d'août 1669, sera exécuté selon sa forme et teneur : en conséquence tous les bois, épines et broussailles qui se trouveront dans l'espace de soixante pieds ès grands chemins servant au passage des coches, carrosses publics, messagers, voituriers de ville à autre tant des forêts de Sa Majesté que de celles des ecclésiastiques, communautés, seigneurs et particuliers, seront essartés et coupés aux frais de Sa Majesté tant dans les forêts de son domaine, que des ecclésiastiques, communautés, seigneurs et particuliers, si mieux n'aiment lesdits ecclésiastiques, communautés, seigneurs et particuliers, faire eux-mêmes lesdits essartemens à leurs frais.

» ART. 2. Veut Sa Majesté que la même disposition ait lieu pour les grands chemins royaux hors les forêts, lesquels seront élargis jusqu'à soixante pieds et bordés, hors ledit espace, de fossés dont la largeur sera au moins de six pieds dans le haut, de trois pieds dans le bas et la profondeur de trois pieds, en observant les pentes nécessaires pour l'écoulement des eaux desdits fossés.

» ART. 3. Veut pareillement Sa Majesté que les autres grands chemins servant de passage aux coches, carrosses, messagers, voituriers et rouliers de ville à autre, aient au moins trente-six pieds de largeur entre les fossés, lesquels fossés auront les largeur et profondeur marquées au précédent article, et seront tous lesdits fossés faits aux dépens de Sa Majesté, ensemble l'essartement des haies, comblement d'anciens fossés et redressement du terrain, qui se trouveront à faire dans les largeurs de soixante et trente-six pieds desdits chemins, si mieux n'aiment lesdits propriétaires les faire à leurs frais.

» Art. 4. Ordonne Sa Majesté que les nouveaux fossés seront entretenus et curés par les propriétaires des terres y aboutissantes, toutes et quantes fois qu'il sera jugé nécessaire par les inspecteurs et ingénieurs des ponts et chaussées, sur les procès-verbaux desquels les intendans des provinces et généralités ordonneront ledit curage, et seront tenus lesdits propriétaires de faire jeter sur leurs héritages ce qui proviendra dudit curage.

» Art. 5. Excepte Sa Majesté de la présente disposition les chemins qui se trouveront entre les montagnes et dont la situation ne permet pas qu'ils soient élargis, desquels chemins seront dressés procès-verbaux par lesdits sieurs intendans, pour, iceux et leurs avis envoyés au Conseil, être par Sa Majesté ordonné ce qu'il appartiendra.

» Art. 6. Tous les propriétaires d'héritages tenans et aboutissans aux grands chemins et branches d'iceux, seront tenus de les planter d'ormes, hêtres, châtaigniers, arbres fruitiers, ou autres arbres selon la nature du terrain, à la distance de trente pieds l'un de l'autre et à une toise au moins du bord extérieur des fossés desdits grands chemins, et de les armer d'épines, et ce depuis le mois de novembre prochain jusqu'au mois de mars inclusivement; et où aucuns desdits arbres périraient, ils seront tenus d'en replanter d'autres dans l'année.

» ART. 7. Faute par lesdits propriétaires de planter lesdits arbres, pourront les seigneurs auxquels appartient le droit de voirie sur lesdits chemins, en planter à leurs frais dans l'étendue de leurs voiries ; et en ce cas, les arbres par eux plantés et les fruits d'iceux appartiendront auxdits seigneurs voyers.

» ART. 8. Défendons à toutes personnes de rompre, couper ou abattre lesdits arbres, à peine, pour la première fois, de soixante livres d'amende applicables un tiers au propriétaire, l'autre à l'hôpital plus prochain du lieu où le délit aura été commis, et l'autre tiers au dénonciateur; et pour la récidive à peine du fouet. »

Arrêt du Conseil concernant les alignemens des grands chemins, et la police pour leur conservation et liberté.

Du 17 juin 1721.

« Sa Majesté ordonne que les arrêts des 26 mai 1705 et 3 mai 1720 seront exécutés selon leur forme et teneur, et en conséquence que les nouveaux ouvrages de pavés et les relevés à bout des anciennes chaussées seront conduits du plus droit alignement que faire se pourra, et qu'aux endroits où il ne se trouvera pas encore de fossés faits et qu'où les entrepreneurs ne s'en trouveront pas tenus par leurs baux, il sera laissé aux deux côtés desdits chemins la largeur nécessaire tant pour lesdits accotemens que pour les fossés non faits, de manière qu'ils puissent être perfectionnés aussitôt qu'il plaira à Sa Majesté de les ordonner; que les fossés faits et ceux qui se feront à l'avenir, seront entretenus par les propriétaires des héritages riverains, chacun en droit soi, à peine par eux d'y être contraints, pour l'étendue de la généralité de Paris, à la diligence du procureur du Roi du bureau des finances, et dans les autres généralités par les sieurs commissaires départis ou leurs subdélégués.

» Fait Sa Majesté défenses à tous particuliers, même à tous seigneurs, sous prétexte du droit de justice ou voirie, de troubler les entrepreneurs dans leurs travaux, combler lesdits fossés et de labourer ou faire labourer en dedans la largeur bornée par lesdits fossés; d'y mettre aucuns fumiers, décombres ou autres immondices, soit en pleine campagne, ou dans les villes, bourgs et villages où passent lesdites chaussées; d'y faire aucune fouille ni de planter des arbres ou haies vives, sinon à six pieds de distance des fossés séparant le chemin de leurs héritages, et à cinq toises du pavé où il ne se trouvera pas encore de fossés faits: le tout à peine d'amende contre les contrevenans, même de confiscation des fumiers, chevaux et équipages. »

(En cas d'appel des décisions du Bureau des finances, Sa Majesté s'en réserve exclusivement la connaissance.)

Ordonnance du Bureau des finances de Paris, concernant l'application des précédens arrêts sur la police générale des routes et chemins.

Du 29 mars 1754.

« Art. 1er. Les grandes routes de province à province et aux villes principales auront soixante pieds de largeur, les autres chemins de ville à autre auront au moins quarante-huit pieds, les chemins de traverse de village à village auront au moins trente pieds; lesdites largeurs pourront néanmoins être restreintes suivant la position des lieux et autres circonstances, s'il est ainsi ordonné par nous en connaissance de cause, ou porté par les adjudications qui seront faites pardevant nous, sans toutefois que si dans lesdites grandes routes et autres chemins il se trouve une plus grande largeur, elle puisse aucunement être retranchée.....

» Art. 3....... Défendons expressément à toutes personnes, même à tous seigneurs, sous prétexte du droit de justice ou de voirie, de faire aucune translation de chemins, sinon en vertu de nos ordonnances rendues sur procès-verbaux qui constatent l'utilité ou les inconvéniens desdites translations; le tout sous peine de réparation des dommages causés et de cinquante livres d'amende suivant les réglemens des 26 mai 1705, 17 juin 1721 et 4 août 1731.

» Art. 4. Faisons défenses à tous habitans, propriétaires, locataires ou autres ayant maisons ou héritages le long des rues, grandes routes et autres grands chemins, de construire ou reconstruire, soit en entier soit en partie, aucuns bâtimens sans en avoir pris alignement, ni de poser échoppe ou choses saillantes sans en avoir obtenu la permission ; lesquels alignemens et permissions seront donnés, tant dans les parties de la banlieue qui sont hors les limites fixées par les articles 4 et 6 des déclarations des 18 juillet 1724 et 29 janvier 1726, que dans les autres chemins de la généralité, par ceux de nos Commissaires du pavé de Paris et des ponts et chaussées, chacun en leur département, ou en leur absence par un autre de nous, conformément aux plans levés et arrêtés et déposés au greffe du bureau, ou qui le seront dans la suite, et lesdits alignemens seront donnés sans frais, ainsi qu'il s'est toujours pratiqué ; à peine contre les particuliers contrevenans de trois cents livres d'amende, de démolition des ouvrages faits et de confiscation des matériaux, et contre les maçons, charpentiers et ouvriers, de pareille amende et même de plus grande peine en cas de récidive.

» Art. 6. Enjoignons à tous propriétaires de maisons ou héritages de la banlieue de cette ville, et des bourgs et villages de cette généralité, de réparer et entretenir, chacun en droit soi, les revers de pavé et les accotemens de chaussée faits entre leurs maisons ou héritages et la chaussée du milieu ; combler les trous qui s'y trouveront, de manière que les eaux n'y puissent séjourner, suivant les pentes qui leur seront désignées par un état signé de l'un desdits sieurs Commissaires des ponts et chaussées, chacun dans leur département.

» Faisons défenses à tous les propriétaires dont les héritages sont plus bas que le chemin et en reçoivent les eaux, d'en interrompre le cours, soit par l'exhaussement, soit par la clôture de leur terrain : leur enjoignons de rendre libre le passage des eaux qu'ils auraient interceptées, si mieux n'aiment construire et entretenir à leurs dépens les aqueducs, gargouilles et fossés nécessaires à cet usage : le tout sous peine de cinquante livres d'amende, et d'y être mis des ouvriers à leurs frais et dépens, suivant les ordonnances des 3 février 1741 et 22 juin 1751. »

(L'ordonnance dont on vient de rapporter quelques articles, rappelle dans ses autres dispositions celles de la déclaration du 3 mai 1720, et est elle-même textuellement reproduite par une autre ordonnance du même Bureau des finances, à la date du 30 avril 1772.)

Arrêt du Conseil concernant les permissions et les alignemens sur les routes entretenues aux frais du Roi.

Du 27 février 1765.

« Le Roi ordonne que, conformément à ce qui se pratique au Bureau des finances de la généralité de Paris, dont Sa Majesté a confirmé et confirme l'ordonnance du 29 mars 1754, articles 4 et 12, les alignemens pour constructions et reconstructions de maisons, édifices ou bâtimens généralement quelconques en tout ou en partie, étant le long et joignant les routes construites par ses ordres, soit dans les traverses des villes, bourgs et villages, soit en pleine campagne, ainsi que les permissions pour toute espèce d'ouvrages aux faces desdites maisons, édifices et bâtimens, et pour l'établissement d'échoppes ou choses saillantes le long desdites routes, ne pourront être donnés en aucun cas par autres que les Trésoriers de France, commissaires des ponts et chaussées..... en se conformant aux plans levés et arrêtés par les ordres de Sa Majesté, qui sont ou seront déposés par la suite au greffe du Bureau des finances de leur généralité......

» Fait Sa Majesté défenses à tous particuliers, propriétaires ou autres, de construire, reconstruire ou réparer aucun édifice, poser échoppes ou choses saillantes le long desdites routes, sans en avoir obtenu les alignemens ou permissions desdits Trésoriers de France......., à peine de démolition desdits ouvrages, confiscation des matériaux et de trois cents livres d'amende; et contre les maçons, charpentiers et ouvriers, de pareille amende, et même de plus grande peine en cas de récidive. »

Ordonnance des Trésoriers de France de Paris, sur la manière de border les routes pour en assurer la largeur.

Du 15 juillet 1766.

« Ordonnons que les routes construites par ordre du Roi seront terminées chacune dans la largeur qu'elles doivent avoir, et par-tout où elles ne le seraient encore, par fossés, berges, talus ou de telle manière certaine et apparente qui sera indiquée aux entrepreneurs, suivant les cas...... »

(La même ordonnance porte défenses d'entreprendre sur les largeurs, par labours ou plantations, ni de détériorer les berges et talus. *Voir* au chapitre *Des prohibitions.*)

Arrêt du Conseil concernant la largeur et la classification des routes.

Du 6 février 1776.

« Art. 1er. La première classe doit comprendre les grandes routes qui traversent la totalité du royaume, ou qui conduisent de la capitale dans les principales villes, ports ou entrepôts de commerce;

» La seconde, les routes par lesquelles les provinces et les principales villes du royaume communiquent entre elles, ou qui conduisent de Paris à des villes considérables, mais moins importantes que celles ci-dessus ;

» La troisième, celles qui ont pour objet la communication entre les villes principales d'une même province et de provinces voisines ;

» Et la quatrième les chemins particuliers destinés à la communication des petites villes ou bourgs.

» Et les largeurs qui seront données à l'avenir aux routes de ces différentes classes seront fixées ainsi qu'il suit :

» Art. 2. Les grandes routes du premier ordre seront désormais ouvertes sur la largeur de quarante-deux pieds (*quatorze mètres*); les routes de second ordre seront fixées à la largeur de trente-six pieds (*douze mètres*); celles de troisième ordre à trente pieds (*dix mètres*).

» Et à l'égard des chemins particuliers, leur largeur sera de vingt-quatre pieds (*huit mètres*).

» Art. 3. Ne seront compris dans les largeurs ci-dessus spécifiées, les fossés ni les empatemens des talus ou glacis.

» Art. 5. Entend néanmoins, Sa Majesté, que l'article 4 du titre *Des chemins royaux*, de l'ordonnance des eaux et forêts de 1666 (*vide suprà*), qui, pour la sûreté des voyageurs, a prescrit une ouverture de soixante pieds (*vingt mètres*) pour les chemins dirigés à travers les bois, continue d'être exécutée selon sa forme et teneur. »

(Les articles 6 et 7 de cette ordonnance décident que les largeurs indiquées par l'article 2 pourront être diminuées ou augmentées suivant les localités, à raison des obstacles du terrain ou de la nécessité de faciliter les abords des grandes villes, mais sans que, dans ce dernier cas, la largeur puisse être portée au-delà de soixante pieds.)

Arrêt du Conseil qui ordonne que les rues, chemins et communications qui ne font pas partie des grandes routes cesseront d'être entretenus aux frais du Roi.

Du 18 novembre 1781.

« Le Roi, étant en son Conseil, a ordonné qu'à dater du jour de la publication du présent arrêt, les rues, chemins et communications particulières des villes, bourgs et villages du royaume, même dans la banlieue de Paris, qui ne font pas partie des grandes routes et chemins royaux, seront retirés des baux d'entretien des ponts et chaussées;

et qu'en conséquence les seigneurs hauts-justiciers des lieux, ayant titres et possession valables, pourront seuls faire exercer la voirie sur lesdites rues, chemins et communications particulières, sans que néanmoins lesdits seigneurs hauts-justiciers, leurs officiers, ainsi que les officiers municipaux des villes et bourgs, puissent permettre aucune construction sur les grandes routes et chemins, ou sur les rues des villes, bourgs et villages qui en font partie, encore que les chaussées soient entretenues à leurs frais ou à ceux desdites villes, bourgs et villages.

» Ordonne, Sa Majesté, que les Trésoriers de France, commissaires des ponts et chaussées et du pavé de Paris, continueront de donner sans frais les alignemens et autres permissions relatives à la police et voirie des grandes routes et chemins royaux, conformément à l'arrêt de réglement du Conseil, du 27 février 1765. »

Arrêté du Gouvernement.

Du 18 messidor an X (7 juillet 1802).

« ART. 1ᵉʳ. Les arbres des grandes routes et ceux des canaux sont sous la surveillance de l'Administration générale des Forêts : elle demeure chargée de la plantation, de l'élagage et de l'exploitation desdits arbres.

» ART. 2. Les alignemens des arbres sur les routes non plantées seront tracées par les Ingénieurs des ponts et chaussées. »

Loi relative aux plantations des grandes routes et des chemins vicinaux.

Du 9 ventôse an XIII (28 février 1805).

« Art. 1er. Les grandes routes de l'empire non plantées et susceptibles d'être plantées, le seront en arbres forestiers ou fruitiers, suivant les localités, par les propriétaires riverains.

» Art. 2. Les plantations seront faites dans l'intérieur de la route et sur le terrain appartenant à l'État, avec un contre-fossé qui sera entretenu par l'Administration des Ponts-et-Chaussées.

» Art. 3. Les propriétaires riverains auront la propriété des arbres et de leur produit; ils ne pourront cependant les couper, abattre ou arracher, que sur une autorisation donnée par l'administration préposée à la conservation des routes, et à la charge du remplacement.

» Art. 4. Dans les parties de routes où les propriétaires riverains n'auront point usé dans le délai de deux années, à compter de l'époque à laquelle l'administration aura désigné les routes qui doivent être plantées, de la faculté qui leur est donnée par l'article précédent, le Gouvernement donnera des ordres pour faire exécuter la plantation aux frais de ces riverains, et la propriété des arbres plantés leur appartiendra aux mêmes conditions imposées par l'article précédent.

» Art. 5. Dans les grandes routes dont la largeur ne permettra pas de planter sur le terrain appartenant à l'État, lorsque le particulier riverain voudra planter des arbres sur son propre terrain à moins de six mètres de distance de la route, il sera tenu de demander et d'obtenir l'alignement à suivre de la Préfecture du département : dans ce cas, le propriétaire n'aura besoin d'aucune autorisation particulière pour disposer entièrement des arbres qu'il aura plantés. »

(*Voir* les articles 6 et 7 concernant *les chemins vicinaux* au chapitre V.)

« Art. 8. Les poursuites en contravention aux dispositions de la présente loi seront portées devant les Conseils de préfectures, sauf le recours au Conseil d'État. »

Décret relatif à un embattoir construit en contravention aux réglemens.

Du 29 septembre 1810.

« Vu les arrêtés du Conseil de préfecture du département de Seine-et-Marne, du 29 avril 1808 et 1er juin 1810, portant qu'il n'y a pas lieu à appliquer au sieur Petit les peines déterminées par l'ordonnance du 17 juillet 1781 ;

» Vu l'article 3 de cette ordonnance :

» Considérant que ladite ordonnance ne se borne pas à défendre de construire en saillie sur les routes, mais qu'elle défend expressément aussi de construire soit embattoir ou autre établissement le long des *routes*, sans avoir obtenu *les alignemens et permissions* ;

» Considérant que l'embattoir du sieur Petit nuit

à la sûreté publique et au repos des malades de l'Hôtel-Dieu;

» Notre Conseil d'Etat entendu , etc.

» Art. 1er. Les arrêtés du Conseil de préfecture du département de Seine-et-Marne, des 29 avril 1808 et 1er juin 1810, sont annullés.

» Art. 2. L'embattoir du sieur Petit, maréchal à Rosoy, sera supprimé, et les peines de sa contravention, conformément à la loi, seront poursuivies, en vertu d'ordonnance du Préfet, qui suivra les dispositions de l'article 3 de l'ordonnance rendue par le Bureau des finances de Paris; ladite ordonnance sera exécutée à la diligence du maire de la commune. »

SECTION II.

VOIRIE MUNICIPALE.

La grande voirie et la voirie municipale étant autrefois régies par les mêmes lois par-tout où la justice appartenait au Roi, la distinction qu'elles présentent, comme on l'a fait observer précédemment, n'a pas toujours existé dans l'ancienne législation : en sorte que les réglemens ont confondu jusqu'à l'arrêt du Conseil du 18 novembre 1781, que nous venons de reproduire (page 51), ce qui se rapportait aux chemins royaux, ou grandes routes, avec ce qui est aujourd'hui classé comme voie urbaine ou communale. Il suit de là que les anciens réglemens, à l'exception de ceux qui statuent particulièrement et exclusivement à l'égard des chemins royaux, s'appliquent aux rues des villes comme aux grandes routes : tels sont entre autres, quant à ce qui concerne l'alignement et les saillies, l'édit de décembre 1607 et l'article 4 de l'ordonnance du 29 mars 1754, qui ont été rapportés dans la première section du présent chapitre.

Tarif des droits de voirie dus aux voyers-experts, priseurs et arpenteurs jurés, et aux greffiers de l'écritoire, faisant suite à l'édit du mois de novembre 1697.

« Pour chaque permission ou congé pour apposition d'auvents, de pas, bornes, marches, éviers, siéges, montoirs à cheval, seuils et appuis de boutiques excédant le corps des murs, portes, huis de caves, fermeture de croisées et de soupiraux qui ouvriront sur la rue, enseignes, établis, cages, montres, étalages, comptoirs, plafonds, tableaux, bouchons, châssis à verres saillans, étaux, dos-d'âne, râteliers, perches, barreaux, échoppe, abat-jours, montans, contre-vents ouvrant en dehors, et autres choses faisant avance sur la voie publique; savoir,

» Dans les villes où il y a cour supérieure, Bureau des finances ou présidial, et dans celles d'Arles et Marseille.................... 26^s. 8^d.

» Dans les autres villes où il y a justice royale...................... 20 »

» Et dans les bourgs............ 13 4

» Pour chaque boutique et échoppe posée de neuf des savetiers, revendeuses, tripières, bouquetières, vendeuses de sel, de morue et salines; savoir,

» Dans les villes où il y a cour supérieure, Bureau des finances ou présidial, et dans celles d'Arles et Marseille. . . . . 26s. 8d.

» Dans les autres villes où il y a justice royale. . . . . 20 »

» Et dans les bourgs. 13 4

» Pour les puits, auvents, et pour les appuis saillans mis sur les croisées ou fenêtres ; savoir,

» Dans les villes où il y a cour supérieure, Bureau des finances ou présidial, et dans celles d'Arles et de Marseille. . . 13 4

» Dans les autres villes où il y a justice royale. . . . . 10 »

» Et dans les bourgs. 6 8

» Et pour le rétablissement ou changement des choses ci-dessus, la moitié seulement des droits fixés par le présent tarif *.

Loi sur le dessèchement des marais et autres travaux d'utilité publique.

Du 16 septembre 1807.

« Titre XI, article 52. Dans les villes, les alignemens pour l'ouverture des nouvelles rues, pour l'élargissement des anciennes qui ne font point partie d'une grande route, ou pour tout autre objet

---

* PERROT, dans son *Dictionnaire de la voirie*, à l'article *Droits utiles*, cite plusieurs villes du royaume qui avaient autrefois des tarifs particuliers, telles que Auch, La Rochelle, Limoges, Lyon, Moulins, Orléans, Poitiers, Tours, etc.

d'utilité publique, seront donnés par les Maires, conformément au plan dont les projets auront été adressés aux Préfets, transmis avec leur avis au Ministre de l'intérieur, et arrêtés en Conseil d'État.

» En cas de réclamation de tiers intéressés, il sera statué de même en Conseil d'État, sur le rapport du Ministre de l'intérieur. »

Décret qui fixe un délai pour la délivrance des alignemens partiels dans les villes.

Du 27 juillet 1808.

« Vu l'article 52 de la loi du 16 septembre 1807;

» ART. 1er. Les alignemens qui seront donnés par les Maires dans les villes, après l'avis des Ingénieurs et sous l'approbation des Préfets, seront exécutés, jusqu'à ce que les plans généraux d'alignement aient été arrêtés en Conseil d'État, et au plus tard pendant deux années, à compter de ce jour.

» En cas de réclamation de tiers intéressés, il y sera statué en notre Conseil, sur le rapport de notre Ministre de l'intérieur. »

Décision du Roi qui proroge le délai accordé par le décret précédent.

Du 29 février 1816.

« Les Maires des villes susceptibles de l'application de l'article 52 de la loi du 16 septembre 1807, et dont les plans généraux d'alignement n'ont pas encore été arrêtés en Conseil d'État, pourront, en cas d'urgence et jusqu'au 1er mars 1818, donner des alignemens partiels pour les constructions à faire dans les rues qui ne dépendent pas de la grande voirie des ponts et chaussées, après avoir pris l'avis des architectes-voyers, et sous l'approbation des Préfets.

» En cas de réclamation contre ces alignemens particuliers, il sera statué en Conseil d'État, sur le rapport de notre Ministre de l'intérieur. »

Une nouvelle décision de Sa Majesté, rendue le 18 mars 1818, a prolongé le délai jusqu'au 1er. mai 1819.

On a élevé la question de savoir si, nonobstant l'expiration de ce délai, les propriétaires, dans les villes dont les plans d'alignement ne sont pas encore arrêtés, demeurent soumis à la nécessité de demander une permission pour bâtir, et si les Maires peuvent s'opposer aux constructions projetées par les particuliers, jusqu'à ce qu'il ait été statué sur l'alignement à suivre.

Le décret de 1808 et les actes subséquens ci-dessus rapportés établissaient, à l'égard des villes, dont les plans n'étaient pas encore arrêtés, une exception qui a cessé avec le délai qu'ils avaient prescrit. Dès lors, les administrations municipales et les propriétaires sont rentrés dans le droit commun, jusqu'à ce que l'art. 52 de la loi du 16 septembre 1807 ait reçu son exécution par l'approbation d'un plan général d'alignement suivant les formes.

C'est ce qui a été positivement exprimé dans la circulaire du 4 mars 1816, portant notification aux Préfets de la décision du Roi, du 29 février précédent, et où le Ministre de l'intérieur a dit : « Il ré-

» sultait de l'expiration de ce délai (celui qui était
» accordé par le décret de 1808) que les Maires des
» villes dont les plans généraux n'ont pas encore été
» arrêtés en Conseil d'État, *ne pouvaient plus don-*
» *ner d'alignemens particuliers.* »

L'autorité des Maires se borne à faire exécuter les plans d'alignemens arrêtés, quand il en existe, et à prescrire les mesures de police qu'exigent les constructions qui s'élèvent sur la voie publique; mais ils ne peuvent défendre aux propriétaires de bâtir sur leur terrain, quand l'état de possession n'a point été changé par un réglement d'administration publique, parce que ce serait attenter à la propriété. Ils ne peuvent pas davantage suspendre les travaux des particuliers, sous prétexte de projets qu'ils auraient l'intention de présenter ultérieurement; car de semblables projets ne sont pas obligatoires tant qu'ils n'ont pas reçu l'approbation du Roi. Il s'ensuit que tout ce qu'on peut exiger des propriétaires en pareil cas, c'est qu'ils fassent connaître à la municipalité l'intention qu'ils ont de bâtir, afin que le Maire puisse prescrire la dimension des clôtures, les limites des échafaudages et du dépôt des matériaux, etc., et qu'il soit mis en demeure, afin de surveiller le système de la construction sous les rapports de solidité et de sûreté.

Il est inutile de faire observer qu'à plus forte raison, quand il n'existe pas de plan *légalement arrêté*, les Maires ne peuvent obliger les propriétaires à bâtir sur un alignement nouveau, d'où résulterait soit le reculement, soit l'avancement de la propriété, puisque l'adoption de cet alignement équivaudrait, pour la commune, à un acte d'acquisition ou de cession de terrain, et que les communes ne peuvent acquérir, vendre ni céder aucune portion d'immeuble sans une autorisation formelle du Gouvernement.

Dans tous les cas, il est de l'intérêt bien entendu des propriétaires de ne pas s'exposer, en faisant exécuter des travaux de quelque importance, à ce que le changement d'alignement qui pourrait être ultérieurement déterminé, vînt frapper leurs constructions nouvelles, pour tout le temps de leur durée, de l'interdiction à laquelle les réglemens de voirie assujettissent les bâtimens atteints par les redressemens de la voie publique : ils doivent alors demander alignement au Maire, qui provoque l'approbation, par une ordonnance royale, du plan particulier de la rue où il s'agit de bâtir : à cet effet, le Maire doit procéder comme il sera dit ci-après pour les plans généraux, et adresser ensuite le plan en double expédition au Préfet, en y joignant les pièces qui constatent que les formalités prescrites par les réglemens ont été remplies. Le Préfet transmet le tout, avec son avis en forme d'arrêté, au Ministre de l'intérieur, qui propose l'ordonnance.

La formation des plans généraux d'alignement des villes a éprouvé jusqu'à présent des obstacles, dont la cause première est due à l'incertitude où sont restées, dès l'origine, les règles qui devaient être suivies dans cette opération. Le Ministre de l'intérieur, par une circulaire du 18 août 1808, en notifiant aux Préfets le décret du 27 juillet précédent, ordonna qu'il fût procédé dans toutes les villes au levé des plans d'alignement voulus par ce décret et par l'art. 52 de la loi du 16 septembre 1807. Les circulaires des 16 novembre 1811 et 29 octobre 1812 traitèrent le même sujet, indiquèrent les formalités à observer quant aux informations que les projets devaient subir, aux discussions des alignemens proposés, aux pièces dont il y avait lieu d'exiger la production à l'appui des plans. La dernière demandait qu'une copie de ces plans, réduite à l'échelle uniforme de cinq lignes par toise, en accompagnât l'envoi : bientôt on demanda que tous les plans fussent dressés sur une même échelle, et une circulaire, du 17 juillet 1813, indiqua trois dimensions ; savoir, six, trois et deux dixièmes de millimètre pour mètre, pour les trois copies de plans que chaque ville devait fournir ; mais on ne tarda pas à reconnaître que la plus grande de ces trois dimensions était insuffisante, et à plus forte raison les deux autres. Une nouvelle circulaire du 17 août 1813 avait donné une instruction développée sur la forme dans laquelle les plans devaient être établis ; celle du 23 février 1815 décida que les trois expéditions exigées seraient dressées à l'échelle d'un millimètre pour mètre. Cependant l'expérience montra que cette dernière échelle était encore au dessous de ce qu'exigeaient l'exactitude graphique, la netteté des lignes et la facilité des indications, et par une dernière instruction du 2 octobre 1815, il fut définitivement statué que les plans de détails seraient dressés en atlas, à l'échelle de un à cinq cents, et les plans d'ensemble sur celle de un à deux mille. C'est d'après cette instruction, la plus complète qui ait été donnée, que s'exécutent aujourd'hui les plans qui n'ont pas été livrés ou commencés suivant les premiers modes indiqués : il est utile en conséquence de la rapporter ici.

Instruction pour la mise au net et le format des plans d'alignement des villes.

Du 2 octobre 1815.

« Art. 1er. Les plans des villes qui restent à lever ou à rapporter, seront à deux échelles différentes; savoir, les plans généraux à un demi-millimètre pour mètre; et les plans de division à deux millimètres pour mètre.

» Art. 2. Les plans généraux contiendront le tracé des rues, places, etc., en lignes noires, les masses des édifices publics, les boulevarts, cours et promenades, avenues, plantations ; les cours d'eau apparens, seront lavés en couleur d'eau ; ceux des eaux couvertes, ponctués et lavés plus pâle. Aux bordures des voies publiques, on lavera en gris ce qui est bâti, et en couleur de terre ou bistre léger ce qui ne l'est pas; on indiquera les clôtures en murs, palissades et haies. Autant que possible, les plans généraux seront en une seule feuille, pliée quand le besoin l'exigera, et placée en tête de l'atlas des plans de division. Le nord sera au haut du plan général, et indiqué par une boussole linéaire.

» Art. 3. Les plans de division par îles entourées

de rues, quais, cours d'eau, etc., seront à l'échelle de deux millimètres pour mètre; ils formeront un atlas, dont chaque feuille aura un mètre de long sur soixante-cinq centimètres de hauteur, pliée en deux de manière à en bien développer les plis. Les propriétés auront leurs faces actuelles sur les voies publiques, tracées en lignes noires, ainsi que les faces des édifices publics; les faces seront lavées en gris pour ce qui est bâti, et en couleur de terre pour ce qui ne l'est pas; les eaux, clôtures, plantations, comme il vient d'être dit. On indiquera à ces faces les séparations respectives des propriétés : chaque division aura un liseré en couleur ou une ligne ponctuée, dont le pourtour se répétera au plan général; il y aura à l'un et à l'autre plan un numéro correspondant à chaque feuille divisionnaire. Les plans de division auront toujours, comme le plan général, le nord placé dans la marge supérieure, et la direction de ce point à l'horizon sera retracée par une flèche.

» Art. 4. Sur l'un et l'autre plan, on écrira les noms des rues, places, etc., ceux des édifices publics, des rivières, cours ou promenades, et sur chaque plan de division on placera par rue, place et quai, une série de numéros sur chaque division de propriétés, en mettant des numéros pairs à droite, et des impairs correspondans à gauche, à partir du centre de la ville.

» Art. 5. Les alignemens proposés seront tracés en lignes rouges. Ce dont on avancera sera lavé en rouge pâle, et ce dont on reculera, en jaune. Les projets généraux de percemens et d'embellissemens seront ponctués en rouge ; on sera très-circonspect sur les avancemens, en ne visant pas à un parallélisme, bon en rues nouvelles, inutile souvent dans les rues anciennes, où il ne s'agit que de redressemens partiels ; ces avances sont très-nuisibles quand l'un bâtit avant l'autre.

» Art. 6. Il sera proposé des noms aux rues, places, etc., qui n'en ont pas. Le Ministre y statuera.

» Art. 7. En tête du volume sera l'état des rues et autres voies publiques, avec le procès-verbal du tracé des alignemens, les largeurs proposées aux voies publiques. Ces largeurs seront cotées en rouge aux plans de détail.

» Art. 8. A la fin du volume sera un autre état desdites rues, etc., avec colonnes comprenant les numéros des propriétés, les noms propres des propriétaires, et la nature de chaque propriété; cela suffit, vu les fréquentes mutations qui y surviennent.

» On suivra pour ces états la marche des subdivisions du plan général.

» Art. 9. Dans le cas où les alignemens proposés seraient contestés, les variantes seront tracées en lignes bleues, et au bas du plan d'ensemble, ou même de chaque feuille, s'il est nécessaire, on fera connaître à l'opinion de qui se rapporte le tracé rouge ou bleu.

» Art. 10. MM. les Préfets feront vérifier les plans généraux et de détail, et les feront rectifier, s'ils se trouvent inexacts. MM. les Ingénieurs, architectes ou géomètres qui auront été chargés de les lever et rapporter, seront invités à joindre, autant que possible, à l'atlas précité un tracé des polygones et autres lignes principales qui forment le fond de leur plan, avec les ouvertures d'angles et cotes des longueurs de bases.

» Art. 11. On distinguera dans les états de rues, celles qui sont des grandes routes traversant la ville.

» Art. 12. La Direction générale des Ponts et Chaussées proposera en même temps les alignemens de ce qui est grandes routes traversant la ville, et qui doivent se raccorder aux autres voies publiques, afin de pouvoir provoquer en même temps une décision sur le tout, et rendre ainsi l'ensemble des alignemens simultanément exécutoire.

» Art. 13. On indiquera et détaillera, dans toute leur épaisseur, les murs de face des édifices publics, leur entrée principale donnant sur les rues, places, quais, etc., ainsi que les fontaines publiques et puits banaux; dans le cas où il y aurait impossibilité absolue de donner les détails des murs de face des édifices publics, on les distinguera par une teinte grise plus forte que celle des édifices particuliers.

« Art. 14. Les plans devront toujours être signés par leurs auteurs, et certifiés véritables par les autorités locales et départementales. »

La circulaire d'envoi de cette instruction exige trois copies de plans; mais pour épargner aux villes des dépenses sans utilité pour elles, le Ministre de l'intérieur consent à ce que deux expéditions seulement soient envoyées; savoir, l'original et la copie : cette dernière est transmise au Maire, certifiée conforme à l'ordonnance royale approbative du plan; l'autre reste annexé à la minute de l'ordonnance dans les archives du Ministère, où il peut être, au besoin, consulté.

Le réglement des plans généraux d'alignement intéressant tous les propriétaires des villes, il est dans les principes de l'équité qu'ils soient prévenus des projets arrêtés à cet égard par les Conseils municipaux : chaque propriétaire a le droit de réclamer contre un projet qui peut froisser ses intérêts, et les réclamations qu'il peut faire doivent être examinées.

Aussitôt qu'un plan est levé, le Conseil municipal nomme une Commission prise dans son sein, pour y tracer, de concert avec le géomètre, les redressemens et alignemens nouveaux que les besoins de la circulation ou du commerce, et en général les raisons d'utilité publique, lui paraissent comporter. Le Conseil municipal entend le rapport de la Commission, discute et adopte le plan, qui est ensuite exposé publiquement à la Mairie pendant un temps proportionné à l'importance de la ville et à son étendue, mais qui ne peut être de moins de huit jours.

Le public est prévenu par affiches du moment de l'exposition : les réclamations sont adressées au Maire, qui en dresse un procès-verbal indiquant leur nombre et leur nature; si aucune réclamation ne se présente, le Maire le constate par le certificat de publication, qu'il joint aux plans.

Dans le cas de réclamations, le Conseil municipal s'assemble de nouveau et délibère sur chacune, fait rectifier le plan relativement à celles qui sont admises, et à l'égard des autres, donne les motifs qui le déterminent à les écarter.

Ces diverses délibérations, l'avis du Sous-Préfet et celui du Préfet, en forme d'arrêtés, doivent accompagner l'envoi des plans au Ministre de l'intérieur; il doit être procédé de même à l'égard des plans partiels d'alignement qu'il y a lieu de faire arrêter par des ordonnances royales : ces dispositions résultent de la circulaire du 29 octobre 1812, qui a été ci-dessus rappelée.

Pour les rues ou parties de rues qui dépendent des traverses et sont conséquemment classées comme grande voirie, les ingénieurs des ponts et chaussées, après s'être concertés, au besoin, avec l'autorité municipale, proposent les projets d'alignement, qui, après avoir subi les publications et discussions nécessaires, sont transmis par le Préfet, avec l'avis de ce magistrat, au Directeur général, examinés en Conseil des ponts et chaussées, et adressés ensuite au Ministre de l'intérieur, pour être arrêtés par une ordonnance spéciale.

En cela il est ordinairement dérogé à l'article 12 de l'instruction du 2 octobre 1815, par la difficulté de faire marcher en même temps les opérations des ingénieurs et celles de la Mairie, et afin d'éviter les retards qui en résulteraient pour l'approbation des plans généraux des villes.

Sont déclarées susceptibles de l'application de la

loi sur les plans d'alignement, et conséquemment des formalités qui viennent d'être indiquées, toutes les communes qui comptent deux mille individus de population agglomérée. (Circulaire du 17 août 1813.)

Pour les rues des communes rurales (*voir* au chapitre V, section Ire).

L'exécution des plans généraux d'alignement a fait naître la question de savoir si l'autorité municipale a le droit de prescrire la suppression de bâtimens *entiers*, soit pour le percement des rues nouvelles, soit pour l'élargissement des anciennes, la formation, l'agrandissement des places publiques, etc.

La loi de 1807 (*voir* au chap. III) autorise, article 51, à prendre telle portion de bâtiment qui est reconnue nécessaire à l'exécution du projet d'alignement. Ce droit de l'administration n'est point limité, en sorte que le retranchement peut être tel qu'il ne reste plus au propriétaire qu'un emplacement infiniment réduit, et dont il lui serait impossible de tirer un parti quelconque ; ce qui équivaudrait à une dépossession complète. La loi admet d'ailleurs le cas de percemens nouveaux, et par là même établit implicitement l'obligation de supprimer des propriétés entières. D'une autre part, la condition du propriétaire est la même relativement à l'observation des réglemens de voirie, quelle que soit l'étendue de l'emplacement qu'il doit à la voie publique, et il n'a droit, dans tous les cas, qu'au prix du terrain, en raison de la superficie qu'il abandonne lorsque sa maison subit l'alignement (article 50 de la loi du 16 septembre 1807). Ces considérations ont paru décisives, et le Ministre de l'intérieur a arrêté qu'en principe toutes les fois que l'utilité publique l'exige, l'Administration peut admettre et faire autoriser, sur les plans d'alignement, la suppression entière des bâtimens dont le terrain doit être réuni à la voie publique, et procéder à l'égard de ces bâtimens comme pour ceux dont le retranchement est ordonné par mesure de voirie; c'est-à-dire veiller à ce qu'ils ne soient point consolidés, et en prescrire la démolition quand ils sont arrivés au terme de leur durée.

Mais il est juste de borner au seul cas de *l'utilité publique* légalement constatée la faculté qui résulte, pour l'Administration, de cette interprétation de la loi.

Il est une autre difficulté qui s'est souvent présentée dans l'application des alignemens arrêtés, et sur laquelle il est d'autant plus nécessaire de fixer l'opinion des Administrations municipales, que la jurisprudence du Ministère n'a pas toujours été la même : nous voulons parler des cas où, par l'effet du redressement d'une voie sinueuse qui aurait nécessité le reculement de l'un des côtés et l'avancement de l'autre, les propriétés situées sur ce dernier côté venant à être reconstruites avant celles qui y font face, il en résulterait un rétrécissement tel que la circulation en fût gênée ou totalement interdite.

On avait d'abord pensé qu'il y avait lieu, en pareil

cas, d'autoriser la réparation du bâtiment en retraite, en le laissant ainsi subsister sur ses anciennes fondations jusqu'au moment de la reconstruction de celui qui doit reculer ; mais outre que l'on dérogeait par là à des réglemens qui n'admettent point d'exception, ce moyen ne levait pas la difficulté ; car on ne peut empêcher un propriétaire de reconstruire sa maison, même avant l'époque où il y serait contraint par cause de vétusté. Or, la condition essentielle de l'alignement est la fixité : si l'alignement donné n'était que provisoire, le propriétaire se trouverait séparé de la voie publique par une langue de terrain, sur laquelle il ne pourrait bâtir ; cependant tout propriétaire bordant une rue a le droit d'élever sa façade sur la voie publique, et d'y prendre directement ses jours et issues. Il y aurait d'ailleurs injustice à exiger qu'il restât, pour tout le temps de la durée de sa nouvelle construction, en arrière de la ligne sur laquelle ses voisins avanceraient ; ce qui le placerait indéfiniment dans une position désavantageuse, outre le préjudice qui résulterait pour lui de l'obligation de reprendre plus tard l'alignement définitif.

L'article 5 de l'instruction du 2 octobre 1815 a prévu ce cas, en recommandant d'être circonspect sur les avancemens, et de ne pas chercher un parallélisme rigoureux. On doit donc, lorsque, par suite d'une imprévoyance de l'autorité, des plans d'alignemens ont arrêté des dispositions qui entraînent de pareils inconvéniens, traiter avec les propriétaires des maisons soumises au reculement, pour qu'ils consentent à les reconstruire sur l'alignement en même temps que celles du côté opposé de la rue, ou, à défaut d'arrangement, proposer, s'il est encore temps, la rectification du plan arrêté.

Il suit des dispositions rapportées dans le présent chapitre, relativement aux obligations de l'administration envers les propriétaires, les règles ci-après :

Pour la grande voirie,

Les Préfets font exécuter les alignemens par les ingénieurs des ponts et chaussées, suivant les plans approuvés par le Roi, pour les routes, quais, rues de villes, bourgs et villages, formant traverses, et autres voies rangées dans la même classe.

Les alignemens, soit pour bâtimens ou clôture, sont donnés sans frais par les ingénieurs, d'après la demande des propriétaires adressée au Préfet, et en vertu d'arrêtés de ce magistrat.

Les Préfets veillent à ce que les bâtimens qui s'élèvent le long des routes, rues de traverses, etc., soient construits suivant les règles de l'art.

Ils poursuivent la répression des contraventions aux alignemens arrêtés, et provoquent, en pareil cas, la décision du Conseil de préfecture, qui juge le fait et applique la peine.

Les Maires et Adjoints n'interviennent en matière de grande voirie, qu'à l'effet de constater les contraventions, conformément à l'article 2 de la loi du 29 floréal an X, et concurremment avec les autres agens que la loi désigne.

Pour la voirie municipale,

Les alignemens sont donnés d'après les arrêtés des Maires, sur la demande des propriétaires intéressés, conformément aux plans approuvés en Conseil d'État, et par le ministère d'un ingénieur de la ville ou architecte-voyer.

Les arrêtés des Maires sont sujets à l'appel devant le Préfet, ceux de ce dernier devant le Ministre de l'intérieur, dont les décisions sont encore attaquables devant le Conseil d'État, qui juge en dernier ressort.

Les Maires exercent, à l'égard des constructions qui dépendent de la voirie municipale, la même surveillance et les mêmes attributions que les Préfets pour ce qui concerne la grande voirie, suivant ce qui vient d'être dit.

Ils permettent ou défendent l'établissement ou la réparation des saillies, et pourvoient à la viabilité des rues en général.

Ils poursuivent la répression des contraventions, soit par l'intermédiaire de leurs adjoints ou des commissaires de police (loi du 28 pluviôse an VIII), devant le tribunal de police municipale. (*Voir* au chap. IV.)

CHAPITRE III.

Des prohibitions et servitudes, des charges de la propriété et de la dépossession.

SECTION PREMIÈRE.

DES PROHIBITIONS ET DES SERVITUDES.

Les prohibitions en matière de voirie consistent dans l'interdiction de tout acte nuisible à l'usage de la voie publique, même dans l'exercice ordinaire du droit de propriété; elles s'étendent jusqu'à obliger le propriétaire de s'abstenir, par exemple, de certaines réparations dont l'effet serait de prolonger la durée d'un bâtiment placé hors de l'alignement arrêté, ou celle d'une saillie condamnée par les réglemens : c'est ainsi qu'on a vu, dans les anciennes ordonnances précédemment rapportées, les défenses souvent réitérées de réédifier, conforter et soutenir les constructions de cette nature; les termes des édits et arrêts cités ont même été jusqu'à défendre les ouvrages propres à *conserver* les saillies : mais, comme il a été observé au commencement du dernier chapitre, la plupart de ces règles s'appliquaient à une sorte de saillie résultant d'anticipation sur la voie publique, et ne pourraient être observées avec la même rigueur à l'égard des portions de bâtimens dont la voie publique s'agrandit aux dépens de l'intérêt privé.

Ce point de la législation a été fixé, notamment par un arrêt du Conseil d'État du 7 septembre 1755, qui, en arrêtant les plans ordonnés par le Bureau des finances de Châlons-sur-Marne pour la formation de quatre places et rues principales de cette ville, statua en ces termes :

« Lesdits plans seront exécutés de la part des propriétaires. Dans le cas seulement où par vétusté, incendie ou autres acccidens survenus à leurs bâtimens, lesdits propriétaires seront obligés de les reconstruire; fait Sa Majesté défenses auxdits propriétaires de maisons, murs et autres édifices qui doivent être retranchés et reculés en conséquence desdits alignemens, d'en reconstruire les faces, même d'y faire des réparations *tenant lieu de reconstruction*, à peine de démolition d'icelles, et de cinquante francs d'amende et de tous dépens, dommages et intérêts*. »

C'est sur ces dispositions et celles de plusieurs autres arrêts rendus dans le même sens que s'est fondée la jurisprudence adoptée pour les cas dont il s'agit, et que les décisions du Conseil d'État et du Ministre de l'intérieur ont constamment suivie. Il est évident que la durée d'un bâtiment dépend essentiellement de celle des fondations et du rez-de-chaussée : or, dès que l'on interdit la consolidation de ces parties, les intérêts de l'Administration sont garantis, et l'existence du bâtiment est limitée au terme le moins éloigné possible, sans que le propriétaire ait été gêné inutilement dans la jouissance de ses droits. Tel est le système conciliatoire admis par l'autorité supérieure, et qui a toujours servi de règle à ses décisions, ainsi que le prouvent les observations rapportées sous la date du 13 février 1806, dans le *Code administratif* de M. Fleurigeon, comme étant émanées du Ministère de l'intérieur, et où il est dit :

« Dans le cas où un Maire voudrait faire démolir un bâtiment, parce qu'un étage supérieur tombe

---

* La défense de réparer les constructions sujettes à reculement ne se borne pas au mur de face, elle s'étend aussi aux bâtimens intérieurs dans toute la partie qui fait saillie sur le nouvel alignement. (*Jurisprudence du Conseil d'État.*)

en ruines, le Préfet aurait à faire observer à ce Maire que la dégradation d'un étage supérieur ne peut être un motif pour condamner les parties inférieures. De ce qu'une façade devra être reculée, il n'en résulte pas qu'on ne peut pas entretenir les parties supérieures ; car s'il en était ainsi, du moment où le nouvel alignement serait arrêté, on pourrait interdire au propriétaire tout entretien, même de la couverture établie sur cette façade, et cette doctrine serait attentatoire à la propriété : elle serait contradictoire avec le principe même qui l'établit ; car on n'ajourne la démolition que pour épargner à la commune la nécessité de payer le prix de l'immeuble, et dans la supposition que le propriétaire n'ayant à le démolir que lorsqu'il tombera de lui-même en ruine, il subira une petite perte ; mais si l'on hâte cette ruine en empêchant le propriétaire de soigner même les parties supérieures de la maison, et si parce qu'elles sont défectueuses vers le toit, on exige qu'il démolisse le tout, on rend illusoire l'ajournement accordé pour la démolition, et l'on rentre ainsi dans l'obligation 1°. de faire juger par le Gouvernement qu'il est nécessaire de détruire sur-le-champ l'édifice ; 2°. d'en payer le prix avant d'en commencer la démolition.»

Ce système est confirmé d'une manière expresse par un décret du 22 juin 1811, qui a statué que les particuliers ne sont tenus de ranger leurs constructions sur l'alignement projeté, *qu'autant qu'ils touchent aux fondations de leurs édifices, ou au rez-de-chaussée.*

Il suit de là que les étages d'un bâtiment peuvent être réparés et entretenus, tant que le mur de face dans la partie des fondemens et du rez-de-chaussée jusqu'au dessus du plancher-haut, est reconnu solide : ainsi l'ouverture et le bouchement de baies, les ravalemens, peintures et badigeons, les changemens de corniches, d'entablemens, remplacemens de poutres, réfections de combles, couvertures et autres ouvrages d'entretien et de réparations quelconques, peuvent être autorisés dans les parties supérieures d'un bâtiment, pourvu que les parties inférieures soient en bon état, et à charge de ne point toucher à celles-ci.

On doit cependant considérer comme tolérables les badigeons et peintures, dans la hauteur du rez-de-chaussée, puisque ces sortes d'ouvrages ne tendent nullement à consolider les constructions, mais seulement à les conserver ; ce qui rentre dans l'esprit des réglemens.

Il en est de même des percemens de baies, de portes et de croisées, par la raison que cette opération, loin d'augmenter la solidité d'un mur, ne peut au contraire que l'affaiblir ; mais on doit interdire, dans ce cas, l'introduction d'aucun piédroit, jambage, linteau, etc., en matériaux neufs ou vieux autrement qu'en bois d'épaisseur déterminée par l'autorité, de manière à éviter toute consolidation. La difficulté d'empêcher l'emploi de moyens confortatifs, doit rendre l'administration très-circonspecte dans les permissions qu'elle accorde pour de semblables ouvrages, et très-vigilante pour prévenir les abus que leur exécution tend à favoriser.

Le même principe qui permet les ouvertures à rez-de-chaussée, par la raison qu'elles ne peuvent que diminuer la solidité, tend à autoriser aussi l'exhaussement des bâtimens reconnus d'ailleurs en état de le supporter, puisque la surcharge qui en résultera doit produire le même effet, et hâter la ruine des parties inférieures.

Mais plusieurs points sont à considérer en pareil cas : ainsi, dans les rues étroites, la surélévation des constructions riveraines sur l'alignement ancien, gênera la circulation de l'air et l'action des rayons du soleil; le desséchement du sol après les pluies en deviendra plus lent, et la salubrité en souffrira aussi bien que la commodité du passage.

S'il s'agit de l'exhaussement d'une maison placée en contiguité avec d'autres bâtimens susceptibles d'en éprouver quelque gêne soit dans les vues, soit par la privation de l'air et du jour nécessaire, il y a lieu encore à refuser la permission, sauf au pétitionnaire à prendre l'alignement.

C'est donc à l'autorité locale à examiner si la solidité et la position de la maison qu'on demande à surélever, permettent de le faire sans inconvéniens pour le public ou pour les tiers intéressés.

Il est à Paris des exemples d'exhaussemens de ce genre, autorisés à la charge par les propriétaires de bâtir les nouveaux étages en arrière des anciennes constructions sur l'alignement arrêté. Ce moyen, quand il est praticable, n'a rien que de régulier, et peut être laissé aux propriétaires, à l'égard des bâtimens pour lesquels l'administration reconnaît qu'il n'y a pas lieu d'accorder la permission d'exhausser sur la ligne des constructions existantes.

La faculté d'ouvrir des baies de portes et de croisées dans les murs de pignon découverts, est encore l'objet de contestations assez fréquentes. L'administration locale doit subordonner sa décision, en pareil cas, au consentement du propriétaire de la maison retranchée, qui pourrait en être gêné tant par les vues obliques que son voisin obtiendrait sur lui, que relativement à la facilité de l'accès de sa propriété. (*Jurisprudence ministérielle.*)

Les observations qui précèdent conduisent naturellement à examiner quels sont les symptômes auxquels on reconnaît qu'un bâtiment est arrivé au terme de vétusté où la sûreté publique en exige la démolition, et dans quelle forme cette démolition doit être prononcée [*].

On juge qu'il y a lieu à démolir un bâtiment pour cause de péril,

1°. Lorsque c'est par vétusté que l'une ou plusieurs jambes étrières, trumeaux ou piédroits sont en mauvais état;

2°. Lorsque le mur de face sur rue est en surplomb de la moitié de son épaisseur, dans quelque

---

[*] L'article 1386 du *Code civil* dit : « Le propriétaire d'un bâtiment est responsable du dommage causé par sa ruine lorsqu'elle est arrivée par une suite du défaut d'entretien ou par le vice de sa construction. »

état que se trouvent les jambes étrières, les trumeaux et piédroits ;

3°. Si le mur sur rue est à fruit *, et s'il a occasionné sur la face opposée un surplomb égal au fruit de la face sur rue ;

4°. Chaque fois que les fondations sont mauvaises, quand il ne se serait manifesté dans la hauteur du bâtiment aucun fruit ou surplomb ;

5°. S'il y a un bombement égal au surplomb dans les parties inférieures du mur de face.

Les déclarations du Roi, des 18 juillet 1729 et 18 août 1730, avaient indiqué la marche que devaient suivre, relativement aux périls imminens, les Officiers de police et les Commissaires généraux de la voirie, qui connaissaient concurremment de ces sortes d'affaires.

On se bornera à rapporter ici la première de ces déclarations, qui réglait les fonctions des Officiers du Châtelet de Paris. La seconde déterminait celles des Trésoriers de France, et était d'ailleurs entièrement conforme à la première quant au fond de la procédure, qui s'instruisait, soit devant le Lieutenant de police, soit devant le Bureau des finances.

« Art. 1er. Les Commissaires auront une attention particulière dans leur quartier, pour être instruits des maisons et bâtimens où il y aurait quelque péril.

» Art. 2. Aussitôt qu'ils en auront avis, ils se

---

* On entend, par cette expression, l'inclinaison que présente le profil de certains bâtimens, par la retraite légère et progressive des étages supérieurs.

transporteront sur le lieu et dresseront procès-verbal de ce qu'ils auront remarqué, et qui pourrait être contraire à la sûreté publique.

» Art. 3. Ils feront assigner sans retardement, à la requête de notre procureur au Châtelet, les propriétaires, au premier jour d'audience de la police de notre Châtelet de Paris*.

» Art. 4. Les assignations seront données au domicile du propriétaire, s'il est connu et s'il est dans l'étendue de notre bonne ville de Paris et faubourgs d'icelle, sinon les assignations pourront être données à la maison même où se trouvera le péril, en parlant au principal locataire, ou à quelqu'un des locataires, en cas qu'il n'y en ait pas de principal; et vaudront lesdites assignations comme si elles avaient été données au propriétaire.

» Art. 5. Au jour marqué par l'assignation, le commissaire fera son rapport à l'audience, et si la partie ne comparaît pas, le lieutenant général de police, sur les conclusions d'un de nos avocats, ordonnera, s'il y échet, que les lieux seront visités par un expert, qui sera par lui nommé d'office.

» Art. 6. Si la partie comparaît et qu'elle ne dénie pas le péril, le lieutenant général de police ordonnera, sur lesdites conclusions, que la partie sera tenue de faire cesser le péril, dans le temps qui sera

* Bien que ces déclarations aient été rendues spécialement pour la ville de Paris; néanmoins les formes qu'elles indiquent et les interprétations qu'elles ont fournies étant d'une application générale, on les a classées au nombre des réglemens généraux.

par lui prescrit; et sera enjoint audit commissaire d'y veiller.

» Art. 7. Au cas que la partie soutienne qu'il n'y ait aucun danger, elle aura la faculté de nommer un expert de sa part, pour faire la visite conjointement avec l'expert qui sera nommé par notre procureur au Châtelet, ce qu'elle sera tenue de faire sur-le-champ; sinon sera passé outre à la visite par l'expert seul qui aura été nommé par notredit procureur.

» Art. 8. La visite sera faite dans le temps qui aura été prescrit par la sentence en présence de la partie, ou elle duement appelée au domicile de son procureur, si elle a comparu, sinon au domicile prescrit par l'art. 4 ci-dessus, et ce, soit que la sentence ait été donnée contradictoirement ou par défaut, sans qu'il soit nécessaire, même dans le cas de la sentence rendue par défaut, d'attendre l'expiration de la huitaine; et au cas qu'il y ait deux experts et qu'ils se trouvent de différens avis, il en sera nommé un tiers par le lieutenant général de police à la première audience, partie pareillement présente, ou duement appelée au domicile de son procureur.

» Art. 9. Sur le vu du rapport de l'expert ou des experts, la partie ouïe à l'audience, ou elle duement appelée au domicile de son procureur, s'il y en a, ou, s'il n'y en a pas, dans la forme prescrite par l'art. 4 ci-dessus, et ouï le commissaire en son rapport, ensemble notre avocat en ses conclusions, le lieutenant général de police ordonnera, s'il y a lieu, que, dans le temps qui sera par lui prescrit, le propriétaire de la maison sera tenu de faire cesser le péril et d'y mettre à cet effet des ouvriers, à faute de quoi ledit temps passé et sans qu'il soit besoin d'autre jugement, sur le simple rapport du commissaire portant qu'il n'y a été mis d'ouvriers, il en sera mis, de l'ordonnance dudit commissaire, aux frais de la partie, à la diligence du receveur des amendes qui en avancera les deniers, dont il lui sera délivré par le lieutenant général de police exécutoire sur la partie, pour en être remboursé, par privilége et préférence à tous autres sur le prix des matériaux provenant des démolitions, et subsidiairement sur les fonds et superficie des bâtimens desdites maisons.

» ART. 10. Dans les occasions où le péril serait si urgent que l'on ne pourrait attendre le jour de l'audience ni observer les formalités ci-dessus prescrites, sans risquer quelque accident fâcheux, en ce cas les commissaires du Châtelet pourront en faire leur rapport au lieutenant général de police, en son hôtel, et y faire appeler les parties en la forme prescrite par l'art. 4, lequel pourra ordonner par provision ce qu'il jugera absolument nécessaire à la sûreté publique.

» ART. 11. Seront les sentences et ordonnances rendues à ce sujet exécutées par provision nonobstant et sans préjudice de l'appel. »

Il semblait résulter de ces dispositions que, d'après notre nouveau système de législation, les jugemens de ces sortes d'affaires rentrassent dans le domaine des tribunaux civils*; mais l'article 3 de

* Tel a été le sentiment de M. FLEURIGEON, *Code administratif*, tom. II, p. 515.

la loi du 16—24 août 1790 ayant rangé parmi les attributions des municipalités le pouvoir d'*ordonner la démolition ou la réparation des bâtimens menaçant ruine*, avait par là même détourné cette partie du contentieux de la police administrative, du cours ordinaire de la justice.

Cependant la marche à suivre en pareil cas restait incertaine; aucune disposition n'avait suppléé à celles des déclarations de 1729 et 1730, tant relativement aux formes de la procédure, qui alors était toute judiciaire, qu'en ce qui concernait le paiement des frais de démolition et l'appel des jugemens.

L'art. 50 du décret du 14 décembre 1789; les art. 1 et 3, titre IX du décret du 24 août 1790 (*voir* au chap. Ier, section II); l'article 13 du même décret, qui porte que les fonctions administratives sont distinctes et demeureront toujours séparées des fonctions judiciaires; le *Code pénal*, art. 471 (*voyez* chap. IV), et enfin l'art. 4 de la loi du 11 frimaire an VII, qui range dans les dépenses des communes la voirie et les objets de sûreté et propreté, établissent que l'administration municipale est chargée de tout ce qui a rapport à la petite voirie, et particulièrement d'ordonner la démolition ou la réparation des bâtimens menaçant ruine; que, d'une autre part, les communes sont chargées de toutes les dépenses relatives à la voirie et de celles qui ont pour objet la sûreté et la propreté. On a considéré en outre que le privilége déterminé par les déclarations de 1729 et 1730 pour les frais de démolition des édifices menaçant ruine, n'a point été abrogé; que le *Code Civil*, quoique ne l'ayant pas spécialement exprimé, accorde privilége à des dépenses qui peuvent être assimilées à celles dont il s'agit; que ces dépenses sont d'ailleurs relatives à l'objet lui-même, mais que les tribunaux peuvent seuls prononcer l'application d'un privilége.

D'après ces principes, 1°. il doit être procédé suivant les formes administratives à l'égard des bâtimens dont il y a nécessité de provoquer la démolition pour cause de péril ;

2°. Les frais de démolition doivent être avancés et supportés par les communes, lorsque ces frais ne peuvent être prélevés ni sur les matériaux ni sur le fond.

3°. Il y a lieu de demander devant les tribunaux le remboursement de ces frais par préférence ou privilége sur toutes autres créances.

Quant à l'exécution et aux formes à suivre,

Dans les cas d'urgence et de péril imminent, après en avoir fait dresser procès-verbal par gens de l'art et l'avoir dénoncé au propriétaire, le Maire a le droit, sous sa responsabilité légale, d'ordonner sans délai ce qu'il juge absolument nécessaire à la sûreté publique.

Hors le cas d'urgence absolue, le Maire, après avoir fait dresser procès-verbal circonstancié des dégradations existantes, le dénonce au propriétaire, avec l'injonction d'abattre ou de réparer, suivant les cas, dans un délai qu'il détermine selon l'urgence des circonstances. Il désigne en même temps l'expert qu'il a nommé dans l'intérêt public.

Si le propriétaire mis en demeure se refuse d'obtempérer à la décision du Maire, il a la faculté de faire choix d'un expert contradictoire, et forme, s'il persiste, son recours devant le Préfet.

Le Préfet peut, s'il y a lieu, commettre un tiers expert, et prononce sur le dire des parties et des experts *.

Telle est la jurisprudence admise par le Ministère d'après divers avis du comité de l'intérieur sur les cas de périls.

Une autre question non moins grave est celle de savoir si l'on doit autoriser la réparation du dommage causé à un bâtiment en saillie, par le reculement de la maison contiguë. De fréquentes contestations se sont élevées sur ce point entre les propriétaires et les administrations locales ; il sera donc utile d'exposer les règles qui doivent diriger celles-ci dans les cas semblables.

Il arrive souvent qu'une maison, d'ailleurs en bon état, est dégradée par la démolition des constructions voisines dans la partie adhérente au bâtiment détruit. Si les travaux du voisin ont attaqué la jambe étrière et compromis la solidité de la façade de manière à exiger que cette maison soit démolie, à son tour, l'Administration ne peut intervenir dans

---

* Comme il s'agit ici d'une question de police municipale, il est bien entendu que la marche est la même, soit que le cas prévu se présente dans une rue dépendant de la voirie urbaine, ou dans une rue formant traverse. A Paris, c'est le Conseil de préfecture qui prononce ; mais l'on a vu que Paris est, dans le cas d'une exception.

le débat qui s'élève entre les propriétaires ; elle doit se borner à examiner si l'existence de la maison présente un danger, et, dans l'affirmative, en ordonner la démolition, sauf les recours de droit ; mais si les dégâts commis n'influent pas essentiellement sur la solidité, il est raisonnable de permettre la reprise *sans confortation* des parties dégradées.

A l'égard des murs mitoyens, il faut considérer que, destinés à être renfermés entre deux bâtimens, ils peuvent avoir été moins soigneusement construits que le mur de face ; et si par une circonstance extraordinaire, telle que celle du reculement forcé de l'un des bâtimens qui le garantissaient, un mur de cette espèce devient mur de face, comme cette circonstance n'a pu être prévue lors de la construction de la maison, la justice veut qu'il soit tenu compte au propriétaire de sa bonne foi, et qu'on lui laisse la faculté de faire à son mur les réparations que sa nouvelle situation exige.

D'ailleurs on ne peut, dans la rigueur du droit, refuser à un propriétaire l'autorisation de se clore sur la voie publique, tant que son mur de face sur rue est solide. De ce que par la démolition de la maison voisine le mur mitoyen, mis à découvert, se trouve dégradé ou même entièrement détruit, il ne peut en résulter pour le propriétaire l'obligation de subir le reculement, si aucune des causes indiquées plus haut (page 79) n'en provoque la suppression dans l'intérêt de la sûreté publique, seul cas où l'autorité municipale ait le pouvoir de prescrire la démolition : or la réparation ou le rétablissement du mur mitoyen découvert est une conséquence de la conservation du bâtiment, puisque autrement le propriétaire serait hors d'état de jouir de sa chose, et que le refus de l'Administration aurait le même résultat que l'ordre de démolir, celui de forcer le propriétaire à se retrancher sur l'alignement avant le temps où il peut y être légalement tenu.

Cette jurisprudence est appuyée par diverses ordonnances royales rendues sur le rapport du Comité du contentieux, entre autres celles qui sont intervenues, le 24 juin 1816, sur la réclamation du sieur Delime, propriétaire rue Saint-Denis, et le 13 mars 1823, sur le pourvoi du sieur Larive, rue Saint-Nicolas, Chaussée d'Antin, à Paris.

Il résulte de la première de ces ordonnances, et le Ministère a adopté comme règle, qu'il y a lieu de permettre, en pareil cas, la reconstruction du mur mitoyen; savoir, dans la hauteur du rez-de-chaussée, en briques à plat ravalées des deux côtés, et dans le surplus de la hauteur du bâtiment, au moyen d'un simple cloisonnage en plâtre de huit centimètres d'épaisseur *; mais soit que l'on autorise la reconstruction entière du mur suivant ce mode, soit qu'on en permette seulement la reprise en moëllons et plâtre dans les parties dégradées, l'autorité municipale doit défendre l'introduction d'aucun moyen de liaison de ce mur avec la façade, afin d'éviter de conforter celle-ci.

* Dans les villes où l'on ne fait pas usage de plâtre, on peut suppléer à ce système de construction par des moyens équivalens.

Si ces règles, favorables aux intérêts des propriétaires, ont été adoptées à l'égard des bâtimens qui font saillie à partir du sol, à plus forte raison doivent-elles s'appliquer aux constructions formant encorbellement, avances ou parties supérieures de portiques, comme on en voit dans plusieurs villes, et dont l'existence présente des inconvéniens moins graves relativement aux facilités de la circulation. (*Jurisprudence ministérielle.*)

Quant à l'effet que peut produire sur un bâtiment la privation de l'appui que lui prêtait la maison retranchée, s'il est tel qu'il y ait péril à conserver ce bâtiment sans le consolider, lors même que ce ne serait pas par raison de vétusté, mais par défaut de construction ou par une cause accidentelle qu'il serait hors d'état de se soutenir de lui-même, l'alignement doit profiter de l'état des choses, et il y a lieu d'ordonner la démolition, sauf par le propriétaire à se pourvoir en justice contre qui de droit. (*Jurisprudence ministérielle.*)

La défense de réparer l'étage inférieur des bâtimens sujets à reculement s'applique également à ceux qui sont tenus d'avancer, à moins que le propriétaire ne consente à se clore sur l'alignement, après avoir acquis le terrain dont il doit s'agrandir : la raison en est que l'alignement n'a pas seulement pour objet d'élargir les rues, mais aussi de les régulariser, en faisant disparaître les renfoncemens nuisibles à la sûreté et à la propreté de la voie publique ; on doit donc considérer la condition des propriétaires comme étant la même dans les deux cas. (*Jurisprudence ministérielle.*)

Les réglemens qui suivent indiquent les autres prohibitions, ainsi que les servitudes auxquelles la propriété particulière est assujettie par rapport aux besoins de la voie publique.

Nous croyons toutefois devoir placer ici une observation générale fort importante, c'est que les actes de l'autorité administrative qui ont statué dans l'intérêt d'un tiers, forment titre en sa faveur, à moins qu'il n'y ait lésion d'intérêts opposés qui n'auraient pas été entendus. (*Jurispr. ministérielle.*)

Edit.
Du mois de décembre 1607.

« Voulons et nous plaît que lorsque les rues et chemins seront encombrés ou incommodés, notredit grand-voyer ou ses commis enjoignent aux particuliers de faire ôter lesdits empêchemens, et sur l'opposition et différens qui en pourraient résulter, faire condamner lesdits particuliers qui n'auront obéi à ses ordonnances, trois jours après la signification qui leur en sera faite, jusqu'à la somme de dix livres et au-dessous......

» Faisons aussi défenses à toutes personnes de faire et creuser aucune cave sous les rues *, et pour le regard de celles qui voudront faire degrés pour monter à leurs maisons, par le moyen desquels les rues étrécissent, faire siéges ès dites rues, était ou

* *Voir* l'arrêt du Conseil, du 3 août 1685, ci-après.

auvent, clore ou fermer aucunes rues, faire planter bornes au coin d'icelles ès entrées de maisons, poser enseigner nouvelles, ou faire le tout réparer, prennent congé du grand-voyer, sous peine de dix livres d'amende, et plus si le cas y échet......

» Défendons aussi à toutes personnes de faire des éviers plus hauts que rez-de-chaussée, s'ils ne sont couverts jusqu'audit rez-de-chaussée.....

» Pareillement avons défendu et défendons à tous nosdits sujets de jeter dans les rues eaux ni ordures par les fenêtres, de jour ni de nuit, faire préaux ni aucuns jardins en saillie aux hautes fenêtres, ni pareillement tenir fients, terreaux, bois ni autres choses dans les rues et voies publiques, plus de vingt-quatre heures et encore, sans incommoder les passans.....

» Le grand-voyer enjoindra aux sculpteurs, charrons, marchands de bois et tous autres, de retirer ou mettre à couvert, soit dans leurs maisons ou ailleurs, ce qu'ils tiennent d'ordinaire dans les rues, comme pierres, coches, charrettes, charriots, troncs, pièces de bois et autres choses qui peuvent empêcher ou incommoder le passage desdites rues ; comme aussi aux teinturiers, foulons, fripiers et tous autres, de ne mettre sécher sur perches de bois, soit ès fenêtres de leurs greniers ou autrement, sur rues et voies, aucuns draps, toiles et autres choses qui peuvent incommoder et offusquer la vue, sous les peines que dessus.....

» Défendons de donner aucune permission de faire des marches dans les rues, mais seulement continuer les anciennes ès lieux où elles n'empêchent le passage. »

Ce dernier article intéresse l'existence des escaliers extérieurs en saillie sur la voie publique, comme on en voit dans plusieurs villes des départemens. La question est de savoir si l'Administration a le droit d'ordonner la suppression de ces escaliers lorsqu'ils menacent ruine. Mais la solution de ce point, à part l'inconvénient qui peut résulter de la position de l'escalier par rapport à la circulation, tient à des considérations d'intérêts privés que l'autorité publique ne peut méconnaître. Si, par exemple, la permission d'établir cet escalier a été donnée par suite de travaux d'utilité générale qui ont changé la disposition du sol; si le système de construction du bâtiment ne permet pas de le reconstruire intérieurement sans des frais considérables; si enfin la possession en est acquise au propriétaire aux termes de l'art. 712 du *Code civil*, il faut, ou traiter de gré à gré, ou poursuivre l'expropriation suivant les formes, ou attendre le moment de la reconstruction du bâtiment. Dans ce dernier cas, la suppression de l'escalier en saillie reste subordonnée à la durée du mur de face.

Arrêt du Conseil.

Du 3 août 1685.

« Le Roi étant en son conseil a ordonné et ordonne que les propriétaires des maisons retranchées et à retrancher suivant les arrêts de son Conseil, jouiront des caves qu'ils ont sous les rues, conformément aux contrats faits entre eux et les prévôts des marchands et échevins de la ville; les voûtes desdites caves préalablement vues et visitées par les Trésoriers de France commis à cet effet..... »

Ordonnance du Bureau des finances de Paris.

Du 29 mars 1754.

« Art. 10. Les carrières de pierres de taille, moëllons, glaise, marne et autres, ne pourront être ouvertes qu'à trente toises de distance du pied des arbres plantés le long des routes et grands chemins, et à trente-deux toises du bord ou extrémité de la largeur des chemins non plantés d'arbres, conformément au réglement du 14 mars 1741. Défendons expressément d'en ouvrir aucune à moindre distance, sans une permission expresse et par écrit des sieurs commissaires du pavé de Paris ou des ponts et chaussés, chacun dans leur département, dans le cas où il sera constaté n'en pouvoir résulter aucun inconvénient. Ne pourront les rameaux ou rues de toutes carrières être poussés du côté des chemins: le tout sous peine de trois cents livres d'amende et confiscation des matériaux, outils et équipages. »

Arrêt du Conseil portant réglement sur les matériaux à prendre dans les propriétés particulières pour l'usage des ponts et chaussées.

Du 7 septembre 1755.

« Art. 1er. Les arrêts du Conseil, des 3 octobre 1667, 3 décembre 1672 et 22 juin 1706, seront exécutés selon leur forme et teneur : en conséquence, les entrepreneurs de l'entretien du pavé de Paris, ainsi que ceux des autres ouvrages ordonnés pour les ponts et chaussées et chemins du royaume, turcies et levées des rivières de Loire, Cher et Allier, et autres y affluentes, pourront prendre la pierre, le grès, le sable et autres matériaux pour l'exécution des ouvrages dont ils sont adjudicataires, dans tous les lieux qui leur seront indiqués par les devis et adjudications desdits ouvrages, sans néanmoins qu'ils puissent les prendre dans les lieux qui seront fermés de murs ou autre clôture équivalente, suivant les usages du pays. Fait Sa Majesté défenses aux seigneurs ou propriétaires desdits lieux non clos de leur apporter aucun trouble ni empêchement sous quelque prétexte que ce puisse être, à peine de toute perte, dépens, dommages et intérêts, même d'amende, et de telle autre condamnation qu'il appartiendra, selon l'exigence des cas, sauf néanmoins auxdits seigneurs et propriétaires à se pourvoir contre lesdits entrepreneurs pour leur dédommagement, ainsi qu'il sera réglé ci-après.

» Veut Sa Majesté que les entrepreneurs ne puissent faire aucun autre usage des matériaux qu'ils auront extraits des terres appartenant aux particuliers, que de les employer dans les ouvrages dont ils sont adjudicataires, à peine de tous dommages-intérêts envers les propriétaires et même de punition exemplaire.

» Art. 3. Les propriétaires de terrains sur lesquels lesdits matériaux auront été pris, seront pleinement et entièrement dédommagés de tout le préjudice qu'ils auront pu en souffrir tant par la fouille pour l'extraction desdits matériaux, que par les dégâts auxquels l'enlèvement aura pu donner lieu. Sera payé ledit dédommagement auxdits propriétaires par les entrepreneurs, suivant l'estimation qui en sera faite par l'ingénieur qui aura fait le devis des ouvrages ; et en cas que lesdits propriétaires ne voulussent pas s'en rapporter à ladite estimation, il sera ordonné un rapport de trois nouveaux experts nommés d'office, dont lesdits propriétaires seront tenus d'avancer les frais. Veut Sa Majesté que les entrepreneurs rejettent en outre, à leurs frais et dépens, dans les fouilles et ouvertures qu'ils auront faites les terres et décombres qui en seront provenus. »

(*Voir* le décret du 11 septembre 1790 au chapitre Ier., section Ire. ; la loi du 28 pluviôse an VIII, *idem*; celle du 6 octobre 1791 ; les articles 55 et 56 de la loi du 16 septembre 1807 et la loi du 8 mars 1810 au présent chapitre, section III).

On remarque dans l'arrêt qui vient d'être rapporté que, sous l'ancienne législation, les entrepreneurs de travaux publics ne pouvaient prendre leurs matériaux que *dans les terrains qui leur étaient désignés* par l'Administration.

Il est à regretter peut-être, dans l'intérêt de l'ordre et pour la sécurité des propriétaires, que cette disposition n'ait pas été maintenue par la législation nouvelle ; mais il est vraisemblable qu'on en aura reconnu l'insuffisance : en effet, pour pouvoir indiquer aux entrepreneurs les terrains propres à leur fournir des matériaux, l'Administration était obligée d'y faire faire préalablement par ses agens les sondes et autres expériences nécessaires ; ce qui devait donner lieu aux mêmes difficultés, outre l'inconvénient résultant du prétexte que cette mesure fournissait aux entrepreneurs de se soustraire à la responsabilité de leurs travaux, puisqu'ils pouvaient en rejeter les vices d'exécution sur la mauvaise qualité des matériaux qu'ils n'étaient pas maîtres de choisir.

On retrouve la même disposition dans l'ordonnance du Bureau des finances de Paris, du 17 juillet 1781, au présent chapitre.

Ordonnance du Bureau des finances de Paris sur l'exécution des dispositions antécédentes, sur la police et la conservation des grands chemins.

Du 18 juin 1765.

« Nous réitérons les défenses faites de construire ou faire aucun ouvrage aux faces des édifices généralement quelconques le long des grandes routes et traverses des villes, bourgs et villages de la généralité, sans les alignemens et permissions des Trésoriers de France, commisssaires de Sa Majesté pour les ponts et chaussées, chacun en leur département, en la forme portée ès dites ordonnances et arrêts, à peine de démolition et de troiscents livres d'amende.

» Faisons pareillement nouvelles et itératives défenses à tous gravatiers, laboureurs, vignerons, jardiniers, charrons, charpentiers et autres ouvriers et particuliers de quelque profession, état et qualité qu'ils soient, de déposer aucuns gravois, terres, immondices, pierres, bois, charrettes et ustensiles de leur métier et généralement tout ce qui peut former obstacle au passage public, le long desdites routes, soit en pleine campagne, soit dans les traverses des villes, bourgs et villages, même d'en laisser séjourner qui auraient été déposés au droit de leurs maisons ou héritages, à peine d'en répondre en leur propre et privé nom......

» Faisons pareilles itératives défenses à tous laboureurs, pâtres, bergers, conducteurs de bestiaux et à tous autres, d'endommager les arbres et les haies plantés par ordre du Roi, combler les fossés, abattre les berges et les talus étant le long des routes par labours, fouilles ou autrement, et à cet effet défendons de pousser les labours jusqu'au pied et pourtour desdits arbres et haies au bord desdits fossés, berges et talus, d'y planter ou ensemencer, sous les peines de cinquante livres d'amende et de répondre du tort qui en pourra résulter auxdits arbres et haies, et de refaire à leurs frais et dépens les berges, talus et fossés. »

Ordonnance du même Bureau des finances concernant la police des ateliers de paveurs et la conservation des ouvrages publics.

Du 2 août 1774.

« ART. 3. Renouvelons les défenses faites aux manœuvres et compagnons paveurs, aux voituriers et à toutes personnes, d'enlever aucuns pavés des rues, chemins et ateliers, sable ou autres matériaux destinés aux ouvrages publics ou mis en œuvre, à peine, contre les contrevenans, d'être pour la première fois attachés au carcan, et en cas de récidive condamnés aux galères. Faisons défenses à toutes personnes de recevoir ou recéler en leurs maisons, même d'acheter aucuns desdits pavés ou autres matériaux volés, à peine de mille livres d'amende : le tout ainsi qu'il est porté par le réglement du 4 août 1731, et par les ordonnances des 29 mars 1754 et 30 avril 1772. (*Voir* l'instruction du 13 frimaire an XI, chap. IV, Ire section.)

» Art. 4. Réitérons pareillement les défenses faites à toutes personnes de quelque rang et qualité qu'elles puissent être, de troubler les paveurs dans leurs ateliers, soit dans Paris, soit sur les routes; d'arracher les pieux, barrières établies pour la sûreté de leurs ouvrages, d'endommager leurs batardeaux, d'entreprendre d'y passer avec voitures, d'injurier lesdits paveurs et ouvriers, à peine de trois cents livres d'amende, et de plus grande si le cas y échet, même afflictive, conformément aux ordonnances des 14 février 1670, 29 mars 1754 et 30 avril 1672.

» Art. 7. Défendons à toutes personnes de quelque rang et qualité qu'elles puissent être, de faire ou faire faire aucune tranchée ou ouverture quelconque, soit dans le pavé de Paris, soit dans le pavé ou dans les accottemens, revers et glacis des routes royales, traverses de villes et villages, et sur tous les chemins entretenus par ordre de Sa Majesté, pour quelque cause que ce puisse être, telle que visite et réparations des tuyaux de fontaine, regards, conduites d'eau, apposition d'étais, raccordemens de seuils et bornes ou autres quelconques, sans en avoir pris la permission des sieurs Trésoriers de France et commissaires du pavé de Paris et des ponts et chaussées à peine de cent livres d'amende...»

Ordonnance du même Bureau des finances portant défenses d'endommager les bornes milliaires, d'étaler des linges sur les arbres des routes, etc.

Du 2 août 1774.

« ART. 1ᵉʳ. Défendons à toutes personnes de déplacer, rompre, renverser et endommager les bornes milliaires servant à marquer les distances et toises au long des routes royales, ainsi que les buttes et pavés servant de défenses auxdites bornes; comme aussi les bornes plantées pour empêcher le passage des voitures sur les accottemens des chaussées, celles qui défendent les parapets des ponts et quais, fers et crampons attachés auxdites bornes et parapets, à peine, pour les contrevenans, d'être, pour la première fois, condamnés en telle amende qu'il appartiendra, et, en cas de récidive, à des peines corporelles conformément aux réglemens.

» ART. 2. Défendons à tous blanchisseurs et blanchisseuses, manufacturiers, jardiniers et tous autres, d'attacher aux arbres plantés le long des grands chemins, aucuns cordages soit pour faire sécher des linges, draperies et habillemens ou des légumes, ou pour quelque autre cause que ce soit, et d'établir lesdits étalages sur les haies bordant lesdites routes, à peine de cinquante livres d'amende, saisie et confiscation des linges et étalages. Réitérons les défenses déjà faites à tous laboureurs, vignerons et tous autres, de casser, écorcher et endommager lesdits arbres, sous les peines portées par les réglemens.

» Art. 3. Défendons à tous propriétaires et adjudicataires d'arbres le long des grands chemins, de laisser séjourner tout ou partie d'iceux sur lesdits grands chemins, leurs accottemens et fossés, lors des étalages, bouture ou coupe desdits arbres; et leur ordonnons au contraire d'en faire faire l'exploitation sur les champs où ils sont plantés et hors du chemin, à peine d'amende contre lesdits propriétaires et contre les bûcherons, scieurs de long et autres ouvriers par eux employés, et, en cas de récidive, de confiscation desdits bois. »

Ordonnance du même Bureau des finances, concernant la police générale des chemins dans l'étendue de la généralité.

Du 17 juillet 1781.

« Art. 1er. Les grandes routes et autres chemins publics seront conservés dans les largeurs prescrites par les articles 1er. et 2 des réglemens du Conseil du 5 mai 1720; lesdites largeurs pourront néanmoins être restreintes suivant la position des lieux et autres circonstances, s'il en est ainsi par nous ordonné en connaissance de cause, ou porté par les adjudications qui seront faites pardevant nous : en conséquence, faisons expresses inhibitions et défenses à tous seigneurs, propriétaires, locataires ou fermiers de terres labourables, prés, bois, vignes et autres héritages aboutissant auxdites grandes routes et chemins, de faire aucune entreprise ou anticipation sur leur largeur par des labours ou autrement, et pour en prévenir la dégradation, ordonnons qu'ils seront tenus de les border de fossés hors les largeurs fixées, lesquels fossés auront six pieds de largeur dans le haut, deux pieds dans le bas et trois pieds de profondeur, en observant les talus et pentes nécessaires pour l'écoulement des eaux. Ces fossés seront annuellement nettoyés à l'approche de l'hiver; sinon et faute de ce faire, ordonnons qu'il y sera mis ouvriers; savoir, pour les chemins entretenus aux frais du Roi, par les entrepreneurs chargés de leur entretien, et quant aux autres par les syndics des paroisses.

» Art. 2. Défendons à toutes personnes, même à tous seigneurs, sous prétexte de droit de justice ou de voirie, de faire aucune suppression ou translation de chemins publics, sinon en vertu de nos ordonnances rendues sur rapports et procès-verbaux, qui constateront l'utilité ou les inconvéniens desdites translations, à peine de rétablissement desdits chemins, de tous dommages et intérêts, s'il y a lieu, et de cinquante livres d'amende.

» Art. 3. Défendons à tous propriétaires, locataires, maçons, charpentiers, et autres personnes de quelque qualité et condition qu'elles soient, d'entreprendre aucune construction ou reconstruction de maisons, bâtimens, murs de clôture et édifices quelconques, ni de poser échoppes, travaux de maréchaux, embattoirs, ou autres choses saillantes sur et le long de toutes les routes et chaussées construites par ordre du Roi, soit en pleine campagne, soit dans la traverse des villes, bourgs et villages, quand même la dépense de l'entretien desdites traverses serait prise sur les revenus des villes, ainsi que le long des grands chemins vulgairement appelés *chemins royaux*, sans au préalable avoir obtenu les alignemens et permissions des sieurs Trésoriers de France, Commissaires du Conseil aux départemens du pavé de Paris et des ponts et chaussées, chacun dans leur département, ou, en leur absence, par un autre de nous, conformément aux plans levés, arrêtés et déposés au greffe du bureau, ou qui le seront dans la suite, à peine de démolition des ouvrages, confiscation des matériaux, et de trois cents livres d'amende solidairement contre chacun des contrevenans, même de plus grande peine en cas de récidive..., et toutes lesdites permissions et alignemens continueront à être donnés sans frais.

» ART. 5. Tous les propriétaires d'héritages tenant et aboutissant aux routes, grands chemins et branches d'iceux, pourront les planter de tels arbres qu'ils jugeront propres au terrain, en observant toutefois de laisser trente pieds au plus et dix-huit pieds au moins de distance d'un arbre à l'autre, et six pieds d'intervalle entre la ligne des arbres et le bord extérieur des fossés ou berges étant le long desdits chemins ; et faute par lesdits propriétaires de faire ladite plantation dans le délai d'un an, à compter du jour où les chemins auront été entièrement tracés et les fossés ouverts, pourront les seigneurs ayant droit de voirie faire faire ladite plantation, chacun dans l'étendue de sa seigneurie, le tout aux termes des arrêts de réglement du Conseil des 3 mai 1720 et 17 avril 1776, et aux ordonnances des 29 mars 1754 et 30 avril 1772.

» Art. 6. Les propriétaires des arbres plantés conformément à l'article précédent seront tenus de les entretenir avec soin de labours et élagages, en observant de leur former une tête proportionnée à leur grosseur, et de remplacer ceux qui périront avant le 15 décembre de chaque année par d'autres arbres bien droits et de bonne qualité, desquels remplacemens et entretiens les fermiers ou locataires répondront pour leurs maîtres absens, sauf à répéter contre les propriétaires les sommes qu'ils auront payées, et faute par lesdits propriétaires, leurs fermiers ou locataires d'y satisfaire, sera procédé audit entretien par l'entrepreneur de la route, auquel sera délivré exécutoire proportionné au prix qui lui est alloué par son bail pour l'entretien desdits arbres; et à défaut par les propriétaires d'acquitter cet exécutoire dans les trois mois du jour de la signification qui en sera faite, ils seront et demeureront déchus de la propriété desdits arbres, qui seront mis à l'entretien du Roi, le tout en conformité des réglemens des 17 décembre 1686, 3 mai 1720, 17 juin 1721 et 4 août 1731. Ne pourront les propriétaires desdits arbres en faire couper ni arracher aucun, sous quelque prétexte que ce soit, sans auparavant en avoir obtenu la permission expresse et par écrit du Trésorier de France, commissaire du Conseil en cette partie, à peine de telle amende qu'il appartiendra.

» Art. 7. Défendons à tous propriétaires, fermiers et locataires de terres et héritages aboutissans aux routes et grands chemins, et à tous bergers et conducteurs de troupeaux, d'endommager par leurs labours, leurs bestiaux ou autrement, les arbres, charmilles, haies vives ou sèches, plantés le long desdites routes et chemins, sous peine de tous dommages et intérêts, et de cinquante livres d'amende, dont les maîtres sont responsables pour leurs domestiques. Défendons pareillement, et sous les mêmes peines, à tous blanchisseurs et manufacturiers d'attacher des cordeaux auxdits arbres pour y étendre leurs linges et étoffes; ordonnons, en outre, que tous ceux qui auront arraché lesdits arbres, ou les auront coupés, écorchés ou cernés clandestinement entre deux terres, seront poursuivis suivant la rigueur des ordonnances, et condamnés en outre en cinq cents livres d'amende, dont moitié appartiendra aux dénonciateurs.

» Art. 8. Enjoignons à tous propriétaires de maisons ou héritages de la banlieue de cette ville, et des bourgs et villages de cette généralité, de réparer et entretenir, chacun en droit soi, les revers de pavé et les accottemens de chaussées faits entre leurs maisons et héritages et la chaussée du milieu, combler les trous qui s'y trouveront, de manière que les eaux n'y puissent séjourner, suivant les pentes qui leur en seront désignées par un état signé de l'un des sieurs commissaires des ponts et chaussées, chacun dans leur département. Faisons défenses à tous propriétaires dont les héritages sont plus bas que le chemin et en reçoivent les eaux, d'en interrompre le cours soit par l'exhaussement, soit par la clôture de leurs terrains; leur enjoignons de rendre libre le passage des eaux qu'ils auront intercepté, si mieux n'aiment construire et entretenir à leurs dépens, les aqueducs, gargouilles et fossés nécessaires à cet usage, conformément aux dimensions qui leur seront données : le tout sous peine de cinquante livres d'amende et d'y être mis des ouvriers à leurs frais et dépens, suivant les ordonnances des 3 février 1741, 22 juin 1751, 29 mars 1754 et 30 avril 1772.

» Art. 9. Faisons défenses à tous carriers, gravatiers, sculpteurs, laboureurs, vignerons et tous autres, de poser aucuns matériaux, gravois, décombres, fumiers, terres, immondices, sur aucune partie des grandes routes et chemins; comme aussi de faire aucuns trous et fouilles sur les côtés des chaussées et accottemens, ni sur les glacis, sous quelque prétexte que ce soit, même d'y prendre du sable, de la pierre ou autres matériaux, ou d'y faire aucune culture. Faisons pareillement défenses à tous rouliers, voituriers, charrons, marchands, cabaretiers et aubergistes, d'y laisser séjourner aucunes voitures, trains, roues et bois de charronnage et autres, à peine de confiscation desdits objets et de cent livres d'amende; ordonnons même qu'en cas d'ignorance des auteurs desdits dépôts de fumiers, voitures et encombremens, les propriétaires ou locataires des héritages au droit desquels lesdits encombremens seront trouvés, puissent être réputés garans et responsables de la contravention, faute par eux d'en indiquer les véritables auteurs, en conformité des réglemens des 28 mai 1714, 4 août 1731, 17 mars 1739, 23 août 1743 et 18 juin 1765.

» Art. 13. Défendons à toutes personnes de troubler les paveurs dans leurs ateliers, d'arracher les pieux mis pour la sûreté de leurs ouvrages, les bornes placées pour empêcher le passage des voitures sur les accottemens des chaussées, celles qui défendent les parapets des ponts, les bornes milliaires grandes et petites, non plus que les parapets et anneaux de fer attachés auxdits ponts, sous peine de trois cents livres d'amende; d'enlever aucuns pavés neufs ou vieux, des rues, chaussées ou ateliers, ou les fers, bois, pierres et autres matériaux destinés aux ouvrages publics ou mis en œuvre, à peine, contre les contrevenans, d'être, pour la première fois, attachés au carcan, et, en cas de récidive, condamnés aux galères. Faisons défenses à toutes personnes de quelque qualité et condition qu'elles puissent être, de recevoir et recéler en leurs maisons, même d'acheter aucun desdits pavés ou autres matériaux volés, à peine de mille livres d'amende : le tout ainsi qu'il est ordonné par les réglemens des 4 août 1731, 19 juillet 1757 et 14 novembre 1760.

» Art. 14. Défendons à tous seigneurs, propriétaires, leurs fermiers ou autres personnes quelconques, d'empêcher les entrepreneurs chargés de la construction, réparation et entretien des ponts, grandes routes, chemins royaux, de prendre les pierres, grès, sables, pierres, et autres matériaux nécessaires à la construction des ouvrages dont ils sont adjudicataires, *dans tous les lieux non clos de murs*, qui leur seront indiqués par les devis et adjudications desdits ouvrages, sauf à eux à se pourvoir par-devant nous en cas de contestations sur les indemnités qui pourraient leur être dues. (*Voir* les observations rapportées à la page 15.)

» Art. 15. Les carrières de pierres de taille, moëllons, glaise, marnes et autres, ne pourront être ouvertes qu'à trente toises de distance du pied des arbres plantés le long des routes et grands chemins, et à trente-deux toises du bord ou extrémité des chemins non plantés d'arbres, conformément au réglement du 14 mars 1741. Défendons expressément d'en ouvrir aucune à moindre distance, sans une permission expresse et par écrit des sieurs Commissaires du pavé de Paris et des ponts et chaussées, chacun dans leur département, dans le cas où il sera constaté n'en pouvoir résulter aucun inconvénient. Ne pourront les rameaux ou rues de toutes carrières, être poussés du côté des chemins: le tout sous les peines portées par les réglemens des 14 mars 1741, 5 avril 1772 et 15 septembre 1776, et par nos ordonnances des 24 mars 1754, 30 avril 1772 et 22 juillet 1777.

» Art. 16. Pour prévenir et empêcher les dégradations que les voitures chargées de pierres, moëllons ou autres matériaux occasionnent sur les bornes ou accottemens aux fossés et arbres des grandes routes, au débouché des chemins qui conduisent aux carrières et fouilles, nous ordonnons que, conformément à l'arrêt du 5 avril 1772, il sera construit dans la largeur desdits chemins, par l'entrepreneur de la route et aux frais des propriétaires des carrières ou fouilles, un bout de chaussée en pavé de grès, de pierre ou de caillou, lequel commencera joignant la bordure de la chaussée de la route, et sera prolongé jusqu'à six pieds au-delà des arbres, avec un cassis ou aqueduc sur le fossé : le tout ainsi qu'il sera réglé et jugé nécessaire par les sieurs Commissaires du pavé de Paris et des ponts et chaussées, chacun dans leur département, d'après le rapport des ingénieurs. Sera aussi posé, aux frais desdits propriétaires, une forte borne de chaque côté desdits bouts de chemins et à leur extrémité du côté de la campagne, pour empêcher que les arbres qui bordent la route ne soient endommagés par les voitures. »

Loi

Du 28 septembre - 6 octobre 1791.

« Titre Ier, section VI, art. 1er. Les agens de l'Administration ne pourront fouiller dans un champ pour y chercher des pierres, de la terre ou du sable nécessaire à l'entretien des grandes routes et autres ouvrages publics, qu'au préalable ils n'aient averti le propriétaire, et qu'il ne soit justement indemnisé à l'amiable, ou à dire d'experts, conformément à l'article 1er du présent décret.

» Titre II, art. 44. Les gazons, les terres ou les pierres des chemins publics ne peuvent être enlevés, en aucun cas, sans l'autorisation de l'Administration du département. »

On a élevé la question de savoir si les travaux qui s'exécutent au compte des communes peuvent donner lieu à l'application des mêmes règles que ceux de l'État, relativement à la faculté attribuée aux entrepreneurs d'extraire leurs matériaux dans les propriétés particulières.

La jurisprudence du Conseil d'État semble présenter, à cet égard, quelques incertitudes.

En raisonnant par analogie, et puisque la loi reconnaît l'utilité publique dans ce qui touche les intérêts des communes, quand elle autorise, par exemple, l'expropriation des particuliers pour l'exécution d'un projet d'alignement de voirie urbaine, n'est-il pas naturel de conclure qu'à plus forte raison, lorsqu'il ne s'agit que d'une action en dommages, les communes peuvent user du même droit que l'État dans des circonstances analogues ?

Ce qui achève de lever toute incertitude sur ce point, c'est que la loi de 1807, après avoir exprimé, article 55, que les terrains occupés pour prendre les matériaux nécessaires aux routes ou aux constructions publiques pourront être payés comme s'ils eussent été pris pour la route même, détermine, article 56, les formalités à suivre pour l'estimation de ces terrains, dans le cas où il s'agit *des travaux des villes*. Cette disposition ne laisse, ce nous semble, aucun doute sur l'intention du législateur à l'égard de l'assimilation des travaux communaux aux constructions publiques en pareille circonstance.

Toutefois une ordonnance royale rendue sur le rapport du comité du contentieux, le 31 juillet 1822, établit un système contraire.

« Considérant, y est-il dit, qu'aux termes de l'article 4 de la loi du 28 pluviôse an VIII les Conseils de préfecture sont compétens pour statuer sur les réclamations qui pourraient s'élever par suite de travaux publics et en matière de grande voirie; mais que les difficultés relatives aux contestations occasionnées par des réparations faites sur des chemins communaux ne sont pas comprises dans l'exception portée par la loi; que ces réparations ne peuvent être considérées comme des travaux publics et ne dépendent pas de la grande voirie, etc. »

Tout en respectant cette décision, nous nous permettrons d'insister sur ce qu'elle est en opposition avec le texte formel des articles 55, 56 et 57 de la loi de 1807, auxquels il ne peut être valablement dérogé que par une loi nouvelle.

Loi

Du 28 août 1792.

« Art. 18. Jusqu'à ce qu'il ait été prononcé relativement aux arbres plantés sur les grandes routes nationales, nul ne pourra s'approprier lesdits arbres et les abattre; leurs fruits seulement, les bois-morts appartiendront aux propriétaires riverains : il en sera de même des émondages quand il sera utile d'en faire; ce qui ne pourra avoir lieu que de l'agrément des corps administratifs (*les Préfets*), à la charge par lesdits riverains d'entretenir lesdits arbres et de remplacer les morts. »

Loi relative aux salpêtriers,

Du 13 fructidor an V (30 août 1797).

« Art. 2. Les salpêtriers commissionnés en vertu des lois précédentes, ou qui le seront à l'avenir, continueront d'enlever dans les arrondissemens qui leur sont ou seront déterminés les matériaux de démolition salpêtrés. A cet effet, les propriétaires qui voudront faire démolir, ou ceux qui en seront chargés par eux, ne le pourront qu'après avoir prévenu l'agent municipal de leur commune (*le Maire*), afin que le salpêtrier puisse en prendre connaissance.

» Cet avertissement devra précéder de dix jours au moins la démolition, et ceux qui, sans avoir satisfait à cette condition, commenceraient à démolir ou qui le feront faire, seront condamnés solidairement à une amende égale à la contribution mobilière du propriétaire ou principal locataire du bâtiment. (*Voir* le décret du 31 juillet 1806 au chapitre IV.)

» Cette amende sera double pour ceux qui auraient détourné, employé, ou détérioré en tout ou en partie les matériaux provenant de leurs démolitions ou qui s'opposeraient à leur enlèvement.

» Art. 3. Il ne sera rien payé par le salpêtrier pour raison des matériaux de démolition salpêtrés qu'il aura enlevés; mais dans le cas où le propriétaire l'exigerait, le salpêtrier sera tenu de lui rendre au même lieu une quantité de matériaux d'un même volume.

» Art. 4. Les salpêtriers commissionnés continueront de prendre, comme par le passé, les terres et matériaux salpêtrés qui se trouvent dans les granges, écuries, bergeries, remises et autres lieux couverts, à l'exception de ceux servant d'habitation personnelle, et des caves et celliers contenant du vin, des boissons ou marchandises, et des aires de granges en argile ou glaise. »

Les contraventions à cette loi sont portées devant les Juges de Paix ou les Tribunaux correctionnels, suivant les cas et sauf l'appel (art. 37).

Ces dispositions ont été confirmées par la loi du 10 mars 1819, sauf les modifications indiquées par les articles suivans de cette dernière loi.

« Art. 2. La fouille provisoirement maintenue par l'article 4 de la loi du 13 fructidor an V cessera d'avoir lieu, si ce n'est en traitant de gré à gré avec les propriétaires.

» Art. 6. Lorsque les propriétaires auront, conformément à l'article 2 de la loi du 13 fructidor an V, fait à leur municipalité la déclaration de leur intention de démolir, ils pourront disposer librement de leurs matériaux de démolition si, dans les dix jours de la démolition commencée, les salpêtriers commissionnés ne se sont pas présentés pour en faire l'enlèvement et user du droit qui leur est réservé. »

Code civil.

Mars 1803.

» Art. 650. Celles (*les servitudes*) établies pour l'utilité publique ou communale ont pour objet le marchepied le long des rivières navigables ou flottables, la construction ou réparation des chemins et autres ouvrages publics ou communaux.

» Tout ce qui concerne cette espèce de servitude est déterminé par des lois et réglemens particuliers.

» Art. 674. Celui qui fait creuser un puits ou une fosse d'aisance près d'un mur mitoyen ou non;

» Celui qui veut y construire cheminée ou âtre, forge ou fourneau,

» Y adosser une étable,

» Ou établir contre ce mur un magasin de sel ou amas de matières corrosives,

» Est obligé à laisser la distance prescrite par les réglemens et usages particuliers sur ces objets, ou à faire les ouvrages prescrits par les mêmes réglemens, pour éviter de nuire au voisin.

» Art. 675. L'un des voisins ne peut, sans le consentement de l'autre, pratiquer dans le mur mitoyen aucune fenêtre ou ouverture en quelque manière que ce soit, même à verre dormant.

» Art. 678. On ne peut avoir des vues droites ou fenêtres d'aspect, ni balcons, ou autres semblables saillies sur l'héritage clos ou non clos de son voisin, s'il n'y a dix-neuf décimètres (six pieds) de distance entre le mur où on les pratique et ledit héritage.

» Art. 679. On ne peut avoir des vues par côté

ou obliques sur le même héritage, s'il n'y a six décimètres (deux pieds) de distance. »

Décret,

Du 7 mars 1808.

« Art. 1er. Nul ne pourra, sans autorisation, élever aucune habitation ni creuser aucun puits à moins de cent mètres des nouveaux cimetières, transférés hors des communes en vertu des lois et réglemens.

» Art. 2. Les bâtimens existans ne pourront également être restaurés ni augmentés sans autorisation.

» Les puits pourront, après visite contradictoire d'experts, être comblés en vertu d'ordonnance du Préfet, sur la demande de la police locale. »

Des réglemens particuliers sur la défense des places de guerre ont imposé des prohibitions semblables à celles qui sont établies par les actes ci-dessus rapportés, à l'égard des bâtimens situés dans la zone militaire : tels sont l'ordonnance du 31 janvier 1776, la loi du 10 juillet 1791, le décret du 9 décembre 1811, l'ordonnance royale du 24 décembre 1817, et enfin celle du 1er août 1821.

Un décret du 4 août 1811 a statué particulièrement sur les travaux d'entretien et de réparation des routes et des chemins vicinaux qui traversent les fortifications, et des rues qui aboutissent aux remparts, et sur l'exécution des routes qui traversent les frontières.

SECTION II.

DES CHARGES DE LA PROPRIÉTÉ.

De toutes les charges qui grèvent la propriété particulière par rapport à l'usage de la voie publique, aucune n'est plus sujette à contestation que celle qui oblige les propriétaires riverains des rues à pourvoir aux frais de premier établissement du pavé.

Les anciens réglemens et les usages locaux ont varié sur ce point, en raison de l'état des ressources que chaque ville pouvait affecter à la dépense de son pavage, et qui, dans les unes, permettait de la faire supporter par les fonds municipaux, dans les autres exigeait que les particuliers y contribuassent ou même en fussent entièrement chargés.

Le premier pavé de Paris fut posé en 1184 par ordre de Philippe Auguste et payé sur les deniers royaux : c'est aussi de cette époque que date le pavage des grands chemins et des autres villes du royaume. Les Trésoriers de France étaient chargés de la conservation de cette partie des ouvrages publics pour ce qui concernait le domaine de la couronne, et les Maires et échevins des villes pour les rues, dont le pavé se payait sur les fonds municipaux, conformément à divers arrêts du Conseil, entre autres ceux des 19 août 1704 et 1ᵉʳ octobre 1737.

Des lettres-patentes de Charles VI, du 5 avril 1399, décidèrent qu'en général toutes personnes privilégiées, même les princes du sang, les gens d'église et religieux, étaient tenus de contribuer au pavé, *chacun en droit soi* : cette disposition fut confirmée par d'autres édits et arrêts de parlement en 1539, 1576 et 1582.

L'édit déjà cité, du mois de décembre 1607, porte, article 12 :

« Voulons et nous plaît que le grand-voyer et ses commis aient l'œil et connaissance du pavement des rues, voies, quais et chemins, et où il se trouvera quelques pavés cassés, rompus ou enlevés, qu'il les fasse refaire et rétablir promptement, même faire l'ouverture des maisons des refusans d'icelles, aux dépens des détenteurs desdites maisons, injonctions préalablement faites auxdits détenteurs ; et prendra garde que le pavé neuf soit bien fait et qu'il ne se trouve plus haut élevé que celui du voisin. »

Perrot, dans son *Dictionnaire de la voirie* (p. 316), après avoir cité ces dispositions et celles de la loi *Ædiles*, portant que la réfection du pavé des rues est réputée charge foncière des maisons, ajoute :

« Ces maximes ne sont pas sans exception.

» Les villes, par exemple, sont ordinairement tenues du premier pavé et de l'entretien d'icelui de leurs abords et dans les places publiques; c'est une charge de leurs octrois, ainsi que les ponts, palissades, barrières, murailles, tours, remparts, aqueducs, fontaines et autres ouvrages qui sont pour leur utilité ou leur décoration. A Paris, c'est le domaine de la ville qui est chargé de l'*établissement*, entretien et réfection des banquettes, quais, abreuvoirs, ports, ponts et égouts; mais les places et les abords de cette ville sont à la charge et à l'entretien du Roi, *qui est aussi chargé de tout le reste du pavé de la ville, faubourgs et banlieue,* à l'exception des cloîtres, qui concernent les chapitres ; des culs-de-sac, des petites rues fermées et des revers des chaussées des faubourgs, qui n'ayant pas encore été faits en pavé d'échantillon, sont demeurés à la charge des propriétaires riverains. »

Plus loin le même auteur dit :

« L'établissement d'un nouveau pavé pour les rues de la ville et faubourgs de Paris seulement est quelquefois ordonné par le Roi, plus souvent ce sont les propriétaires qui le sollicitent. Dans l'un ou dans l'autre cas, il est à la charge des propriétaires riverains. »

On voit par là que dès long-temps avant 1789, il avait été dérogé aux règles posées dans les anciens édits relativement à l'*entretien* du pavé; mais il y avait lacune dans la législation quant à la question du *premier établissement*, qui n'était textuellement décidée nulle part d'une manière générale, et la jurisprudence sur ce point demeurait incertaine, par la difficulté de concilier les décisions rendues dans les cas spéciaux qui s'étaient présentés.

En effet, le parlement de Paris, par un arrêt du 22 janvier 1552, autorise les propriétaires du faubourg Saint-Germain à faire paver le devant de leurs maisons, sauf à recouvrer la dépense de ce pavage sur les religieux de Saint-Germain, hauts-justiciers.

Il décide, le 14 août 1566, que les frais de pavage de la rue des Bons-Enfans seront supportés par moitié entre le seigneur censier et les propriétaires des maisons, à la décharge de l'archevêque, haut-justicier, attendu le motif que sa juridiction lui est plus à charge qu'à profit.

Par arrêts des 17 juin 1588 et 19 mai 1590, il condamne, sur la demande des propriétaires riverains de la rue du Pontceau, le seigneur et le censier à payer la totalité du pavage de cette rue.

Le 16 août 1672, le même parlement rend une décision toute contraire à l'égard des riverains de la rue Jean-Beau-Sire.

Il avait été décidé en 1584 que le premier pavé des rues servant d'entrée aux villes ne pouvait être mis à la charge des propriétaires, et le 25 juillet 1676 le Conseil d'État prononce que les riverains seront tenus à l'établissement du pavé dans les rues de la Roquette, de Baffroy, de Popincourt et de Lappe.

Il était donc impossible de fonder une jurisprudence certaine sur des décisions aussi contradictoires; en sorte que l'on peut considérer les anciens réglemens comme ayant laissé la question tout-à-fait indécise.

La loi du 11 frimaire an VII, en classant parmi les dépenses à la charge de l'État l'entretien du pavé des routes, et parmi les dépenses des communes l'entretien des autres parties du pavé, paraissait l'avoir résolue; car la condition de l'établissement suit ici de droit celle de l'entretien : dès lors l'application de la loi ne devait présenter d'autre difficulté que la distinction à faire des portions de la voie publique dépendant de la grande voirie, de celles qui appartiennent à la voirie urbaine, et il semblait que les propriétaires riverains dussent être désormais étrangers à l'établissement du premier pavé des rues nouvelles. Cependant l'interprétation de cette loi ayant paru douteuse, le Ministre de l'intérieur provoqua un avis du Conseil d'État, qui intervint, le 25 mars 1807, dans les termes suivans :

« Le Conseil d'État, qui, d'après le renvoi ordonné, a entendu le rapport de la Section de l'intérieur sur celui du Ministre de ce département, en date du 21 janvier dernier, par lequel le Ministre demande qu'il soit statué sur la question de savoir si dans toutes les communes le pavé des rues *non grandes routes* doit être mis à la charge des propriétaires des maisons, lorsque l'usage l'a ainsi établi, et si l'art. 4 de la loi du 11 frimaire an VII n'y apporte pas d'obstacle:

» Estime que la loi du 11 frimaire an VII, en distinguant la partie du pavé des villes à la charge de l'État, de celle à la charge des villes, n'a point entendu régler de quelle manière cette dépense serait acquittée dans chaque ville, et qu'on doit continuer de suivre à ce sujet l'usage établi pour chaque localité, jusqu'à ce qu'il ait été statué par un réglement général sur cette partie de la police publique :

« En conséquence que, dans les villes où les revenus ordinaires ne suffisent pas à l'établissement, restauration ou entretien du pavé, les Préfets peuvent en autoriser la dépense à la charge des propriétaires, ainsi qu'il s'est pratiqué avant la loi du 11 frimaire an VII. »

Cet avis, loin de résoudre la difficulté, n'a fait qu'y

ajouter en renvoyant à des usages locaux qui ne peuvent avoir force de loi, puisqu'ils ne sont établis sur aucune règle émanée du pouvoir législatif, et que d'ailleurs ils ont varié en différens temps dans le même lieu. Il remet en question ce que la loi du 11 frimaire an VII semblait avoir décidé et pose un principe différent; car cette loi dit d'une manière expresse:

« § II, ART. 4. Les dépenses communales quant aux communes faisant partie d'un canton, sont celles

» 1°. De l'entretien du pavé pour les parties qui ne sont pas grandes routes;

» 2°. de la voirie et des chemins vicinaux dans l'étendue de la commune;

» 3°. . . . . »

Ce qui prouve au surplus que le Conseil d'État reconnaît le principe attaqué, c'est que dans le second § de son Avis, il semble établir qu'il ne doit y être fait exception qu'à l'égard des seules villes où les revenus ordinaires ne suffisent pas aux dépenses de pavage.

Quoi qu'il en soit, il faut considérer que l'ouverture d'une rue, à moins qu'elle n'ait été sollicitée par un ou plusieurs propriétaires dans leur intérêt particulier, ne peut entraîner, pour les riverains, l'obligation de pourvoir seuls à la dépense du premier pavé, attendu qu'un percement ordonné pour raison d'utilité publique profite à la généralité des habitans; que si les riverains y ont un avantage plus direct, ils sont, par compensation, passibles d'indemnités pour plus-value de leur propriété, aux termes de l'art. 30 de la loi du 16 septembre 1807, ou obligés de céder, à un prix calculé sur l'augmentation de valeur présumée de leur propriété restante, le terrain nécessaire à la nouvelle voie; qu'ainsi toutes choses étant égales d'ailleurs, il n'y aurait pas de motif pour charger plutôt ceux-ci que ceux-là d'une dépense qui doit profiter à tous.

Il y aurait lieu tout au plus, si la commune renonçait au bénéfice de l'art. 30 de la loi de 1807, à ce que les riverains contribuassent à la dépense du premier pavage dans une proportion plus forte que les autres habitans, suivant l'art. 36 de la même loi; mais ils ne peuvent équitablement être tenus de la double charge qui résulterait pour eux de l'application de ces deux articles, et, dans aucun cas, obligés de supporter seuls les frais d'une opération utile dans l'intérêt général, bien qu'avantageuse dans le leur en particulier.

On doit observer encore que si les seigneurs justiciers, à qui appartenaient les droits de voirie, étaient tenus, par cette raison, d'établir le premier pavé à la décharge des propriétaires, comme il a été jugé dans beaucoup de cas, les villes étant aujourd'hui en possession de ces droits, qui forment une branche de leurs revenus, doivent, par une juste conséquence, supporter la charge, puisqu'elles ont accepté le bénéfice.

D'ailleurs l'obstacle principal qui s'opposait à ce que les villes, à défaut de revenus suffisans, supportassent ces dépenses, tenait à la difficulté de créer une ressource extraordinaire pour y subvenir : cette difficulté est bien moindre aujourd'hui que les communes peuvent s'imposer extraordinairement, avec l'autorisation du Roi, au marc le franc de leurs contributions, pour toutes les dépenses d'utilité communale que leurs revenus ordinaires ne leur permettraient pas d'effectuer.

Il est donc à-la-fois plus juste et plus régulier de recourir, en pareil cas, à la voie d'une imposition extraordinaire, et les villes mêmes y ont un intérêt particulier, en ce sens que les rues nouvellement ouvertes seront d'autant plus promptement bâties, que les riverains n'auront pas à faire, en pure perte pour eux-mêmes, le sacrifice qu'exigerait l'établissement du premier pavage.

A l'égard du pavé des rues qui forment prolongement des routes ou traverses des villes, dont la confection, ainsi que l'entretien, est à la charge de l'État, l'Administration des ponts et chaussées fait valoir l'usage qui, dans certaines localités, obligeait les riverains à faire les frais du pavage des revers ou accottemens; mais la loi du 11 frimaire an 7 n'a pas admis cette distinction : toutefois si, comme quelques décisions du Conseil d'État donnent lieu de l'inférer, le Gouvernement, en pareil cas, ne doit supporter que le pavage de la chaussée, il suit du principe même de la loi que la dépense du surplus doit être payée sur les fonds communaux.

Les considérations qui viennent d'être exposées s'accordent avec l'opinion des administrateurs et jurisconsultes qui ont traité cette matière : ainsi

M. Fleurigeon, dans son *Code administratif* (t. II, page 553), conclut de la jurisprudence existante et de l'état de la législation sur le point dont il s'agit,

« 1°. Que le premier pavé des rues ouvertes pour l'utilité publique doit être à la charge des communes et non des propriétaires de maisons;

» 2°. Qu'au surplus, dans le silence de la législation sur la matière, on ne peut forcer les propriétaires de maisons à faire poser le premier pavé des rues ouvertes pour l'utilité publique;

» 3°. Que les rues faisant suite aux grandes routes doivent être pavées et entretenues entièrement aux frais de l'Administration des ponts et chaussées. »

On lit dans les *Élémens de jurisprudence administrative*, par M. Macarel (tome II, page 341):

« Le pavé des villes fait partie de la voirie; il s'établit au compte du Gouvernement sur les grandes routes et dans les rues des villes, bourgs et villages qui forment continuation des grandes routes; dans les autres lieux, *les communes en font les frais.* »

Il suit donc des observations précédentes et des citations qui viennent à l'appui, que le seul cas où les propriétaires riverains soient légalement tenus à l'établissement du premier pavage est celui où les rues nouvelles sont ouvertes par eux-mêmes sur leur propre terrain, ou au moins à leur sollicitation, et en raison de l'avantage exclusif qu'ils en doivent retirer. Dans toutes les autres circonstances, ces sortes de dépenses doivent être supportées suivant la lettre et l'esprit de la loi, soit par le Gouvernement pour les grandes routes et les rues qui en dépendent, soit par les communes pour toutes les autres parties du pavé.

Les dépenses de premier établissement de l'éclairage doivent, par les mêmes motifs, être supportées par les villes comme objet de police, à moins que la condition contraire ne résulte de permissions accordées pour ouverture de rues aux frais des riverains.

Le principe qui assimile les rues à la propriété publique, a donné lieu, dans certaines localités, à une fausse interprétation. Il s'est présenté quelques cas où des administrations municipales, ayant reconnu nécessaire de faire exécuter des travaux de nivellement, afin de régulariser les pentes du pavé, se sont crues dispensées de consulter les propriétaires riverains, se fondant sur ce que les obligations de l'Administration en pareille circonstance pouvaient être considérées comme celles d'un particulier, qui est libre d'exécuter sur son terrain telle disposition qu'il juge utile dans son intérêt, dès qu'il s'abstient de toucher aux propriétés de ses voisins, et que d'ailleurs la loi n'a prévu que le cas de la dépossession pour cause d'utilité publique, sans rien préciser pour celui-ci. Ce raisonnement est erroné : en effet, si l'on admettait qu'il fût possible d'attaquer les maisons situées sur la voie publique par les déblais et remblais d'un nivellement, il pourrait arriver que le déchaussement des murs de face missent les unes en péril, ou tout au moins les rendissent inaccessibles; tandis que la surélévation du sol, dans les parties basses, enfouirait les autres ; ce qui serait également préjudiciable à la propriété pvriée.

De ce que la loi n'a prévu que le cas de la dépossession pour cause d'intérêt public, il ne s'ensuit pas que les propriétaires doivent souffrir sans indemnité le dommage qui résulterait pour eux en particulier de l'exécution d'une mesure utile pour tous ; il faut au contraire en conclure que si, dans le premier cas, on paie intégralement au propriétaire la valeur du terrain qu'on lui enlève, on doit, suivant le même principe d'équité, lui tenir compte de la dépréciation de son bien quand, sans le lui enlever, on y porte un préjudice quelconque dans l'intérêt de la chose publique.

L'autorité doit partir de l'état des choses et reconnaître les droits acquis par titres ou par prescription. Les particuliers qui ont bâti l'ont fait de bonne foi, du consentement de l'Administration et dans la supposition que le terrain nécessaire à l'existence des édifices serait conservé dans le même état. L'Administration publique, considérée comme propriétaire, n'est pas plus autorisée à changer la pente des rues que leur direction, sans consulter les riverains et payer les dédommagemens qui peuvent leur être dus. L'article 674 du *Code civil*, qui reçoit naturellement ici son application, achève de lever toute incertitude sur ce point, en imposant à tout propriétaire qui fait des excavations l'obligation d'observer des distances telles, qu'il n'en puisse résulter aucun dommage pour le voisin.

En conséquence, il y a lieu de procéder pour les

travaux de nivellement comme pour les alignemens des rues, quant aux formalités qui doivent précéder l'approbation des projets, et au réglement des indemnités dues aux propriétaires intéressés *.

Ce qui vient d'être dit des égards dus par l'Administration aux droits acquis, s'applique également aux cas où il s'agirait, soit d'interdire ou d'aliéner une partie de la voie publique, soit de supprimer une place publique sur laquelle des propriétés particulières prendraient des jours et issues, lors même qu'on substituerait à cette place une rue suffisante aux besoins de la circulation.

Ces mesures, lorsqu'elles sont commandées par quelques raisons d'utilité publique, ne peuvent néanmoins s'effectuer qu'avec les précautions nécessaires pour la garantie des intérêts privés ; elles exigent l'assentiment des riverains, ou le dédommagement du tort qu'elles peuvent leur causer : il faut donc observer ici les mêmes règles que pour les cas précédens. (*Jurisp. minist.*)

Il est une autre charge à laquelle la propriété est quelquefois sujette dans l'intérêt de l'embellissement des villes, c'est celle qui consiste à ne pouvoir bâtir sur une rue ou place publique régulière, que dans une forme et dans des dimensions exigées

---

* Une circulaire du Directeur général des ponts et chaussées, du 21 février 1821, a reconnu le principe de l'indemnité due aux propriétaires riverains, pour raison du dommage résultant des travaux de nivellement, à l'égard des routes dans la traverse des villes, bourgs et villages.

par des plans symétriques ; elle résulte ordinairement des clauses du contrat d'acquisition et suppose l'existence antérieure d'un plan arrêté. Dans ce cas, l'exécution de ce plan est obligatoire pour les propriétaires ; mais si au contraire le projet est nouveau et frappe sur des propriétés particulières acquises sans cette charge, il ne peut être imposé aux propriétaires qu'avec leur consentement : à défaut, la ville doit faire déclarer l'exécution du projet d'utilité publique, et procéder ensuite à l'expropriation suivant les formes, sauf à revendre l'immeuble, avec la condition par l'acquéreur de se conformer au plan, ou à faire bâtir à ses frais les façades sur le dessin obligé. (*Jurisp. minist.*)

Ordonnance royale sur le numérotage des maisons dans les villes et communes.

Du 23 avril 1823.

« Vu le décret du 15 pluviôse an XIII (4 février 1805) sur le numérotage des maisons de Paris (*voir* à la seconde Partie, chap. Ier, § V) et les observations du Préfet de la Seine sur son mode d'exécution :

» Considérant que le numérotage des maisons dans les villes et les communes du royaume est à-la-fois un moyen d'ordre et de police et un avantage personnel pour tous les habitans;

» Que s'il est juste que le premier établissement des numéros soit payé sur les fonds communaux, ainsi que leur renouvellement lorsqu'il y a lieu d'en changer la série, il n'est pas moins convenable que l'entretien et la restauration des numéros, demeurent à la charge des propriétaires, soit à raison de l'avantage qu'ils en retirent par la facilité des relations, soit parce que la dégradation des numéros n'est qu'une suite de la dégradation de la propriété ou des changemens qu'elle subit par le fait du propriétaire.

» Notre Conseil d'État entendu, etc.

» Art. 1er. Les dispositions des articles 9 et 11 du décret du 4 février 1805 relatif au numérotage de la ville de Paris, sont déclarées applicables à toutes les villes ou communes du royaume où la même opération sera jugée nécessaire. »

SECTION III.

DE LA DÉPOSSESSION.

L'expropriation est, sans contredit, le plus grand sacrifice que le bien public exige des citoyens dans la matière qui nous occupe, et si les considérations d'intérêts privés disparaissent devant la raison d'utilité générale, il est indispensable, pour la garantie de tous les droits, que le dédommagement dû au propriétaire que l'Administration dépossède, soit réglé préalablement suivant les principes d'une justice rigoureuse, afin qu'il ne souffre pas, du moins dans sa fortune, de la mesure qui lui enlève son patrimoine.

La loi du 16 septembre 1807 avait établi des formes pour l'expropriation forcée qu'il y a lieu de prononcer à l'égard des bâtimens nécessaires à l'exécution des projets d'utilité publique : cette loi, qui s'observe spécialement à l'égard des réglemens des villes, a été modifiée et même en partie rapportée quant au mode et aux formes de l'expropriation, par celle du 8 mars 1810, qui fait presque seule aujourd'hui toute la législation sur la matière. (*Voir* ces deux lois à la suite.)

Loi

Du 4 avril 1793.

« Art. 12. Dans le cas où la division d'un bien national exigerait l'ouverture d'une rue, et que pour y parvenir il serait nécessaire de faire, au nom de la nation, l'acquisition des maisons ou terrains appartenant à des particuliers, cette acquisition ne pourra avoir lieu qu'en vertu d'un décret.

» Art. 13. Lorsque le Gouvernement aura décrété l'acquisition, au nom de la nation, desdites maisons ou terrains, l'évaluation en sera faite par deux experts, nommés, l'un par le directoire du district, en prenant pour base le capital à cinq pour cent des loyers ou fermages connus ou présumés, et il sera ajouté au prix ainsi réglé un quart en sus, par forme d'indemnité accordée aux propriétaires. »

Les articles 17, 18 et 19 disposent que le terrain dépendant du domaine, et dont l'abandon sera reconnu intéresser essentiellement l'utilité publique, pourra être cédé gratuitement aux communes, mais que s'il ne s'agit que d'un simple embellissement, les communes devront payer le terrain qui leur sera abandonné et dont le prix aura été fixé à dire d'experts.

Un avis du Conseil d'État, approuvé le 21 février 1808, porte que les biens et domaines nationaux sont, comme les propriétés particulières, susceptibles d'être aliénés, en cas de besoin, pour utilité publique, départementale ou communale.

Loi

Du 10 juin 1793.

« Art. 5. Les rues, places, quais et promenades publiques font partie des biens communaux. »

Avis du Conseil d'État.

Du. . . . . .

« Le Roi prononce, sur l'avis de son Conseil d'État, si l'*utilité publique* exige ou non la dépossession des particuliers. »

Avis du Ministre de la justice.

Du 4 thermidor an XIII (23 juillet 1805).

« La décision rendue, la propriété privée entre dans le domaine public, et dès lors toute hypothèque est purgée. Les inscriptions, s'il en existe, ne peuvent valoir que comme oppositions sur le prix ou indemnité.

» En conséquence, chaque propriétaire dépossédé doit, pour recevoir le paiement de sa propriété, rapporter un certificat du conservateur des hypothèques, portant qu'il n'existe point d'inscriptions : s'il y a des créanciers, le prix de la propriété sera distribué à ceux dont les droits seront légalement établis, et jusqu'à concurrence de leurs créances, conformément aux cas prévus par le *Code civil*. (*Voir* l'article 25, titre IV de la loi du 8 mars 1810.) »

Code civil.

« Art. 538. Les chemins, routes et rues à la charge de l'État, les fleuves et rivières navigables ou flottables, les rivages, lais et relais de la mer, les ports, les hâvres, les rades, et généralement toutes les portions du territoire français qui ne sont pas susceptibles d'une propriété privée, sont considérées comme des dépendances du domaine public. »

(L'art. 2 de la loi du 22 novembre — 1er. décembre 1790, avait établi ce principe, que le *Code* a confirmé textuellement.)

« Art. 585. Nul ne peut être contraint de céder sa propriété, si ce n'est pour cause d'utilité publique et moyennant une juste et préalable indemnité. »

Loi sur le desséchement des marais et autres travaux d'utilité publique.

Du 16 septembre 1807.

« Titre VII, art. 30. Lorsque, par suite des travaux déjà énoncés dans la présente loi ; lorsque, par l'ouverture de nouvelles rues, par la formation de places nouvelles, par la construction de quais, ou par tous autres travaux publics, généraux, départementaux ou communaux, ordonnés ou approuvés par le Gouvernement, des propriétés auront acquis une notable augmentation de valeur, ces propriétés pourront être chargées de payer une indemnité, qui pourra s'élever jusqu'à la valeur de la moitié des avantages qu'elles auront acquis ; le tout sera réglé par estimation dans les formes déjà établies par la présente loi, jugé et homologué par la Commission qui aura été nommée à cet effet.

» Art. 31. Les indemnités pour paiement de plus-value seront acquittées, au choix des débiteurs, en argent, ou en recettes constituées à quatre pour cent net, ou en délaissement d'une partie de la propriété, si elle est divisible. Ils pourront aussi délaisser en entier les fonds, terrains ou bâtimens dont la plus-value donnera lieu à l'indemnité, et ce sur l'estimation, réglée d'après la valeur qu'avait l'objet avant l'exécution des travaux desquels la plus-value aura résulté.

» Les articles 21 et 23 *, relatifs aux droits d'enregistrement et aux hypothèques, sont applicables aux cas spécifiés par le présent article.

» Art. 32. Les indemnités ne seront dues par les propriétaires des fonds voisins des travaux effectués, que lorsqu'il aura été décidé par un réglement d'administration publique rendu sur le rapport du Ministre de l'intérieur et après avoir entendu les par-

---

* Art. 21. Les propriétaires auront la faculté de se libérer de l'indemnité par eux due, en délaissant une portion relative de fonds, calculée sur le pied de la dernière estimation : dans ce cas, il n'y aura lieu qu'au droit fixe d'un franc pour l'enregistrement de l'acte de mutation de propriété.

Art. 23. Les indemnités dues aux concessionnaires ou au Gouvernement, à raison de la plus-value résultant des desséchemens, auront privilége sur toute ladite plus-value, à la charge seulement de faire transcrire l'acte de concession ou le décret qui ordonnera le desséchement au compte de l'État, dans le bureau ou dans les bureaux des hypothèques de l'arrondissement ou des arrondissemens de la situation des marais desséchés.

ties intéressées, qu'il y a lieu à l'application des deux articles précédens.

» Art. 35. Tous les travaux de salubrité qui intéressent les villes et les communes seront ordonnés par le Gouvernement, et les dépenses supportées par les communes intéressées.

» Art. 36. Tout ce qui est relatif aux travaux de salubrité sera réglé par l'Administration publique; elle aura égard, lors de la rédaction du rôle de la contribution spéciale destinée à faire face aux dépenses de ce genre de travaux, aux avantages immédiats qu'acquerraient telles ou telles propriétés privées, pour les faire contribuer, à la décharge de la commune, dans des proportions variées et justifiées par les circonstances.

» Titre VIII, art. 38. Lorsqu'il y aura lieu d'ouvrir ou de perfectionner une route ou des moyens de navigation, dont l'objet sera d'exploiter avec économie des forêts ou bois, des mines ou minières, ou de leur fournir un débouché, toutes les propriétés de cette espèce, générales, communales ou privées qui devront en profiter, seront appelées à contribuer pour la totalité de la dépense.

» Le Gouvernement pourra néanmoins accorder sur les fonds publics les secours qu'il croira nécessaires.

» Art. 39. Les propriétaires se libéreront dans les formes énoncées aux articles 21, 22 et 23 * de la présente loi.

* Art. 22. Si les propriétaires ne veulent pas délaisser des fonds en nature, ils constitueront une rente sur le pied de

» Art. 40. Les formes d'estimation et l'intervention de la Commission organisée par la présente loi seront appliquées à l'exécution des deux précédens articles.

» Titre X, art. 42. Lorsqu'il s'agira d'un desséchement de marais ou d'autres ouvrages déjà énoncés en la présente loi, et pour lesquels l'intervention d'une Commission spéciale est indiquée, cette Commission sera établie ainsi qu'il suit :

» Art. 43. Elle sera composée de sept commissaires ; leur avis ou leurs décisions seront motivées ; ils devront, pour les prononcer, être au moins au nombre de cinq.

» Art. 44. Les commissaires seront pris parmi les personnes qui seront présumées avoir le plus de connaissances relatives, soit aux localités, soit aux divers objets sur lesquels ils auront à prononcer.

» Ils seront nommés par le Roi.

» Art. 45. Les formes de la réunion des membres de la Commission, la fixation des époques de ses séances et des lieux où elles seront tenues, les règles pour la présidence, le secrétariat et la garde des papiers ; les frais qu'entraîneront ses opérations, et enfin tout ce qui concerne son organisation, seront déterminés, dans chaque cas, par un réglement d'administration publique.

» Art. 46. Les Commissions spéciales connaîtront

quatre pour cent sans retenue. Le capital de cette rente sera toujours remboursable, même par portions, qui ne pourront cependant être moindres d'un dixième, et moyennant vingt-cinq capitaux.

de tout ce qui est relatif au classement des diverses propriétés avant ou après le desséchement des marais, à leur estimation, à la vérification de l'exactitude des plans cadastraux, à l'exécution des clauses des actes de concession relatifs à la jouissance par les concessionnaires d'une partie des produits, à la vérification, à la réception des travaux de desséchement, à la formation et à la vérification du rôle de plus-value des terres après le desséchement; elles arrêteront les estimations dans le cas prévu par l'art. 24, où le Gouvernement aurait à déposséder tous les propriétaires d'un marais : elles connaîtront des mêmes objets lorsqu'il s'agira de fixer la valeur des propriétés avant l'exécution des travaux d'un autre genre, comme routes, canaux, quais, digues, ponts, rues, etc., et après l'exécution desdits travaux, et lorsqu'il sera question de fixer la plus-value.

» Art. 49. Les terrains nécessaires pour l'ouverture des canaux et rigoles de desséchement, des canaux de navigation, de routes, de rues, la formation de places et autres travaux reconnus d'une utilité générale, seront payés à leurs propriétaires et à dire d'experts, d'après leur valeur avant l'entreprise des travaux et sans nulle augmentation du prix d'estimation.

» Art. 50. Lorsqu'un propriétaire fait volontairement démolir sa maison; lorsqu'il est forcé de la démolir pour cause de vétusté, il n'a droit à une indemnité que pour la valeur du terrain délaissé, si l'alignement qui lui est donné par les autorités compétentes le force à reculer sa construction.

» Art. 51. Les maisons et bâtimens dont il serait nécessaire de faire démolir et d'enlever une portion pour cause d'utilité publique légalement reconnue, seront acquis en entier si le propriétaire l'exige, sauf à l'Administration publique ou aux communes à revendre les portions de bâtimens ainsi acquises et qui ne seront pas nécessaires pour l'exécution du plan. La cession par le propriétaire à l'Administration publique ou à la commune et la revente seront effectuées d'après un décret rendu en Conseil d'État sur le rapport du Ministre de l'intérieur, dans les formes prescrites par la loi.

» Art. 53. Au cas où, par les alignemens arrêtés, un propriétaire pourrait recevoir la faculté de s'avancer sur la voie publique, il sera tenu de payer la valeur du terrain qui lui sera cédé. Dans la fixation de cette valeur, les experts auront égard à ce que le plus ou le moins de profondeur du terrain cédé, la nature de la propriété, le reculement du reste du terrain bâti ou non bâti loin de la nouvelle voie, peut ajouter ou diminuer de la valeur relative pour le propriétaire.

» Au cas où le propriétaire ne voudrait point acquérir, l'Administration publique est autorisée à le déposséder de l'ensemble de sa propriété, en lui payant la valeur telle qu'elle était avant l'entreprise des travaux; la cession et la revente seront faites comme il a été dit à l'art. 51 ci-dessus.

» Art. 54. Lorsqu'il y aura lieu en même temps

à payer une indemnité à un propriétaire pour terrains occupés, et à recevoir de lui une plus-value pour les avantages acquis à ses propriétés restantes, il y aura compensation jusqu'à concurrence, et le surplus seulement, selon les résultats, sera payé au propriétaire ou acquitté par lui.

» Art. 55. Les terrains occupés pour prendre les matériaux nécessaires aux routes ou aux constructions publiques, pourront être payés aux propriétaires, comme s'ils eussent été pris pour la route même.

» Il n'y aura lieu à faire entrer dans l'estimation la valeur des matériaux à extraire que dans le cas où l'on s'emparerait d'une carrière déjà en exploitation : alors lesdits matériaux seront évalués d'après leurs prix courans, abstraction faite de l'existence et des besoins de la route pour laquelle ils seraient pris, ou des constructions auxquelles on les destine.

» Art. 56. Les experts pour l'évaluation des indemnités relatives à une occupation de terrain, dans les cas prévus au présent titre, seront nommés, pour les objets de travaux de grande voirie, l'un par le propriétaire, l'autre par le Préfet, et le tiers-expert, s'il en est besoin, sera de droit l'ingénieur en chef du département : lorsqu'il y aura des concessionnaires, un expert sera nommé par le propriétaire, un par le concessionnaire et le tiers expert par le Préfet.

» Quant aux travaux des villes, un expert sera nommé par le propriétaire, un par le Maire de la ville, ou de l'arrondissement pour Paris, et le tiers expert par le Préfet.

» Art. 57. Le contrôleur et le directeur des contributions donneront leur avis sur le procès-verbal d'expertise, qui sera soumis par le Préfet à la délibération du Conseil de préfecture. Le Préfet pourra, dans tous les cas, faire faire une nouvelle expertise.

Les art. 55 et 56, en ce qui concerne les terrains occupés pour l'extraction des matériaux nécessaires aux routes, doivent être interprétés comme disposant d'une manière facultative en faveur de l'Administration, qui peut se borner à indemniser le propriétaire sans acquérir la propriété. Entre autres arrêts du Conseil d'État qui ont traité cette question, celui du 25 avril 1820 l'a décidée ainsi par les motifs suivans :

« Considérant, y est-il dit, qu'il ne s'agit pas d'une expropriation forcée, mais d'une action en dommages à raison d'un terrain fouillé pour l'entretien d'une route départementale, en vertu d'une autorisation administrative ;

» Considérant que, par l'art. 4 de la loi du 28 pluviôse an VIII, les Conseils de préfecture sont investis du droit de prononcer sur les demandes et contestations concernant les indemnités dues aux particuliers, à raison des terrains pris ou fouillés pour la confection des chemins, canaux et autres ouvrages publics. »

Loi sur les expropriations pour cause d'utilité publique.
Du 8 mars 1810.

« Titre I*er*. *Dispositions préliminaires.* Art. 1*er*. L'expropriation pour cause d'utilité publique s'opère par l'autorité de la justice.

» Art. 2. Les tribunaux ne peuvent prononcer l'expropriation qu'autant que l'utilité publique en a été constatée dans les formes établies par la loi.

» Art. 3. Les formes consistent,

» 1°. Dans le décret, qui seul peut ordonner les travaux publics, ou achats de terrains ou édifices destinés à des objets d'utilité publique.

» 2°. Dans l'acte du Préfet qui désigne les localités ou territoires sur lesquels les travaux doivent avoir lieu, lorsque cette désignation ne résulte pas du décret même, et dans l'arrêté ultérieur, par lequel le Préfet détermine les propriétés particulières auxquelles l'expropriation est applicable.

» Art. 4. Cette application ne peut être faite à aucune propriété particulière qu'après que les parties ont été mises en état d'y fournir leurs contredits, selon les règles ci-après exprimées.

» Titre II. *Des mesures d'administration relatives à l'expropriation.*

» Art. 5. Les ingénieurs ou autres gens de l'art chargés de l'exécution des travaux ordonnés, devront, avant de les entreprendre, lever le plan terrier ou figuré des terrains ou édifices dont la cession serait par eux reconnue nécessaire.

» Art. 6. Le plan desdites propriétés particulières, indicatif des noms de chaque propriétaire, restera déposé pendant huit jours entre les mains du Maire de la commune où elles seront situées, afin que chacun puisse en prendre connaissance et ne prétende en avoir ignoré.

» Le délai de huitaine ne courra qu'à dater de

l'avertissement qui aura été collectivement donné aux parties intéressées à prendre communication du plan.

» Cet avertissement sera publié, à son de trompe ou de caisse, dans la commune, et affiché tant à la principale porte de l'église du lieu, qu'à celle de la maison commune; lesdites publications et affiches seront certifiées par le Maire.

Art. 7. A l'expiration du délai, une Commission présidée par le Sous-Préfet de l'arrondissement, et composée en outre de deux membres du Conseil d'arrondissement désignés par le Préfet, du Maire de la commune où les propriétés seront situées, et d'un ingénieur, se réunira au local de la sous-préfecture.

» Art. 8. Cette Commission recevra les demandes et les plaintes des propriétaires qui soutiendraient que l'exécution des travaux n'entraîne pas la cession de leurs propriétés.

» Elle appellera les propriétaires toutes les fois qu'elle le jugera convenable.

» Art. 9. Si la Commission pense qu'il y a lieu de maintenir l'application du plan, elle en exposera les motifs.

» Si elle est d'avis de quelques changemens, elle ne les proposera qu'après avoir entendu ou appelé les propriétaires des terrains sur lesquels se reporterait l'effet de ces changemens.

» Dans le cas où il y aurait dissentiment entre les divers propriétaires, la Commission exposera sommairement leurs moyens respectifs et donnera son avis motivé.

» Art. 10. Les opérations de la Commission se borneront aux objets mentionnés dans les articles 8 et 9 ; elles devront être terminées dans le délai d'un mois, à partir de l'expiration de celui énoncé dans l'article 7 : après quoi, le procès-verbal en sera adressé par le Sous-Préfet au Préfet.

» Le Préfet statuera immédiatement et déterminera définitivement les points sur lesquels seront dirigés les travaux.

» Art. 11. La Commission et le Préfet ne prendront aucune connaissance des difficultés qui ne porteraient que sur le prix des fonds à céder.

» Si les propriétaires et le Préfet ne s'accordent point à ce sujet, il y sera pourvu par les tribunaux, qui connaîtront de même de toutes réclamations relatives à l'infraction des règles prescrites par le présent titre et le précédent.

» Art. 12. Lorsque les propriétaires souscriront à la cession qui leur sera demandée, ainsi qu'aux conditions qui leur seront proposées par l'Administration, il sera passé entre ces propriétaires et le Préfet un acte de vente, qui sera rédigé dans la forme des actes d'administration, et dont la minute restera déposée aux archives de la Préfecture.

» Titre III. *De la procédure devant le tribunal.*

» Art. 13. Lorsqu'à défaut de conventions entre les parties, l'arrêté du Préfet indicatif des propriétés cessibles aura été par lui transmis, avec copie des autres pièces, au Procureur du Roi du tribunal de l'arrondissement où les propriétés seront situées, ce Procureur du Roi, dans les trois jours suivans, requerra l'exécution dudit arrêté, sur le vu duquel le tribunal, s'il n'aperçoit aucune infraction des règles posées aux titres Ier et II, autorisera le Préfet à se mettre en possession des terrains ou édifices désignés en l'arrêté, à la charge de se conformer aux autres dispositions de la présente loi.

» Ce jugement sera, à la diligence du Procureur du Roi, affiché à la porte du tribunal ; il sera, de plus, publié et affiché dans la commune, selon les formalités établies à l'article 6.

» Art. 14. Si dans les huit jours qui suivront les publications et affiches faites en la commune, les propriétaires ou quelques-uns d'entre eux prétendent que l'utilité publique n'a pas été constatée, ou que leurs réclamations n'ont pas été examinées et décidées, le tout conformément aux règles ci-dessus, ils pourront présenter requête au tribunal, lequel en ordonnera la communication au Préfet par la voie du Procureur du Roi, et pourra néanmoins prononcer un sursis à toute exécution.

» Dans la quinzaine qui suivra cette communication, le tribunal jugera, à la vue des écrits respectifs, ou immédiatement après l'expiration de ce délai, sur les seules pièces produites, si les formes prescrites par la présente loi ont été ou non observées.

» Art. 15. Si le tribunal prononce que les formes n'ont pas été remplies, il sera indéfiniment sursis à toute exécution, jusqu'à ce qu'elles l'aient été, et le Procureur du Roi, par l'intermédiaire du Procureur général, en informera le Ministre de la justice, qui fera connaître au Roi l'atteinte portée à la propriété par l'Administration.

» Art. 16. Dans tous les cas où l'expropriation sera reconnue ou jugée légitime, et où les parties ne resteront discordantes que sur le montant des indemnités dues aux propriétaires, le tribunal fixera la valeur de ces indemnités, eu égard aux baux actuels, aux contrats de vente passés antérieurement, et néanmoins aux époques les plus récentes, soit des mêmes fonds, soit des fonds voisins et de même qualité, aux matrices de rôles et à tous autres documens qu'il pourra réunir.

» Art. 17. Si ces documens se trouvent insuffisans pour éclairer le tribunal, il pourra nommer d'office un ou trois experts; leur rapport ne liera point le tribunal et ne vaudra que comme renseignement.

» Art. 18. Dans le cas où il y aurait des tiers intéressés à titre d'usufruitier, de fermier ou de locataire, le propriétaire sera tenu de les appeler avant la fixation de l'indemnité, pour concourir, en ce qui les concerne, aux opérations y relatives; sinon il restera seul chargé envers eux des indemnités que ces derniers pourraient réclamer.

» Les indemnités des tiers intéressés ainsi appelés ou intervenans seront réglées en la même forme que celles dues aux propriétaires.

» Art. 19. Avant l'évaluation des indemnités et lorsque le différent ne portera point sur le fond même de l'expropriation, le tribunal pourra, selon la nature et l'urgence des travaux, ordonner provisoirement la mise en possession de l'Administration; son jugement sera exécutoire, nonobstant appel ou opposition.

» ART. 20. Tout propriétaire dépossédé sera indemnisé, conformément à l'article 545 du *Code civil*.

» Si des circonstances particulières empêchent le paiement actuel de tout ou partie de l'indemnité, les intérêts en seront dus à compter du jour de la dépossession, d'après l'évaluation provisoire ou définitive de l'indemnité, et payés de six mois en six mois, sans que le capital du paiement puisse être retardé au delà de trois ans, si les propriétaires n'y consentent.

» ART. 21. Lorsqu'il y aura des intérêts échus et non payés par l'Administration débitrice, ou lorsque le capital ou partie du capital de l'indemnité n'aura pas été remboursé dans les trois ans ou dans les termes du contrat, les propriétaires et autres parties intéressées pourront remettre à l'Administration des domaines, en la personne de son directeur dans le département de la situation des biens, un mémoire énonciatif des sommes à eux dues, accompagné des titres à l'appui : cette remise sera constatée par le récépissé du directeur, ou par exploit d'huissier.

» Si, dans les trente jours qui la suivront, le paiement n'est pas effectué, les propriétaires ou autres parties intéressées pourront traduire l'Administration des domaines devant le tribunal, pour y être condamnée à leur payer les sommes à eux dues, à l'acquit de l'Administration en retard, et sauf le recouvrement exprimé en l'art. 24.

» Art. 22. Avant qu'il soit statué sur l'action récursoire dirigée contre l'Administration des domaines, le Procureur du Roi pourra requérir, pour en instruire le Ministre de la justice, un ajournement d'un à deux mois, qui devra, en ce cas, être prononcé par le tribunal.

» Art. 23. Si, durant cet ajournement, nulle mesure administrative n'a été prise pour opérer le paiement, le tribunal prononcera après l'expiration du délai.

» Art. 24. Lorsque l'Administration des domaines aura, par suite des condamnations prononcées contre elle en exécution des dispositions ci-dessus, déboursé ses propres deniers à l'acquit d'autres administrations, elle se pourvoira devant le Gouvernement, qui lui procurera le recouvrement ou lui en tiendra compte, le tout ainsi qu'il appartiendra.

» Titre IV. *Dispositions générales.*

» Art. 25. Dans tous les cas où il y aura des hypothèques sur les fonds, des saisies, arrêts ou oppositions formées par des tiers au versement des deniers entre les mains, soit du propriétaire dépossédé, soit des usufruitiers ou locataires évincés, les sommes dues seront consignées à mesure qu'elles écherront, pour être ultérieurement pourvu à leur emploi ou distribution dans l'ordre et selon les règles du droit commun.

» Toutes les fois qu'il y aura lieu de recourir au tribunal, soit pour faire ordonner la dépossession ou s'y opposer, soit pour le réglement des indemnités, soit pour en obtenir le paiement, soit pour reporter l'hypothèque sur des fonds autres que ceux cédés, la procédure s'instruira sommairement ; l'enregistrement des actes qui y sont sujets aura lieu *gratis*.

» Le procureur du Roi sera toujours entendu avant les jugemens tant préparatoires que définitifs.

» Art. 27. Les dispositions de la loi du 16 septembre 1807 et de toutes autres lois qui se trouveraient contraires aux présentes sont rapportées. »

Le respect dû aux lois ne saurait empêcher de faire remarquer que celle qui précède établit au profit de l'Administration publique un droit contraire aux intérêts des particuliers, en l'autorisant (art. 20), en cas de circonstances extraordinaires, à ajourner jusqu'à trois ans le paiement du prix de la propriété dont elle dispose.

Les art. 21, 22, 23 et 24 du même titre, qui prescrivent les formalités à suivre dans le cas de non paiement, indiquent assez les difficultés que le propriétaire peut avoir à craindre pour le remboursement, tant du capital que des intérêts qui lui sont dus. La loi a donc pour effet, à son égard, de remplacer un fonds dont le revenu lui est assuré sans trouble, par un titre dont l'exécution peut éprouver des obstacles et des retards. En l'obligeant à se dessaisir de son bien avant d'en avoir reçu la valeur, elle détruit l'équité des conditions du contrat, elle aggrave le sacrifice que le bien général exige de l'intérêt privé, enfin elle déroge à un principe reconnu par la législation antérieure et consacré par le *Code civil;* savoir, que nul ne peut être contraint de céder sa propriété pour cause d'utilité publique, si ce n'est moyennant une juste et *préalable* indemnité.

Mais une loi plus solennelle et d'un caractère plus auguste est venue remédier à ce que celle-ci présentait d'attentatoire aux droits des citoyens.

« L'État, dit l'art. 10 de la Charte, peut exiger le sacrifice d'une propriété pour cause d'intérêt public légalement constaté, mais avec une indemnité *préalable.* »

L'art. 68 porte : « Le *Code civil* et les lois actuellement existantes qui ne sont pas contraires à la présente Charte, restent en vigueur jusqu'à ce qu'il y soit légalement dérogé. »

Ainsi la Charte étant postérieure à la loi du 8 mars 1810, il faut en conclure qu'elle a rapporté cette dernière quant aux dispositions dont il s'agit.

On ne doit donc considérer comme circonstances susceptibles de faire ajourner le paiement de l'indemnité due au propriétaire dépossédé, que celles qui dépendraient de son propre fait ou proviendraient de son incapacité actuelle, et dans ce cas même il y aurait lieu, par l'Administration, à verser la somme à la caisse des consignations, pour y rester déposée jusqu'à ce que la difficulté ait été levée : ainsi, dans toutes les hypothèses, le principe de l'indemnité préalable doit recevoir son application.

Décret portant que les décisions antérieures à la loi de 1810, et qui concernent des expropriations pour cause d'utilité publique, seront exécutées d'après la loi du 16 septembre 1807, sans recours aux tribunaux.

Du 18 août 1810.

« Considérant, 1°. que la loi du 8 mars 1810, relative aux expropriations pour cause d'utilité publique, ne peut avoir d'effet rétroactif;

» 2°. Qu'en établissant en principe que cette expropriation s'opère par l'autorité de la justice, et en réglant les formes à suivre à l'avenir pour la faire prononcer, cette loi n'a point annullé les décisions rendues par décrets, et prononçant l'expropriation soit explicitement par la désignation des propriétés, soit implicitement par l'adoption des plans qui y sont annexés, et qui par suite sont exécutoires, ni prononcé sur le mode de leur exécution;

» 3°. Qu'il importe, pour la confection des travaux publics, de suppléer, à cet égard, au silence de la loi :

» Notre Conseil d'État entendu, etc.

» Art. 1er. Les décisions rendues par des décrets antérieurs à la loi du 8 mars 1810, et prononçant l'expropriation, soit explicitement par la désignation des propriétés, soit implicitement par l'adoption des plans qui y sont annexés, recevront leur exécution selon la loi du 16 septembre 1807, sans qu'il soit besoin de recourir aux tribunaux conformément à la loi du 8 mars 1810. »

Il faut observer que la loi du 16 septembre 1807

n'est rapportée par celle du 8 mars 1810, qu'en ce qui concerne les mesures relatives à l'expropriation seulement. Toutes les autres dispositions de la première loi, qui ne touchent pas ce point, sont maintenues en vigueur.

Décret contenant réglement sur la construction, la réparation et l'entretien des routes.

Du 16 décembre 1811.

« Titre VIII, section Ire., art. 86. Tous les arbres plantés avant la publication du présent, sur les routes royales, en dedans des fossés et sur le terrain de la route, sont reconnus appartenir à l'Etat, excepté ceux qui auront été plantés en vertu de la loi du 9 ventôse an XIII.

Art. 87. Tous les arbres plantés jusqu'à la publication du présent décret, le long desdites routes et sur le terrain des propriétés communales ou particulières, sont reconnus appartenir aux communes ou aux particuliers propriétaires du terrain.

» Section II, art. 88. Toutes les routes royales non plantées, et qui sont susceptibles de l'être sans inconvénient, seront plantées par les particuliers ou communes propriétaires riverains de ces routes, dans la traversée de leurs propriétés respectives.

» Art. 89. Ces propriétaires ou ces communes demeureront propriétaires des arbres qu'ils auront plantés.

» Art. 90. Les plantations seront faites au moins à la distance d'un mètre du bord extérieur des fossés, et suivant l'essence des arbres.

(Les art. 91 et 92 disposent que le Préfet, sur le rapport de l'ingénieur en chef, arrêtera, sous l'approbation du Ministre de l'intérieur, l'alignement des plantations et l'essence des arbres qui seront reçus par les ingénieurs.)

» Art. 93. Tous les arbres morts ou manquans seront remplacés, dans les trois derniers mois de chaque année, par les planteurs, sur la simple réquisition de l'ingénieur en chef.

» Art. 97. Tous particuliers ou communes, au lieu et place desquels il aura été effectué des plantations, seront condamnés à l'amende d'un franc par pied d'arbre que l'Administration aura plantés à leur défaut, et ce indépendamment du remboursement de tous les frais de plantation.

» Section III, art. 99. Les arbres plantés sur le terrain de la route et appartenant à l'État, ceux plantés sur les terres riveraines, soit par les communes, soit par les particuliers, en exécution du présent décret ou antérieurement, ne pourront être coupés et arrachés qu'avec l'autorisation du Directeur général des Ponts et Chaussées, accordée sur la demande du Préfet, laquelle sera formée seulement lorsque le dépérissement des arbres aura été constaté par les ingénieurs, et toujours à la charge du remplacement immédiat.

» Art. 105. Les particuliers ne pourront procéder à l'élagage des arbres qui leur appartiendraient sur les grandes routes, qu'aux époques et suivant les indications contenues dans l'arrêté du Préfet, et toujours sous la surveillance des agens des ponts et chaussées, sous peine de poursuites comme coupables de dommages causés aux plantations des routes.

» Art. 109. Les travaux d'entretien, de curement et de réparation des fossés des grandes routes seront exécutés par les propriétaires riverains, d'après les indications et alignemens qui seront donnés par les agens des ponts et chaussées.

» Art. 110. Tous travaux de curement ou d'entretien de fossés, qui n'auraient pas été exécutés par les propriétaires ou locataires riverains aux époques indiquées, le seront à leurs frais par les soins des agens des ponts et chaussées, et payés sur des états approuvés et rendus exécutoires par les Préfets.

» Art. 111. Toute contestation qui s'éleverait entre les ingénieurs et les particuliers sur l'exécution des deux articles précédens sera jugée par le Préfet. »

(*Voir*, pour les mines, carrières, etc., et pour les ateliers insalubres, l'*Appendice* du présent chapitre à la fin de la première Partie.)

CHAPITRE IV.

Des contraventions, des peines et des poursuites.

Les précédens chapitres ont présenté les obligations des particuliers à l'égard de la propriété publique, tout ce qui tend à y déroger, tout acte de désobéissance aux lois et réglemens établis et aux ordonnances des autorités chargées de les faire observer, est réputé contravention, réprimé et poursuivi suivant les voies de droit.

On a vu que les contraventions en matière de grande voirie sont jugées par les Conseils de préfecture, et celles qui concernent la voirie urbaine, par les tribunaux; mais la police de conservation appartient dans tous les cas à l'autorité administrative : l'intervention des Conseils de préfecture, comme celle des tribunaux, n'a lieu qu'à la requête de l'autorité, pour faire juger contradictoirement la contravention, obtenir régulièrement les moyens de contrainte, et faire prononcer l'application de la peine.

Les propriétaires ne sont pas seuls passibles des condamnations qui peuvent être prononcées, le constructeur l'est également pour ce qui le concerne, et avec d'autant plus de raison qu'il est censé connaître, mieux que le propriétaire lui-même, les règles auxquelles l'exercice de sa profession l'assujettit. Plusieurs des réglemens que nous avons rapportés précédemment ont établi ce principe.

SECTION PREMIÈRE.

GRANDE VOIRIE.

Les usurpations, dégradations et embarras commis sur les terrains qui servent à-la-fois de grande route et de rues dans les villes, bourgs et villages, peuvent être poursuivis concurremment par le tribunal de police en vertu de la loi du 16-24 août 1790, du *Code des délits et des peines*, du 3 brumaire an IV, et du *Code pénal*, et par l'autorité administrative, d'après la loi du 29 floréal an X. La concurrence du tribunal de police est fondée sur ce que, par cela seul qu'une maison ou autres édifices sont situés dans l'intérieur d'une ville, d'un bourg ou village, lors même que la rue est une grande route, les propriétaires et locataires sont soumis aux lois et réglemens de police, ainsi qu'à la juridiction chargée par les lois générales de prononcer sur les contraventions à ces lois et réglemens *.

Le Conseil d'État a décidé dans plusieurs cas, notamment par une ordonnance royale rendue sur le rapport du Comité du contentieux, le 7 mars 1821, qu'un bâtiment situé à l'angle d'une route et d'une rue de voirie urbaine, est soumis en entier aux réglemens de grande voirie et que le propriétaire est justiciable du Conseil de Préfecture même pour les contraventions qu'il aurait commises dans la partie de ses constructions qui donnent sur la voie communale.

Loi
Du 29 floréal an X (19 mai 1802).

« Art. 1ᵉʳ. Les contraventions en matière de grande voirie, telles que *anticipation, dépôts de fumiers* ou d'autres objets et toute espèce de détériorations commises sur les grandes routes, sur les arbres qui les bordent, sur les fossés, ouvrages d'art et matériaux destinés à leur entretien, sur les canaux, fleuves et rivières navigables, leurs che-

---

* Arrêts de la Cour de cassation, du 13 vendémiaire an XIII et 13 juin 1811.

mins de hallage, francs-bords, fossés et ouvrages d'art, seront constatées, poursuivies et réprimées par voie administrative.

» Art. 2. Les contraventions seront constatées concurremment par les Maires ou Adjoints, les ingénieurs des ponts et chaussés, leurs conducteurs, les agens de la navigation, les Commissaires de police et par la gendarmerie. A cet effet, ceux des fonctionnaires publics ci-dessus désignés qui n'ont pas prêté serment en justice le prêteront devant le Préfet.

» Art. 3. Les procès-verbaux sur les contraventions seront adressés au Sous-Préfet, qui ordonnera par provision et sauf le recours au Préfet, ce que de droit pour faire cesser les dommages.

» Art. 4. Il sera statué définitivement en Conseil de préfecture : les arrêtés seront exécutés sans *visa* ni mandement des tribunaux, nonobstant et sauf tout recours ; les individus condamnés seront contraints par l'envoi de garnisaires et saisie de meubles, en vertu desdits arrêtés, qui seront exécutoires et emporteront hypothèque.

Les procès-verbaux qui constatent les contraventions sont sujets au timbre et à l'enregistrement ; ils doivent en conséquence être visés pour timbre et enregistrés en débet sauf recouvrement des frais sur les parties condamnées *.

Il en est de même des arrêtés de condamnations rendus par les Conseils de préfecture. Le receveur

---

* Instructions des 16 frimaire et 4 germinal an XI.

de l'enregistrement fait l'avance des frais et en poursuit le remboursement, ainsi que des amendes prononcées *.

La notification des décisions des Conseils de préfecture doit avoir lieu par ministère d'huissier **; mais les poursuites s'exercent sans le concours de ces officiers, comme le prescrit l'art. 4 de la loi. Ils doivent toutefois être requis, lorsqu'il y a lieu à saisie de meubles, attendu qu'il s'agit là d'un acte purement judiciaire.

Circulaire du Directeur général des Ponts et Chaussées, du 18 frimaire an XI, contenant une instruction donnée d'après un avis du Ministre de la justice, du 28 vendémiaire précédent.

4 décembre 1802.

« 1°. C'est aux Sous-Préfets à ordonner par provision la répression des contraventions en matière de grande voirie sur le vu des procès-verbaux, sauf le recours au Préfet.

» 2°. En cas de contestation, c'est au Préfet à statuer en Conseil de préfecture.

» 3° Les Conseils de préfecture jugent définitivement; ils décident s'il y a eu contravention; ils prennent les mesures nécessaires pour la poursuite des contravenans, qui peuvent se pourvoir devant l'autorité supérieure (*le Conseil d'État*), après s'être conformés à la décision du Conseil de préfecture.

» 4°. Les arrêtés des Conseils de préfecture sont

* Instruction du 4 vendémiaire an XIII.
** *Voir* la Circulaire du 12 septembre 1816, à la suite.

dans ce cas, exécutoires, à la poursuite et diligence des Préfets et Sous-Préfets, par tous les moyens indiqués par l'art. 4 de la loi du 29 floréal dernier. Les ingénieurs des ponts et chaussées ne doivent que surveiller et constater les délits et contraventions suivant l'art. 2.

» 5°. L'autorité administrative doit, en vertu de la même loi, seule et sans le concours de l'autorité judiciaire, statuer, ainsi qu'il est dit ci-dessus, sur les contraventions en matière de grande voirie, et prononcer même sur les amendes qu'entraînent les contraventions, sans préjudice de l'indemnité qui pourra être due pour détériorations conformément aux anciens réglemens sur la grande voirie.

» Ainsi la police de conservation des routes, qui consiste dans l'application des peines, n'appartient plus aux tribunaux; la répression des contraventions en matière de grande voirie est attribuée aujourd'hui à l'autorité administrative, qui est chargée seulement, par les lois des 14—22 décembre 1786 et 11 septembre 1790, de constater les délits et d'en poursuivre la punition devant les tribunaux.

» Le Conseil de préfecture doit appliquer les peines pécuniaires en prononçant sur les amendes encourues par les contrevenans, comme sur les indemnités, restitutions et réparations auxquelles les contraventions peuvent donner lieu.

» Dans le cas où les contraventions de voirie constituent un délit soumis à la peine corporelle d'emprisonnement, comme dans les cas prévus par les art. 43 et 44 de la loi du 28 septembre 1791 concernant les biens et usages ruraux et la police rurale (*voir* chap. V, section Ire.), ce n'est pas une raison qui empêche l'autorité administrative de connaître de la contravention, elle ne doit pas moins prononcer alors les dispositions qui sont de sa compétence; c'est-à-dire, en ce qui concerne la peine pécuniaire, sauf à renvoyer les contrevenans ou délinquans devant le tribunal correctionnel pour l'application de la peine corporelle.

» La loi du 29 floréal ne s'étant pas expliquée sur les peines, on doit se conformer aux lois antérieures. »

Ce dernier paragraphe ne peut s'appliquer toutefois qu'aux cas où la nouvelle législation n'a point changé la pénalité, et suppose que les condamnations n'excéderont pas le *maximum* des peines qu'elle prononce dans ses dispositions générales.

Décret sur le mode de constater les contraventions.

Du 18 août 1810.

(*Voir* au chap. Ier, section Ire., page 26.)

Circulaire du Directeur général des Ponts et Chaussées, sur la notification des arrêtés des Conseils de préfecture en matière de grande voirie.

Du 12 septembre 1816.

« Un avis du Conseil d'État du 16 thermidor an XII, approuvé le 25 (4 et 13 août 1804) * et un décret du 21 juin 1813**, consacrent en principe

---

* *Bulletin des lois*, n°. 42, 4e. série.
** *Bulletin des lois*, n°. 509, 4e. série.

que les Conseils de préfecture sont, dans les affaires de leur compétence, de véritables juges dont les actes doivent produire les mêmes effets et obtenir la même exécution que ceux des tribunaux ordinaires; qu'ils n'ont pas, plus que les tribunaux, le droit de réformer leurs décisions, et que ce droit n'appartient qu'à l'autorité supérieure.

» Ainsi lorsque des pourvois sont formés contre des arrêtés de ces Conseils, il n'appartient qu'au Roi de les maintenir ou de les annuller. Le décret du 22 juillet 1806 * détermine la manière de procéder dans les affaires contentieuses portées au Conseil d'État. L'art. 11 de ce décret porte que le recours au Conseil contre la décision d'une autorité qui y ressortit, ne sera plus recevable après trois mois, du jour où cette décision aura été notifiée; passé ce terme les pourvois peuvent être rejetés par une fin de non-recevoir; mais, ainsi que l'indique le décret du 17 avril 1812 **, « la prescription ou la force de chose » jugée ne peut être utilement opposée qu'autant » que la partie qui oppose cette exception, a régu- » lièrement signifié les arrêtés contre lesquels on réclame ». Ce même décret ajoute que de tels arrêtés *sont des jugemens*, et que si l'envoi par les autorités supérieures aux autorités inférieures suffit pour rendre exécutoires les actes purement administratifs, il n'en est pas de même quand il s'agit d'arrêtés d'un Conseil de préfecture statuant sur la propriété.

* *Voir* pages 167 et suivantes.
** *Bulletin des lois*, n°. 432, 4e. série.

» J'ai eu occasion de remarquer que dans quelques départemens les Préfets notifiaient les arrêtés des Conseils de préfecture comme les leurs propres; que souvent même ils les faisaient notifier par les ingénieurs. Les notifications de ce genre n'ont point, en cas de pourvoi, un caractère légal et l'on ne peut, dès lors opposer aux réclamans la fin de non-recevoir indiquée par l'art. 11 du décret du 22 juillet 1806.

» Les arrêtés des Conseils de préfecture devant, d'après le principe consacré par l'avis du Conseil d'État du 16 thermidor an XII et le décret du 21 juin 1813, *produire les mêmes effets et obtenir la même exécution que les jugemens des tribunaux ordinaires*, il est manifeste que pour être signifiés régulièrement, il faut qu'ils le soient par huissier.

» Je vous invite en conséquence à faire signifier à l'avenir les décisions du Conseil de préfecture de votre département relatives à la grande voirie, ou à tout ce qui ressortit à l'Administration des Ponts et Chaussés, aux parties intéressées par ministère d'huissier. Les frais de signification resteront à la charge de qui de droit, selon que l'aura établi la décision du Conseil de préfecture.

» Quant aux décisions ministérielles, elles doivent être notifiées au domicile de la partie par le Maire, qui doit lui faire donner un reçu. »

Les Conseils de préfecture prononcent, suivant les cas,

1°. L'amende envers les particuliers qui ont fait

abattre ou élaguer des arbres plantés sur leurs propriétés le long des routes, sans en avoir reçu l'autorisation préalable, soit du Directeur général des Ponts et Chaussées, pour l'abattis, soit du Préfet, pour l'élagage *.

2°. L'amende et la démolition à l'égard des constructions faites contrairement aux alignemens délivrés par l'autorité **, de même que pour les ouvrages exécutés sans alignemens ni permissions aux maisons et autres édifices joignant les grandes routes, soit en pleine campagne, soit dans l'intérieur des villes, bourgs et villages ***.

Il faut observer que, dans ces derniers cas, les Conseils de préfecture doivent se borner à ordonner la suppression des seuls ouvrages qui constituent la contravention, et, s'il y a lieu, la vente des matériaux provenant de la démolition pour subvenir au paiement des frais qu'elle occasionne.

Les vices de construction qui intéressent la sûreté publique dans les bâtimens situés sur les routes, en pleine campagne et dans la traverse des villes, peuvent être également déférés aux Conseils de préfecture, qui sont compétens pour en connaître ****.

---

* Décret du 16 décembre 1811 ; art. 105, ordonnance du Roi du 26 février 1817.

** Décret du 13 août 1811.

*** Ordonnances royales des 20 novembre 1815, 6 mars 1816 et 22 février 1821.

**** Les arrêtés des Conseils de préfecture, lorsqu'ils sont rendus contradictoirement, sont considérés comme des titres

La connaissance des délits commis à l'occasion de l'exécution des lois et réglemens sur la voirie appartient à l'autorité judiciaire, comme dans les cas de rébellion aux ordres de l'Administration des Ponts et Chaussées, rassemblemens des habitans pour interrompre les travaux de ses agens, briser les instrumens, etc. *

Ainsi la compétence des Conseils de préfecture est réglée d'une manière certaine par les lois et la jurisprudence précédemment rapportées; mais il est un point sur lequel la législation est muette, savoir, la quotité de l'amende qu'il y a lieu à prononcer dans les cas de contravention.

La loi du 29 floréal an X, citée plus haut, n'exprime pas positivement que les Conseils de préfecture prononceront des amendes; mais celle du même jour, relative à la police du roulage, leur donne le pouvoir de confirmer les amendes ou dommages prononcés par les autorités locales, suivant le tarif annexé à cette loi, qui dispose :

« ART. 4. Les contraventions à la présente loi se-

acquis aux parties, et ne peuvent être attaqués ni réformés que par le Conseil d'Etat : d'où il suit que les Conseils de préfecture n'ont pas le droit de révoquer leurs propres arrêtés, s'ils ont le caractère de jugemens contradictoires; ils ne le peuvent, quand même ils seraient contraires aux lois, ou reconnus fondés sur une erreur. (Arrêtés du Gouvernement, du 16 thermidor an XII; décrets des 7 février, 18 juillet, 28 novembre 1809; 10 avril, 11 juillet 1812; 5 et 15 janvier, 21 juin 1816 et 17 janvier 1814.)

* Décrets des 17 juillet 1808, 16 décembre 1811. (*Voir* ce dernier à sa date.)

ront décidées par voie administrative, et les contrevenans seront condamnés à payer les dommages réglés par le tarif suivant :

» L'excès de chargement de vingt myriagrammes et au-dessus sera considéré comme tolérance et n'entraînera aucune condamnation :

De 20 à 60 myriagrammes. . . . 25 fr.
De 60 à 120. 50
De 120 à 180. 75
De 180 à 240. 100
De 240 à 300. 150
Et au-dessus de 300. 300

La loi du 7 ventôse an XII, relative à la largeur des jantes des roues de voitures, fixe le dommage à 50 francs.

Enfin le décret du 23 juin 1806, rendu pour l'exécution de ces lois, détermine, art. 28, 29, 31 et 34, des amendes de 15, 30 et 25 fr.

La loi du 28 septembre—6 octobre 1791, confirmée par l'art. 101 du décret du 16 décembre 1811, décide (*voir* chap. V, section Ire.) :

« Art 43. Quiconque aura coupé ou détérioré des arbres plantés sur les routes, sera condamné à une amende triple de la valeur desdits arbres et à une détention qui ne pourra excéder six mois. »

Par l'art. 18, titre Ier de la loi du 16—22 juillet 1791, le refus ou la négligence d'exécuter les réglemens de voirie était punissable d'une amende de la moitié de la contribution mobilière, sans toutefois que cette amende pût jamais être au-dessous de six francs. La contribution mobilière ayant été supprimée dans la plupart des villes, un décret, du 31 juillet 1806, a posé une base différente. Voici le texte de ce décret :

« Art. 1er. Dans les lieux où il n'est point imposé de contribution mobilière, les amendes déterminées par les lois d'après la contribution mobilière sont réglées ainsi qu'il suit :

» Art. 2. Lorsque les lois prononcent une amende du quart, du tiers, de la moitié ou de la totalité de la contribution mobilière des délinquans, les juges les condamneront à une amende depuis trois francs jusqu'à deux cents francs.

» Art. 3. Lorsque les lois prononcent une amende plus forte que la contribution mobilière des délinquans, les juges les condamneront à une amende depuis cinquante jusqu'à cinq cents francs.

» Art. 4. Dans la prononciation de ces amendes, les juges se conformeront, autant que les circonstances le leur permettront, aux proportions indiquées par les lois qui ont réglé les amendes d'après la contribution mobilière. »

Il n'y a, comme on voit, rien de précis sur la quotité des amendes qu'il appartient aux Conseils de préfecture de prononcer dans les cas dont il s'agit. Tout ce que l'on peut conclure de la législation en vigueur, c'est que, dans aucun cas, les amendes pour fait de contravention aux réglemens sur la grande voirie ne doivent excéder *cinq cents francs*, outre la réparation du dommage.

Décret contenant règlement sur la construction, la réparation et l'entretien des routes.

Du 16 décembre 1811.

« Titre VIII, section III, art. 101. Tout propriétaire qui sera reconnu avoir coupé sans autorisation, arraché ou fait périr les arbres plantés sur son terrain, sera condamné à une amende égale à la triple valeur de l'arbre détruit.

» Titre IX. *Répression des délits de grande voirie.*

» Art. 112. A dater de la publication du présent décret, les cantonniers, gendarmes, gardes champêtres, conducteurs des ponts et chaussées, et autres agens appelés à la surveillance de la police des routes, pourront affirmer leurs procès-verbaux de contraventions ou de délits devant le Maire ou l'Adjoint du lieu.

» Art. 113. Ces procès-verbaux seront adressés au Sous-Préfet, qui ordonnera sur-le-champ, aux termes des art. 3 et 4 de la loi du 29 floréal an X, la réparation des délits par les délinquans, ou à leur charge, s'il s'agit de dégradations, dépôts de fumiers, immondices ou autres substances, et en rendra compte au Préfet en lui adressant les procès-verbaux.

» Art. 114. Il sera statué sans délai par les Conseils de préfecture, tant sur les oppositions qui auraient été formées par les délinquans, que sur les amendes encourues par eux, nonobstant la réparation du dommage.

» Seront en outre renvoyés à la connaissance des

tribunaux les violences, vol de matériaux, voies de fait, ou réparations de dommages réclamés par des particuliers.

» Art. 115. Un tiers des amendes de grande voirie appartiendra à l'agent qui aura constaté le délit, le deuxième tiers à la commune du lieu du délit, et le troisième tiers sera versé, comme fonds spécial, à notre trésor, et affecté au service des ponts et chaussées.

» Art. 116. La rentrée des amendes prononcées par les Conseils de préfecture, en matière de grande voirie, sera poursuivie à la diligence du receveur général du département et dans la forme établie pour la rentrée des contributions publiques. (*Voir* le décret du 29 août 1813 ci-après.)

» Art. 117. Toutes dispositions contraires au présent décret sont abrogées. »

L'art. 114 dissipe toute incertitude sur la question si l'administrateur qui poursuit peut faire exécuter d'office la réparation de la contravention commise, quand il s'agit de constructions exécutées contrairement aux règles ou aux alignemens donnés. Il est clair que, hors les cas d'urgence et où la réparation n'entraîne que des frais peu considérables, l'autorité chargée de la surveillance ne peut préjuger le délit et prononcer l'exécution immédiate d'une décision remise par la loi à des juges spéciaux; car ce serait violer les formes de la justice et compromettre la fortune des citoyens. On conçoit en effet qu'il était sans danger et même nécessaire de remettre à l'Administration le droit de pourvoir à la vialabilité des routes, en ordonnant la suppression des dépôts d'immondices ou autres empêchemens que les propriétaires peuvent apporter journellement à la liberté de la circulation, parce que ici le rétablissement des choses en leur premier état ne demande qu'une faible dépense, tandis qu'il intéresse essentiellement le besoin public; mais s'il s'agit de constructions indûment exécutées, la contravention prend un caractère plus grave; elle exige un examen plus approfondi, un jugement plus mûr, et comme la réparation du dommage, en même temps qu'elle est moins urgente dans l'intérêt public, touche plus sensiblement l'intérêt particulier, l'observation rigoureuse des formes légales est d'autant plus obligatoire.

Décret
Du 29 août 1813.

« Art. 1er. Le recouvrement des amendes en matière de grande voirie, dont les receveurs généraux étaient chargés par l'art. 116 de notre décret du 16 décembre 1811, sera fait, comme par le passé, par les préposés de l'enregistrement et des domaines.

» Art. 2. Le montant du recouvrement de ces amendes, sous la déduction de la remise des receveurs et des frais tombés en non-valeur, sera versé d'une manière distincte dans la caisse du receveur général, qui en comptera ainsi et de la manière prescrite par notre décret du 16 décembre 1811. »

Après avoir établi les divers cas qui peuvent donner lieu aux condamnations, il convient de faire connaître les règles à suivre relativement au pourvoi dont les jugemens des Conseils de préfecture sont susceptibles. Nous avons dit que ce pourvoi doit être porté devant le Conseil d'État, il suffira, pour indiquer les formes dans lesquelles il doit être introduit, de rapporter le décret contenant réglement sur les affaires contentieuses portées à ce Conseil.

Décret

Du 22 juillet 1806.

« TITRE Ier. *De l'introduction et de l'instruction des instances.*

« SECTION Ire. *Des instances introduites au Conseil d'État à la requête des parties.*

« ART. 1er. Le recours des parties au Conseil d'État, en matière contentieuse, sera formé par requête signée d'un avocat au Conseil; elle contiendra l'exposé sommaire des faits et des moyens, les conclusions, les noms et demeure des parties, l'énonciation des pièces dont on entend se servir, et qui y seront jointes.

» ART. 2. Les requêtes et en général toutes les productions des parties, seront déposées au secrétariat du Conseil d'État; elles y seront inscrites sur un registre suivant leur ordre de date, ainsi que la remise qui en sera faite à l'auditeur (*le Maître des requêtes*) nommé par le Ministre de la justice pour préparer l'instruction.

» ART. 3. Le recours au Conseil d'État n'aura point d'effet suspensif, s'il n'en est autrement ordonné *.

* En matière d'alignement, lorsqu'il s'agit de démolir, le

» Lorsque l'avis de la Commission établie par notre décret du 11 juin dernier sera d'accorder le sursis, il en sera fait rapport au Conseil d'État, qui prononcera.

» Art. 4. Lorsque la communication aux parties intéressées aura été ordonnée par le Ministre de la justice, elles seront tenues de répondre et de fournir leurs défenses dans les délais suivans :

» Dans quinze jours, si leur demeure est à Paris ou n'en est pas éloignée de plus de cinq myriamètres;

» Dans le mois, si elles demeurent dans une distance plus éloignée dans le ressort de la cour d'appel de Paris, ou dans l'un des ressorts des cours d'appel (*cours royales*) d'Orléans, Rouen, Amiens, Douai, Nanci, Metz, Dijon et Bourges;

» Dans deux mois, pour les ressorts des autres cours d'appel en France;

» Et à l'égard des colonies et des pays étrangers, les délais seront réglés, ainsi qu'il appartiendra, par l'ordonnance de *Soit communiqué*.

» Ces délais commenceront à courir du jour de la signification de la requête à personne ou domicile, par le ministère d'un huissier.

» Dans les matières provisoires ou urgentes, les délais pourront être abrégés par le Ministre de la justice.

» Art. 5. La signature de l'avocat au pied de la

---

sursis peut être ordonné par le Conseil d'Etat. (Décret du 24 juin 1808.)

requête, soit en demande, soit en défense, vaudra constitution et élection de domicile chez lui.

» Art. 6. Le demandeur pourra, dans la quinzaine après les défenses fournies, donner une seconde requête, et le défendeur répondre dans la quinzaine suivante.

» Il ne pourra y avoir plus de deux requêtes de la part de chaque partie, y compris la requête introductive.

» Art. 7. Lorsque le jugement sera poursuivi contre plusieurs parties, dont les unes auraient fourni leurs défenses et les autres seraient en défaut de les fournir, il sera statué à l'égard de toutes par la même décision.

» Art. 8. Les avocats des parties pourront prendre communication des productions de l'instance au secrétariat, sans frais.

» Les pièces ne pourront en être déplacées, si ce n'est qu'il y en ait minute, et que la partie y consente.

» Art. 9. Lorsqu'il y aura déplacement de pièces, le récépissé, signé de l'avocat, portera son obligation de les rendre dans un délai qui ne pourra excéder huit jours, et après ce délai expiré, le Ministre de la justice pourra condamner personnellement l'avocat en dix francs au moins de dommages et intérêts par chaque jour de retard, et même ordonner qu'il sera contraint par corps.

» Art. 10. Dans aucun cas, les délais pour fournir ou signifier requête ne seront prolongés par l'effet des significations.

» Art. 11. Le recours au Conseil contre la décision d'une autorité qui y ressortit ne sera pas recevable après trois mois du jour où cette décision aura été notifiée.

» Art. 12. Lorsque, sur un semblable pourvoi fait dans le délai ci-dessus prescrit, il aura été rendu une ordonnance de *Soit communiqué,* cette ordonnance devra être signifiée dans le délai de trois mois sous peine de déchéance.

» Art. 13. Ceux qui demeureront hors de la France continentale auront, outre le délai de trois mois énoncé dans les deux articles ci-dessus, celui qui est réglé par l'article 73 du *Code de procédure civile.*

» Art. 14. Si, d'après l'examen d'une affaire, il y a lieu d'ordonner que des faits ou des écritures soient vérifiés, ou qu'une partie soit interrogée, le Ministre de la justice désignera un maître des requêtes ou commettra sur les lieux; il réglera la forme dans laquelle il sera procédé à ces actes d'instruction.

» Art. 15. Dans tous les cas où les délais ne sont pas fixés par le présent décret, ils seront déterminés par l'ordonnance du Ministre de la justice.

» Section II. *Dispositions particulières aux affaires contentieuses introduites sur le rapport d'un Ministre.*

» Art. 16. Dans les affaires contentieuses introduites au Conseil sur le rapport d'un Ministre, il sera donné, dans la forme administrative ordinaire, avis à la partie intéressée de la remise faite au

Ministre de la justice des mémoires et pièces fournies par les agens du Gouvernement, afin qu'elle puisse prendre communication dans la forme prescrite aux art. 8 et 9, et fournir ses réponses dans le délai du réglement. Le rapport du Ministre ne sera pas communiqué.

» Art. 17. Lorsque, dans les affaires où le Gouvernement a des intérêts opposés à ceux d'une partie, l'instance est introduite à la requête de cette partie, le dépôt qui sera fait au secrétariat du Conseil, de la requête et des pièces, vaudra notification aux agens du Gouvernement : il en sera de même pour la suite de l'instruction.

» Titre II. *Des incidens qui peuvent survenir pendant l'instruction d'une affaire.*

» § Ier. *Des demandes incidentes.*

» Art. 18 Les demandes incidentes seront formées par une requête sommaire déposée au secrétariat du Conseil; le Ministre de la justice en ordonnera, s'il y a lieu, la communication à la partie intéressée, pour y répondre dans les trois jours de la signification, ou autre bref délai qui sera déterminé.

» Art. 19. Les demandes incidentes seront jointes au principal pour y être statué par la même décision.

» § II. *De l'inscription de faux.*

» Art. 20 Dans le cas de demande en inscription de faux contre une pièce produite, le Ministre de la justice fixera le délai dans lequel la partie qui l'a produite sera tenue de déclarer si elle entend s'en servir.

» Si la partie ne satisfait pas à cette ordonnance ou si elle déclare qu'elle n'entend pas se servir de la pièce, cette pièce sera rejetée.

» Si la partie fait déclaration qu'elle entend se servir de la pièce, le Conseil d'État statuera, sur l'avis de la Commission, soit en ordonnant qu'il sera sursis à la décision de l'instance principale jusqu'après le jugement du faux par le tribunal compétent, soit en prononçant la décision définitive, si elle ne dépend pas de la pièce arguée de faux.

» § III. *De l'intervention.*

» ART. 21. L'intervention sera formée par requête; le Ministre de la justice ordonnera, s'il y a lieu, que cette requête soit communiquée aux parties, pour y répondre dans le délai qui sera fixé par l'ordonnance; néanmoins la décision de l'affaire principale qui serait instruite ne pourra être retardée par une intervention.

» § IV. *Des Reprises d'instance et constitution de nouvel avocat.*

» ART. 22. Dans les affaires qui ne seront point en état d'être jugées, la procédure sera suspendue par la notification du décès de l'une des parties, ou par le seul fait du décès, de la démission, de l'interdiction ou de la destitution de son avocat.

» Cette suspension durera jusqu'à la mise en demeure, pour reprendre l'instance ou constituer avocat.

» ART. 23. Dans aucun des cas énoncés en l'art. précédent, la décision d'une affaire en état ne sera différée.

» Art. 24. L'acte de révocation d'un avocat par sa partie est sans effet pour la partie adverse, s'il ne contient pas la constitution d'un autre avocat.

» § V. *Du désaveu.*

» Art. 25. Si une partie veut former un désaveu relativement à des actes ou procédures faits en son nom ailleurs qu'au Conseil d'État et qui peuvent influer sur la décision de la cause qui y est portée, sa demande devra être communiquée aux autres parties. Si le Ministre de la justice estime que le désaveu mérite d'être instruit, il renverra l'instruction et le jugement devant les juges compétens, pour y être statué dans le délai qui sera réglé.

» A l'expiration de ce délai, il sera passé outre au rapport de l'affaire principale, sur le vu du jugement du désaveu ou faute de le rapporter.

» Art. 26. Si le désaveu est relatif à des actes ou procédures faits en Conseil d'État, il sera procédé contre l'avocat sommairement et dans les délais fixés par le Ministre de la justice.

» Titre III, § Ier. *Des décisions du Conseil d'État.*

» Art. 27. Les décisions du Conseil contiendront les noms et qualités des parties, leurs conclusions et le vu des pièces principales.

» Art. 28. Elles ne seront mises à exécution contre une partie qu'après avoir été préalablement signifiées à l'avocat au Conseil qui aura occupé pour elles.

» § II. *De l'opposition aux décisions rendues par défaut.*

» Art. 29. Les décisions du Conseil d'État rendues par défaut sont susceptibles d'opposition. Cette opposition ne sera point suspensive, à moins qu'il n'en soit autrement ordonné.

» Elle devra être formée dans le délai de trois mois, à compter du jour où la décision par défaut aura été notifiée : après ce délai, l'opposition ne sera plus recevable.

» Art. 30. Si la Commission est d'avis que l'opposition doive être reçue, elle fera son rapport au Conseil, qui remettra, s'il y a lieu, les parties dans le même état où elles étaient auparavant.

» La décision qui aura admis l'opposition sera signifiée dans la huitaine, à compter du jour de cette décision, à l'avocat de l'autre partie.

» Art. 31. L'opposition d'une partie défaillante à une décision rendue contradictoirement avec une autre partie ayant le même intérêt ne sera pas recevable.

» §III. *Du recours contre les décisions contradictoires.*

» Art. 32. Défenses sont faites, sous peine d'amende et même, en cas de récidive, sous peine de suspension ou de destitution, aux avocats en notre Conseil d'État de présenter requête en recours contre une décision contradictoire, si ce n'est en deux cas :

» Si elle a été rendue sur pièces fausses ;

» Si la partie a été condamnée, faute de représenter une pièce décisive qui était retenue par son adversaire.

» Art. 33. Ce recours devra être formé dans le

même délai et admis de la même manière que l'opposition à une décision par défaut.

» Art. 34. Lorsque le recours contre une décision contradictoire aura été admis dans le cours de l'année où elle avait été rendue, sa communication sera faite, soit au défendeur, soit au domicile de l'avocat qui a occupé pour lui, et qui sera tenu d'occuper sur ce recours sans qu'il soit besoin d'un nouveau pouvoir.

» Art. 35. Si le recours n'a été admis qu'après l'année depuis la décision, la communication sera faite aux parties à personne ou domicile, pour y fournir réponse dans le délai du réglement.

» Art. 36. Lorsqu'il aura été statué sur un premier recours contre une décision contradictoire, un second recours contre la même décision ne sera pas recevable. L'avocat qui aurait présenté la requête sera puni de l'une des peines énoncées en l'art. 32.

» § IV. *De la tierce-opposition.*

» Art. 37. Ceux qui voudront s'opposer à des décisions du Conseil d'État rendues en matière contentieuse et lors desquelles ni eux ni ceux qu'ils représentent n'ont été appelés, ne pourront former leur opposition que par requête en la forme ordinaire; et sur le dépôt qui en sera fait au secrétariat du Conseil, il sera procédé conformément aux dispositions du titre Ier.

» Art. 38. La partie qui succombera dans la tierce-opposition sera condamnée en cent cinquante francs d'amende, sans préjudice des dommages-intérêts de la partie, s'il y a lieu.

» Art. 39. Les art. 34 et 35 ci-dessus concernant les recours contre les décisions contradictoires sont communs à la tierce-opposition.

» Art. 40. Lorsqu'une partie se croira lésée dans ses droits ou sa propriété par l'effet d'une décision de notre Conseil d'État rendue en matière non contentieuse, elle pourra nous présenter une requête pour, sur le rapport qui nous en sera fait, être l'affaire renvoyée, s'il y a lieu, soit à une section du Conseil d'État, soit à une Commission.

» § V. *Des dépens.*

» Art. 41. En attendant qu'il soit fait un nouveau tarif des dépens et statué sur la manière dont il sera procédé à leur liquidation, on suivra provisoirement les réglemens antérieurs relatifs aux avocats au Conseil et qui sont applicables aux procédures ci-dessus.

» Art. 42. Il ne sera employé dans la liquidation des dépens aucuns frais de voyage, séjour ou retour des parties, ni aucuns frais de voyage d'huissier au-delà d'une journée.

» Art. 43. La liquidation et la taxe des dépens seront faites à la Commission du contentieux par un maître des requêtes et sauf révision par le Ministre de la justice.

» Titre IV, § Ier. *Des avocats au Conseil.*

» Art. 44. Les avocats en notre Conseil d'État auront, conformément à notre décret du 11 juin dernier, le droit exclusif de faire tous actes d'instruction et de procédure devant la Commission du contentieux.

» Art. 45. L'impression d'aucun mémoire ne

passera en taxe. Les écritures seront réduites au nombre de rôles qui sera réputé suffisant pour l'instruction de l'instance.

» Art. 46 Les requêtes et mémoires seront écrits lisiblement et correctement, en demi-grosse seulement ; chaque rôle contiendra au moins cinquante lignes et chaque ligne douze syllabes au moins : sinon chaque rôle où il se trouvera moins de lignes et de syllabes sera rayé en entier ; et l'avocat sera tenu de restituer ce qui lui aurait été payé à raison de ces rôles.

» Art. 47. Les copies signifiées des requêtes et mémoires ou autres actes seront écrits lisiblement et correctement ; elles seront conformes aux originaux, et l'avocat en sera responsable.

» Art. 48. Les écritures des parties, signées par les avocats au Conseil, seront sur papier timbré.

» Les pièces par elles produites ne seront point sujettes au droit d'enregistrement, à l'exception des exploits d'huissier, pour chacun desquels, il sera perçu un droit fixe d'un franc.

» N'entendons néanmoins dispenser les pièces produites devant notre Conseil d'État des droits d'enregistrement, auxquels l'usage qui en serait fait ailleurs pourrait donner ouverture.

» N'entendons pareillement dispenser du droit d'enregistrement les pièces produites devant notre Conseil d'État, qui, par leur nature, sont soumises à l'enregistrement dans un délai fixe.

» Art. 49. Les avocats au Conseil seront, suivant les circonstances, punis de l'une des peines ci-dessus dans le cas de contravention aux réglemens, et notamment s'ils présentent comme contentieuses des affaires qui ne le seraient, ou s'ils portent en notre Conseil d'État des affaires qui seraient de la compétence d'une autre autorité.

» Art. 50. Les avocats au Conseil prêteront serment entre les mains du Ministre de la justice.

» § II. *Des huissiers au Conseil.*

» Art. 51. Les significations d'avocat à avocat et celles aux parties ayant leur demeure à Paris seront faites par des huissiers au Conseil.

» Art. 52. Nos Ministres sont chargés, etc. »

SECTION II.

VOIRIE URBAINE.

M. Mars, dans la *Préface* de son ouvrage intitulé *Corps de droit criminel*, s'exprime ainsi à l'article de la *Voirie de Paris* : « Pour ne pas faire, dit-il, une fausse application de la pénalité des anciens réglemens, il faut examiner attentivement si les matières qu'ils traitent font partie des objets confiés à la vigilance et à l'autorité des corps municipaux par la loi des 16—24 août 1790, et par plusieurs articles du *Code des délits et des peines* qui sont dans l'appendice du *Code pénal*. En cas d'affirmative, les anciens réglemens ne sont applicables que pour la prohibition ; la loi d'août 1790 et le *Code des délits et des peines* sont seuls applicables pour la peine. »

Cette observation est judicieuse ; car si les anciens réglemens sur la voirie ont été maintenus par l'article 29, titre Ier. de la loi du 19—22 juillet 1791, par l'art. 650 du *Code civil* et d'autres dispositions de notre législation moderne, ils se trouvent implicitement rapportés, en ce qui concerne les peines de police, dans beaucoup de cas, notamment par les lois ci-après :

Loi

Du 19-22 juillet 1791.

« Titre Ier., art. 18. Le refus ou la négligence d'exécuter les réglemens de voirie ou d'obéir à la sommation de réparer ou démolir les édifices menaçant ruine sur la voie publique, sont, outre les frais de la démolition ou de la réparation de ces édifices, punis d'une amende de la moitié de la contribution mobilière, laquelle ne peut être au-dessous de six francs. »

(*Voir* le décret du 31 juillet 1806 à la Ire section du présent chapitre, page 163.)

Code pénal.

Du 3 brumaire an IV (25 octobre 1795).

« T   Ier, art. 105. Sont punis des peines de simple police...... 2°. ceux qui...... dégradent les voies publiques.

» Titre II, art. 609. En attendant que les dispositions de l'ordonnance des eaux et forêts de 1669, les lois des 19 juillet et 28 septembre 1791, celle du 21 messidor de l'an III, et les autres, relatives à la police municipale, correctionnelle, rurale et forestière, aient pu être révisées, les tribunaux correctionnels appliqueront aux délits qui sont de leur compétence les peines qu'elles prononcent *.

* Il est dit dans les *Motifs* du livre IV du *Code pénal*,

Code pénal.

De février et mars 1810.

« Art. 471. seront punis de l'amende depuis un franc jusqu'à cinq inclusivement. . . . .

» 3°. Les aubergistes et autres qui, obligés à l'éclairage l'auront négligé; ceux qui auront négligé de nettoyer les rues ou passages, dans les communes où ce soin est à la charge des habitans.

» 4°. Ceux qui auront embarrassé la voie publique en y déposant ou y laissant sans nécessité des matériaux ou des choses quelconques qui empêchent ou diminuent la liberté ou la sûreté du passage; ceux qui, en contravention aux lois et réglemens, auront négligé d'éclairer les matériaux par eux entreposés ou les excavations par eux faites dans les rues et places.

» 5°. Ceux qui auront négligé ou refusé d'exécuter les réglemens ou arrêtés concernant la petite voirie, ou d'obéir à la sommation émanée de l'autorité municipale, de réparer ou démolir les édifices menaçant ruine.

» 6°. Ceux qui auront jeté ou exposé au devant de leurs édifices des choses de nature à nuire par leur chute ou par des exhalaisons insalubres. »

Il ne faut donc considérer les anciens réglemens présentés par les orateurs du Gouvernement, au titre *De la disposition générale* : cette disposition maintient les lois et réglemens en vigueur relatifs...... à la formation, entretien et conservation des rues, chemins, voies publiques, ponts et canaux.

comme maintenus en vigueur que dans leurs dispositions prohibitives auxquelles il n'a point été dérogé par des lois postérieures, et abstraction faite de la pénalité. Ils ont été également modifiés, quant à l'affectation du produit des amendes, par l'art. 47 de la même loi du 22 juillet 1791, qui en a réglé l'emploi d'une manière spéciale.

L'art. 466 du *Code pénal*, le décret du 17 mai 1809, et l'ordonnance du Roi du 19 février 1820, ont statué d'une manière encore plus expresse à cet égard.

La loi du 29 floréal an X n'attribuant aux Conseils de préfecture que la connaissance des contraventions en matière de *grande voirie*, elle ne comprend que les alignemens et autres actes de conservation dans les rues des villes, bourgs et villages qui servent de *grandes routes*. Le réglement des alignemens et autres matières de petite voirie appartient aussi au pouvoir administratif; mais la connaissance des contraventions à ces réglemens appartient exclusivement à l'autorité judiciaire, aux termes de l'art. 18 du titre Ier. de la loi du 22 juillet 1791, remplacé par l'art. 471 du *Code pénal*.

Le propriétaire qui contrevient au réglement de police par lequel il lui est enjoint de supprimer un édifice bornant une rue, ou de lui donner un alignement, commet, par son refus, non pas une dégradation ou détérioration de la voie publique, mais une désobéissance à un réglement de voirie *.

L'infraction à l'arrêté d'un Maire, qui, ayant pour

---

* Arrêt de la Cour de cassation, du 13 vendémiaire an XIII.

objet la sûreté et la commodité du passage dans les rues, ordonne la suppression de gouttières et l'établissement d'un conduit destiné à transporter les eaux jusqu'à la rue, donne lieu à l'application des peines de police, parce que cet arrêté rentre dans les objets de police confiés à la vigilance de l'autorité municipale. (Loi du 24 août 1790.) Au lieu de faire exécuter cet arrêté, le mettre en opposition avec l'art. 681 du *Code civil*, c'est, de la part du tribunal de police, s'ingérer dans la connaissance des affaires administratives; ce qui est interdit à l'autorité judiciaire *.

Il ne faut pas néanmoins conclure de là que le juge ne doive pas examiner la validité de l'arrêté qui donne lieu aux poursuites, la cour de cassation elle-même a jugé le contraire. Il n'est pas au pouvoir des Maires de créer des obligations, et leurs actes, quand ils sortent du cercle que les lois, notamment celles des 24 août 1790 et 22 juillet 1791, leur ont tracé, doivent être considérés comme nuls : les contraventions à ces actes ne sauraient donc entraîner aucune peine.

Lorsqu'une question préjudicielle élevée devant le tribunal de police est de la compétence du tribunal de paix, le Juge de Paix, qui forme l'un et l'autre, ne peut, par un seul jugement, prononcer à-la-fois sur la question préjudicielle et sur la contravention **.

* Arrêt de la Cour de cassation, du 14 octobre 1813.
** *Idem*, du 2 thermidor an XI.

Le tribunal de police, qui, sur une question préjudicielle de propriété, se déclare incompétent, ne peut ordonner qu'un chemin sur lequel on prétend qu'il a été empiété, sera mis provisoirement dans le même état qu'il était auparavant *.

L'infraction à un arrêté administratif qui défend de couvrir les maisons avec de la paille ou des roseaux, est une contravention punissable **.

On doit toutefois observer que ce jugement ne fait autre chose que décider la compétence du Maire, sauf le recours de droit à l'autorité supérieure administrative, et que bien que la jurisprudence admise par la cour de cassation semble au premier examen, autoriser une prohibition générale des couvertures en paille et autres matières combustibles, cependant aucun acte législatif ou réglement équivalent ne l'ayant prononcée d'une manière expresse, ce n'est que comme faisant partie des objets qui, sous le rapport de la sûreté publique, sont confiés à la vigilance de l'autorité municipale par la loi du 24 août 1790, que les couvertures de ce genre peuvent être interdites. Il s'ensuit que l'interdiction ne saurait être générale, et que si la sûreté publique n'y est pas essentiellement intéressée, comme dans l'intérieur des villes et bourgs populeux, on ne peut défendre à un particulier de couvrir sa maison de telle manière qu'il le juge convenable.

* Arrêt de la Cour de cassation, du 19 février 1806.
** *Idem*, du 23 avril 1809.

Les tribunaux de police ne doivent pas se borner à prononcer la peine des contraventions dont ils ont été saisis dans l'ordre de leurs attributions, ils doivent encore statuer sur la réparation du dommage qui en est résulté.

Relativement à une construction faite ou entreprise au-delà de l'alignement donné par le Maire dans les rues et places des villes, bourgs et villages qui ne sont pas routes royales ou départementales, la réparation du dommage ne peut exister que par la démolition de cette construction. Cette démolition doit donc être ordonnée par le jugement qui prononce l'amende pour l'anticipation sur l'alignement ou pour la violation, dans la construction, des règles prescrites par l'autorité municipale.

En principe général, les Maires doivent dresser procès-verbal des infractions à leurs réglemens sur la voirie urbaine *; ils doivent faire sommation aux contrevenans de s'y conformer, en détruisant ou changeant les constructions qui ont été faites au mépris de ces réglemens. La négligence ou le refus d'exécuter cette sommation, contre laquelle il n'y aurait pas eu recours par les voies légales, doit être

---

* Il ne faut pas perdre de vue toutefois qu'aux termes de l'article 46, tit. Ier. de la loi du 19—22 juillet 1791, l'autorité municipale ne peut, à proprement parler, faire de réglemens : les maires doivent se borner à rendre des arrêtés sur les objets de police confiés à leur vigilance par la loi d'août 1790, et à rappeler le texte des réglemens généraux sur les points spécialement déterminés. (*Voir* l'article cité de la loi de juillet 1791, au chapitre Ier., page 29.)

poursuivie devant les tribunaux de police, qui, en prononçant la peine, doivent ordonner la réparation de la contravention et par conséquent la démolition, la destruction ou l'enlèvement de ce qui a fait la matière de cette contravention.

S'il appartient à l'autorité municipale d'ordonner la démolition d'édifices menaçant ruine, sauf le recours devant l'autorité supérieure, c'est parce que ces édifices exposent la sûreté publique, que cette autorité doit spécialement protéger et maintenir; mais cette attribution pour ce cas particulier ne modifie d'aucune manière celle des tribunaux de police relativement aux anticipations ou bien aux formes ou mode des constructions qui ont été entreprises contre les règles fixées dans les arrêtés de l'administration municipale *.

Les principes posés dans les quatre derniers paragraphes ci-dessus et qui émanent des arrêts de la Cour de casssation sont en opposition avec l'opinion du Comité contentieux sur la question relative à la démolition des travaux exécutés en contravention aux réglemens de voirie urbaine. Une ordonnance rendue le 30 juillet 1817, sur le rapport de ce Comité, au sujet d'une contestation survenue entre le Maire de Barbery-Saint-Sulpice, département de l'Aube, et un particulier de cette commune, établit entre autres :

« Qu'aux termes des réglemens sur la voirie urbaine, c'est aux Maires qu'il appartient non-seule-

---

* Arrêt de la Cour de cassation, du 12 avril 1822.

ment de donner, mais encore de faire exécuter les alignemens dans les rues des villes, bourgs et villages qui ne sont pas routes royales ou départementales, sauf tout recours devant le Préfet;

» Qu'ainsi lorsqu'un particulier, par une construction, anticipe sur la voie publique, en contrevenant à l'alignement qu'il a reçu, le Maire ne doit pas se borner à dresser procès-verbal de l'entreprise faite par ce particulier et à le lui faire signifier, il doit en outre prendre un arrêté pour lui enjoindre de rendre à la voie publique le terrain sur lequel il a anticipé, et pour ordonner que faute, par ce particulier, de retirer lui-même les constructions formant anticipation, *il sera procédé d'office et à ses frais à leur démolition,* sauf recours devant le Préfet;

» Qu'enfin les tribunaux ordinaires sont seuls compétens pour statuer sur les amendes encourues en cas de contraventions aux alignemens donnés par les Maires et sur les frais des démolitions ordonnés d'office dans le même cas. »

Sous l'ancienne législation, l'autorité chargée de la voirie pouvait ordonner par provision l'exécution de ses actes en matière contentieuse; mais il faut considérer que cette autorité agissait ici comme pouvoir judiciaire, puisque les Bureaux des finances étaient de véritables tribunaux, et que la faculté de faire exécuter d'office leurs décisions n'avait rien que de régulier, puisqu'elle ne s'exerçait qu'en vertu d'ordonnances ayant le caractère de jugemens et accompagnées par conséquent de toutes les formalités propres à garantir les droits des tiers : tandis que les Maires, aujourd'hui substitués aux Bureaux des finances pour la police de la voirie urbaine, étant en même temps, comme chefs de leurs communes, parties intéressées dans les contestations relatives à la conservation des droits de celles-ci, n'ont plus la même indépendance et ne peuvent être investis des mêmes pouvoirs qu'un tribunal étranger à toute influence particulière, et présentant, par le nombre de ses membres, la maturité de ses délibérations et l'observation des formes judiciaires, une garantie de l'équité de ses décisions.

D'une autre part, c'est à l'autorité judiciaire qu'appartient le jugement des contraventions en matière de voirie urbaine (art. 471 du *Code pénal*). Les Maires, en qualité d'administrateurs, ne sont pas autorisés à punir les contrevenans, ils ne le peuvent pas davantage en qualité de Juges de Police, puisque les dispositions de la loi, du 16 septembre 1807, sur les alignemens, ne concernent que les villes où réside toujours un Juge de Paix, circonstance qui, suivant les art. 139 et 166 du *Code d'instruction criminelle*, exclut les Maires de l'exercice du pouvoir judiciaire dans les cas dont il s'agit.

Si donc ces magistrats ne sont pas juges des contraventions, ni compétens pour appliquer l'amende, ils peuvent encore moins ordonner la réparation du dommage.

La première opération du juge consiste à reconnaître qu'il y a infraction à une défense légalement portée, ensuite il applique la peine ; et c'est comme conséquence de ces premières dispositions, qu'il prononce en outre la réparation. L'art. 161 du *Code d'instruction criminelle* veut que le *même jugement* statue sur les demandes en restitution et en dommages-intérêts. Or, la Cour de cassation (arrêt du 12 avril 1822, *voyez* page 185) a jugé que la réparation en matière de voirie n'est autre chose que la destruction ou l'enlèvement des choses qui empiétent sur la voie publique : ainsi la démolition devant être prononcée par le jugement, sort conséquemment des limites de la compétence administrative.

Il est toutefois des cas où l'intérêt de l'ordre publique exige que les Maires prennent d'urgence telle mesure qu'il appartient pour remédier aux inconvéniens résultant de la négligence ou des refus d'exécuter les réglemens : ils ont en conséquence le pouvoir d'ordonner la réparation ou la démolition des bâtimens *menaçant ruine ;* mais il s'agit ici d'une exception déterminée par la loi, ét nous avons vu plus haut que dans l'opinion de la Cour de cassation, cette attribution pour un cas particulier ne modifie point celle des tribunaux de police relativement aux autres contraventions.

S'il s'agit encore d'un encombrement de la voie par des dépôts de matériaux ou d'immondices, ou par telle autre cause que ce soit ; s'il y a urgence en un mot, le Maire doit faire procéder d'office, aux frais du contrevenant, sur son refus ou à son défaut, au rétablissement de la circulation, et l'on rentre alors dans le cas prévu à l'égard des routes (p. 165). La compétence des Maires en ce qui concerne les rues de voirie urbaine, est fondée sur le même raisonnement.

Les considérations que nous venons d'exposer, et les dispositions combinées des art. 471 du *Code pénal*, 137, 139, 140, 161 et 174 du *Code d'instruction criminelle*, ont conduit l'autorité supérieure à reconnaître qu'il appartient aux Maires, ainsi que l'a décidé l'ordonnance royale du 30 juillet 1817, de donner et de faire exécuter les alignemens dans les rues des villes, bourgs et villages qui ne sont pas routes royales et départementales; que par conséquent c'est à eux à faire signifier à la partie l'arrêté par lequel l'alignement a été fixé, et à faire tracer, en sa présence, sur le terrain, les points principaux de cet alignement, en dressant un procès-verbal de cet acte; que c'est à eux, si des constructions sont élevées sur d'autres lignes que celles qui ont été fixées, à signifier à la partie l'injonction de les démolir dans un délai déterminé, et de se conformer à l'alignement accordé; mais que si, malgré cette sommation, les constructions élevées contrairement à l'alignement sont continuées, ou ne sont pas démolies dans le délai fixé, le droit de prononcer la démolition de ces constructions, ensemble l'amende encourue pour la désobéissance aux sommations du Maire, est dévolue au tribunal de simple police. (*Jurisprudence ministérielle.*)

Voici les règles qui s'observent dans les cas de pourvoi contre les décisions rendues par les tribunaux.

Le *Code d'instruction criminelle* (art. 139 et suivans) attribue exclusivement aux Juges de Paix la connaissance des contraventions de police dans les chefs-lieux de canton, et à ces magistrats concurremment avec les Maires dans les autres communes (art. 166), sauf quelques cas réservés aux Juges de Paix seuls.

L'appel de ces jugemens, lorsqu'ils prononcent l'emprisonnement ou des peines pécuniaires, restitutions ou réparations civiles au-dessus de cinq francs, doit être porté devant les tribunaux correctionnels (art. 172). Dans les autres cas, ils statuent en dernier ressort et ne sont attaquables que devant la cour de cassation (art. 177).

S'il s'agit d'un délit qui entraîne, soit une amende de plus de quinze francs, soit un emprisonnement de plus de cinq jours, c'est alors aux tribunaux correctionnels à prononcer (art. 179), et l'appel de leurs jugemens se porte; savoir, de ceux des tribunaux d'arrondissement au tribunal du chef-lieu du département, de ceux du tribunal du chef-lieu du département au tribunal du chef-lieu du département voisin, enfin de ceux des tribunaux du département où siége la cour royale à ladite cour (art. 200 et 201.)

CHAPITRE V.

Dispositions particulières aux chemins vicinaux et aux cours d'eau.

SECTION PREMIÈRE.

DES CHEMINS VICINAUX.

Les chemins vicinaux sont, comme leur nom l'indique, ceux qui servent de communication entre des territoires voisins ; on comprend en général sous cette dénomination les chemins qui ont été classés par l'autorité compétente comme ayant le caractère de vicinalité à raison de leur usage : ils sont propriétés communales *. Il faut les distinguer des chemins

---

* La loi ne dit pas d'une manière expresse que les chemins vicinaux appartiennent aux communes ; mais cette condition résulte du système de la législation, puisque le *Code civil* ne considère (art. 538) comme propriété nationale que les chemins, routes et rues *à la charge de l'Etat.*

Le Ministre des finances ayant, dans une circulaire du 4 germinal an VII, établi l'opinion contraire et prétendu qu'aux termes de la loi du 1er. décembre 1790, les chemins vicinaux forment une dépendance du domaine national, un décret du Gouvernement, du 24 vendémiaire an XI, réforma cette décision en se fondant sur les motifs suivans :

« Considérant que cette loi (du 1er. décembre 1790) n'est relative qu'aux biens qui composaient et doivent continuer de composer le domaine national ; que les chemins publics dont elle parle sont les routes faites et entretenues aux frais de la nation ; que celle-ci n'a jamais entendu s'emparer de terrains achetés ou échangés par les communes, ou fournis gratuitement par

ruraux qui servent à l'exploitation des terres : ceux-ci se subdivisent en chemins publics et particuliers : les premiers, quant à la police de conservation, sont assimilés aux chemins vicinaux ; les seconds, dont l'existence est l'objet de conventions ou de servitudes particulières, sont soumis aux conditions de la propriété privée. Les mêmes distinctions s'observent à l'égard des simples sentiers.

Les dispositions peu nombreuses qui régissent cette matière n'ont prévu qu'une partie des difficultés qu'elle présentait, et si généralement les règles sur la voirie municipale demandent une loi qui fixe les incertitudes où elles laissent, dans plusieurs cas, le magistrat chargé de les appliquer, c'est surtout à l'égard des chemins vicinaux que ce besoin se fait sentir.

Au surplus la difficulté de l'application tient au principe même du système adopté. La loi ayant reconnu que les chemins vicinaux étaient la propriété des communes, a dû conséquemment charger celles-ci des soins qu'exige leur conservation et des frais de leur entretien. Ici tout est municipal ; l'autorité départementale n'a point d'action immédiate : elle

---

les propriétaires pour le service particulier des communes ; que les lois des 6 octobre 1791, 16 frimaire an XI et 11 frimaire an VII, qui ont laissé l'entretien des chemins à la charge des communes, sauf le cas où ils deviendraient nécessaires au service public, ne donnent point à croire qu'ils soient propriétés nationales ;

» Considérant qu'*un chemin vicinal appartient à la commune*, etc. »

contrôle et surveille celles des Maires; mais elle ne saurait y suppléer, et tel est le principal inconvénient que l'on peut reprocher à la législation existante. L'expérience a prouvé que les droits de la propriété publique mis en opposition avec ceux des particuliers, étaient mal défendus par des administrateurs soumis aux influences locales, comme le sont la plupart des Maires dans les communes rurales, où toute mesure d'amélioration dirigée vers un but d'utilité générale ne rencontre que des résistances et des obstacles, dès qu'il en coûte le plus léger sacrifice aux intérêts privés.

Le défaut de ressources pécuniaires des communes en général ajoute encore aux difficultés, soit relativement à l'exécution des travaux d'art reconnus utiles, soit qu'il s'agisse de poursuivre les atteintes portées à la propriété des chemins, en raison des frais qu'entraînent, dans ce dernier cas, les formes judiciaires qu'il faut observer, et qui absorbent souvent une somme plus considérable que la valeur de l'objet en litige.

Si l'on considère, d'une autre part, que l'utilité des chemins vicinaux à l'égard des besoins de la circulation et comme affluens des grandes routes, n'est pas seulement d'intérêt local, mais se rattache aux intérêts généraux de l'agriculture et du commerce, on en tirera la conséquence que peut-être ils méritaient d'être classés dans un ordre supérieur à celui que la loi leur assigne, et qu'en les assimilant aux communications départementales, ou au moins en les soumettant au même régime, on n'aurait rien fait que de raisonnable, en même temps qu'on eût évité la plupart des inconvéniens attachés au système qui a prévalu.

Mais il s'agit moins ici de faire la critique de la législation que d'en exposer les règles. Les réflexions qui précèdent n'ont d'autre but que de montrer la difficulté d'appliquer avec succès les dispositions en vigueur, et le besoin d'une bonne loi qui mette un terme aux indécisions de l'autorité sur un point aussi important, considéré comme l'un des élémens de la prospérité publique.

Nous allons rapporter à leur ordre les lois et réglemens qui forment actuellement le *Code des chemins vicinaux*; nous puiserons dans la jurisprudence du Conseil d'État la solution des diverses questions que leur interprétation a fait naître.

Décret relatif aux droits de propriété et de voirie sur les chemins publics.

Du 26 juillet - 15 août 1790.

« Art. 1er. Le régime féodal et la justice seigneuriale étant abolis, nul ne pourra dorénavant, à l'un ou à l'autre de ces deux titres, prétendre aucun droit de propriété ni de voirie sur les chemins publics, rues et places des villages, bourgs ou villes.

» Art. 2. En conséquence, le droit de planter des arbres ou de s'approprier les arbres crus sur les chemins publics, rues et places de villages, bourgs ou villes, dans les lieux où il était attribué aux ci-devant seigneurs par les coutumes, statuts ou usages, est aboli.

» Art. 3. Dans les lieux énoncés dans l'article précédent, les arbres existant actuellement sur les chemins publics, rues ou places de villages, bourgs ou villes, continueront d'être à la disposition des ci-devant seigneurs, qui en ont été jusqu'à présent réputés propriétaires, sans préjudice des droits des particuliers qui auraient fait des plantations vis-à-vis leurs propriétés, et n'en auraient pas été légalement dépossédés par les ci-devant seigneurs.

» Art. 4. Pourront néanmoins les arbres existans sur les rues ou chemins publics être rachetés par les propriétaires riverains, chacun vis-à-vis sa propriété, sur le pied de leur valeur actuelle, d'après l'estimation qui en sera faite par des experts nommés par les parties, sinon d'office par le Juge, sans qu'en aucun cas cette estimation puisse être inférieure au coût de la plantation des arbres.

» Art. 5. Pourront pareillement être rachetés par les communautés d'habitans, et de la manière ci-dessus prescrite, les arbres existans sur les places publiques des villes, bourgs ou villages.

» Art. 6. Les ci-devant seigneurs pourront, en tout temps, abattre et vendre les arbres dont le rachat ne leur a pas été offert, après en avoir averti par affiches, deux mois à l'avance, les propriétaires riverains et les communautés d'habitans, qui pourront respectivement, et chacun vis-à-vis sa propriété, sur les places publiques les racheter dans ledit délai.

» Art. 7. Ne sont compris dans l'art. 3 ci-dessus non plus que dans les subséquens, les arbres qui pourraient avoir été plantés par les ci-devant seigneurs sur les fonds mêmes des riverains, lesquels appartiendront à ces derniers, en remboursant, par eux, les frais de plantation seulement.

» Art. 8. Ne sont pareillement comprises dans les art. 4 et 6 ci-dessus les plantations faites, soit dans les avenues, chemins privés, et autres terrains appartenant aux ci-devant seigneurs, soit dans les parties des chemins publics qu'ils pourraient avoir achetés des riverains, à l'effet d'agrandir lesdits chemins et d'y planter; lesquelles plantations pourront être conservées et renouvelées par les propriétaires desdites avenues, chemins privés, terrains ou parties de chemins publics, en se conformant aux règles établies sur les intervalles qui doivent séparer les arbres plantés d'avec les héritages voisins.

» Art. 9. Il sera statué par une loi particulière sur les arbres plantés le long des *chemins royaux*.»

Les dispositions qui précèdent ont été changées en faveur des communes et des riverains par la loi du 24 août 1792, rapportée à la suite.

(*Voir* en outre la loi du 9 ventôse an XIII.)

Décret qui réforme l'art. 10 du décret précédent.
Du 29 août - 12 septembre 1790.

Ledit article a été décrété ainsi qu'il suit :

« Art. 10. Les administrations de département seront tenues de proposer au Corps législatif les mesures qu'elles jugeront les plus convenables, d'après les localités et sur l'avis des districts, pour empêcher, tant de la part des riverains et autres particuliers, que des communautés d'habitans, toute dégradation des arbres dont la conservation intéresse le public, et pour pourvoir au remplacement de ceux qui auraient été ou pourraient être abattus; et cependant les municipalités ne pourront, à peine de responsabilité, rien entreprendre en vertu dudit décret, que d'après l'autorisation expresse du Directoire de département sur l'avis de celui de district, qui sera donné sur une simple requête et après communication aux parties intéressées, s'il y en a.

Décret
Du 11 septembre 1790.

« La police de conservation, tant pour les grandes routes que pour les chemins vicinaux, appartient aux juges de district. »

La législation postérieure a changé cette disposition; la police de conservation appartient aux Préfets et aux Maires, et le contentieux aux Conseils de préfecture ou aux tribunaux, suivant les cas.

Extrait du Code rural.
Du 28 septembre-6 octobre 1791.

« Art. 2. Les chemins reconnus par le Directoire de district pour être nécessaires à la communication des paroisses, seront rendus praticables et entretenus aux dépens des communautés sur le territoire desquelles ils sont établis; il pourra y avoir à cet effet une imposition au marc la livre de la contribution foncière.

» Art. 3. Sur la réclamation d'une des communautés ou sur celle des particuliers, le Directoire de département, après avoir pris l'avis de celui du district, ordonnera l'amélioration d'un mauvais chemin, afin que la communication ne soit interrompue dans aucune saison, et il en déterminera la largeur.

» Titre II. *Police rurale.*

» Art. 40. Les cultivateurs ou tous autres qui auront dégradé, de quelque manière que ce soit, des chemins publics ou usurpé sur leur largeur, seront condamnés à la réparation ou à la restitution et à une amende qui ne pourra être moindre de trois livres, ni excéder vingt-quatre livres.

» Art. 41. Tout voyageur qui déclorra un champ pour se faire un passage dans sa route, paiera le dommage fait au propriétaire, et de plus une amende de la valeur de trois journées de travail, à moins que le Juge de Paix du canton ne décide que le chemin public était impraticable, et alors le dommage et les frais de clôture seront à la charge de la communauté.

» Art. 44. (*Voir* au chap. III, section Ire., p. 108). Les terres ou matériaux appartenant aux communautés ne pourront également être enlevés en aucun cas, si ce n'est par suite d'un usage général établi dans les communes pour les besoins de l'agriculture et non aboli par une délibération du Conseil général.

» Celui qui commettra l'un de ces délits sera, en outre de la réparation du dommage, condamné, suivant la gravité des circonstances, à une amende qui ne pourra excéder vingt-quatre livres ni être moindre de trois livres; il pourra de plus être condamné à la détention de police municipale. »

Loi

Du 28 août 1792.

« Art. 14. Tous les arbres existant actuellement sur les chemins publics autres que les grandes routes nationales, et sur les rues des villes, bourgs et villages, sont censés appartenir aux propriétaires riverains, à moins que les communes ne justifient en avoir la propriété par titre ou possession.

» Art. 15. Tous les arbres actuellement existans sur les places des villes, bourgs et villages, ou dans des marais, prés et autres biens dont les communautés ont ou recouvreront la propriété, sont censés appartenir aux communautés, sans préjudice des droits que les particuliers non seigneurs pourraient y avoir acquis par titres ou possession.

» Art. 16. Dans le cas même où les arbres mentionnés dans les deux articles précédens, ainsi que ceux qui existent sur les fonds mêmes des riverains, auraient été plantés par les ci-devant seigneurs, les communautés et les riverains ne seront tenus à aucune indemnité ni à aucun remboursement pour frais de plantations ou autres.

» Art. 17. Dans les lieux où les communes pourraient être dans l'usage de s'approprier les arbres épars sur les fonds des propriétaires particuliers, ces derniers auront la libre disposition desdits arbres.

» Art. 18. Jusqu'à ce qu'il ait été prononcé relativement aux arbres plantés sur les grandes routes, etc. » (*Voir* le chapitre III, section Ire., p. 110.)

Loi

Du 16 frimaire an II (6 décembre 1793).

« Les chemins vicinaux continueront d'être aux frais des administrés, sauf le cas où ils deviendraient nécessaires au service public. »

Arrêté du Directoire exécutif concernant la confection d'un état général des chemins vicinaux.

Du 23 messidor an V (11 juillet 1797).

« Vu les articles 2 et 3 de la section VI de la loi du 6 octobre 1791, le Directoire arrête :

» Art. 1er. Dans chaque département, l'administration centrale fera dresser un état général des chemins vicinaux de son arrondissement, de quelque espèce qu'ils puissent être.

» Art. 2. D'après cet état, il constatera l'utilité de chacun des chemins dont il sera composé.

» Art. 3. Elle désignera ceux qui, à raison de leur utilité, doivent être conservés, et prononcera la suppression de ceux reconnus inutiles.

» Art. 4. L'emplacement de ces derniers sera rendu à l'agriculture. »

La loi du 11 frimaire an VII comprend parmi les dépenses communales celles de la voirie et des *chemins vicinaux* dans l'étendue de la commune.

Loi

Du 28 pluviôse an VIII (17 février 1800).

« Titre Ier., § III, art. 15. Le Conseil municipal

réglera la répartition des travaux nécessaires à l'entretien et aux réparations des propriétés qui sont à la charge des habitans. »

Arrêté du Gouvernement

Du 4 thermidor an X (23 juillet 1802).

« TITRE II, ART. 6. Les chemins vicinaux seront à la charge des communes; les Conseils municipaux émettront leurs vœux sur le mode qu'ils jugeront le plus convenable pour parvenir à leur réparation; ils proposeront, à cet effet, l'organisation qui leur paraîtrait devoir être préférée pour la prestation en nature. »

Loi relative aux plantations des grandes routes et aux chemins vicinaux.

Du 9 ventôse an XIII (28 février 1805).

« ART. 6. L'administration publique fera rechercher et reconnaître les anciennes limites des chemins vicinaux, et fixera, d'après cette reconnaissance, leur largeur suivant les localités, sans pouvoir cependant, lorsqu'il sera nécessaire de l'augmenter, la porter au-delà de six mètres, ni faire aucun changement aux chemins vicinaux qui excèdent actuellement cette dimension.

» ART. 7. A l'avenir nul ne pourra planter sur le bord des chemins vicinaux, même dans sa propriété, sans leur conserver la largeur qui leur aura été fixée en exécution de l'art. précédent.

» ART. 8. Les poursuites en contravention aux dispositions de la présente loi seront portées devant les Conseils de préfecture, sauf le recours au Conseil d'État. »

Il résulte des termes de l'art. 7 que les propriétaires riverains ont, concurremment avec les communes, le droit de planter des arbres le long des chemins vicinaux, *même* sur le terrain de la voie. Les difficultés auxquelles peut donner lieu l'exercice de ce droit sont déférées au jugement des Conseils de préfecture, en vertu d'un arrêt du Conseil d'État du 19 mars 1820.

Bien que les réglemens n'obligent pas les riverains à demander alignement pour bâtir et planter le long des chemins vicinaux, il est néanmoins de l'intérêt des propriétaires de se soumettre à cette formalité, afin d'éviter les discussions que pourraient occasionner les travaux qu'ils auraient fait exécuter et le dommage qui résulterait pour eux de l'obligation de les détruire.

Instruction du Ministre de l'intérieur pour l'exécution des lois des 9 ventôse an XII, et 9 ventôse an XIII.

Du 7 prairial an XIII (27 mai 1805).

« Une loi du 9 ventôse an XII, et celle du 9 ventôse an XIII, relatives aux plantations des grandes routes et des chemins vicinaux donnent, Monsieur, à l'autorité administrative de nouvelles attributions qu'il est essentiel de fixer.

» Cette dernière loi porte, art. 6 (*voir* la loi plus haut, page 201).

» Pour l'exécution de cette disposition il paraît convenable que vous chargiez chaque Maire de former l'état des chemins vicinaux de sa commune ; cet état devra en indiquer la direction, les différentes largeurs. S'il existe quelques titres qui fassent connaître ces particularités, ou qui constatent simplement que ces chemins sont une propriété communale ou publique, il en sera fait mention sur cet état ; le Maire y joindra des observations sur les élargissemens qu'il serait utile de leur donner, soit en général, soit partiellement.

» L'état ainsi disposé devra être publié dans la commune ; les habitans seront invités à en prendre connaissance, et à adresser au Maire, dans un délai de quinze jours, les réclamations qu'ils pourraient avoir à faire, soit sur la largeur, soit sur la direction ou la propriété desdits chemins.

» Le tout sera ensuite, ainsi que l'état dressé par le Maire, soumis au Conseil municipal, qui devra vérifier les faits énoncés par le Maire, et délibérer, tant sur les dispositions proposées par celui-ci, que sur les difficultés ou réclamations élevées par les habitans. Il donnera son avis sur les élargissemens à faire et il établira, d'après le vu ou l'absence des titres, s'ils doivent s'opérer à titre gratuit sur les propriétés contiguës, ou si la commune doit payer la valeur des terrains à acquérir.

» Vous ferez remarquer, à ce sujet, aux Conseils municipaux, que ni la loi du 9 ventôse dernier, ni aucune autre ne déroge aux principes conservateurs des propriétés privées, et que si le besoin public exige qu'on prenne une portion de ces propriétés, la loi veut qu'on indemnise préalablement les propriétaires.

» La délibération du Conseil municipal sera soumise au Sous-Préfet : ce fonctionnaire discutera les points contentieux ; il vous donnera un avis motivé, d'après lequel le Conseil de préfecture approuvera ou modifiera les vues du Conseil municipal, en fixant irrévocablement les largeurs des différens chemins et en soumettant la commune à payer, à dire d'experts, les terrains nouveaux dont elle aura besoin.

» L'exécution de cette partie de la loi, sur-tout lorsqu'il s'agira de reprendre sur les propriétés qui bordent les chemins, les terrains nécessaires pour rendre à ces chemins la largeur qu'ils devaient avoir, fera naître probablement plusieurs difficultés relatives à la propriété des terrains réclamés. Pour connaître l'autorité qui, en cette matière, doit prononcer sur la question de propriété que ces réclamations présenteront, il faut rapprocher des dispositions de cette dernière loi celles du 9 ventôse an XII.

« L'article 5 porte : *Tous les biens communaux possédés à l'époque de la publication de la présente loi, sans actes de partages, et qui ne seront pas dans le cas précisé par l'art. 3 (celui d'un partage sans qu'il en ait été dressé acte) ou pour lesquels les déclarations et soumissions de redevances, n'auront pas été faites dans le délai et suivant les formes prescrites par le même article 3, rentreront entre les mains des communautés d'habitans.*

» *En conséquence, les Maires et Adjoints, les Conseils municipaux, les Sous-Préfets et Préfets feront et ordonneront toutes les diligences nécessaires pour faire rentrer les communes en possession.*

» L'article 6 n'attribue au Conseil de préfecture la connaissance que des contestations, soit sur les actes et les preuves de partage de biens communaux, soit sur l'exécution des conditions prescrites par l'art. 3, et cette limitation d'attribution semble d'abord exclure le cas établi par l'art. 5 ; mais l'art. 9 fixe, à ce sujet, l'intention du législateur. Cet article dit qu'*il ne sera prononcé de restitution de fruit en jouissance, ni par les tribunaux, en faveur des tiers, dans le cas des répétitions prévues par l'art.* 8, ni par les Conseils de préfecture, *en faveur des communes* dans celui mentionné en l'art. 5, qu'à compter, etc.

» Il résulte de cette dernière disposition que le Conseil de préfecture doit connaître aussi des possessions de biens communaux qui n'ont pas eu pour origine un partage plus ou moins illégal et qui ne sont par conséquent que l'effet d'usurpations ordinaires.

» Les chemins vicinaux sont généralement composés de terrains acquis par les communes; ils forment une partie de biens communs : la connaissance des usurpations doit donc appartenir aux Conseils de préfecture.

» Vous reconnaîtrez facilement, Monsieur, que cette attribution donnée aux Conseils de préfecture par les dispositions combinées des deux lois du 9 ventôse an XII et du 9 ventôse an XIII, ne nuit en rien au pouvoir qu'ont toujours les tribunaux de connaître des questions de propriété relatives à tous autres terrains que ceux qu'on peut supposer devoir faire partie des chemins vicinaux. Au reste, le Conseil, dans l'exercice de cette attribution, ne devra pas perdre de vue qu'elle lui est donnée comme objet d'administration; il devra par conséquent distinguer les usurpations manifestes des empiétemens douteux, ou très-anciens; et lorsqu'il ne lui sera pas évidemment prouvé qu'un terrain a dû, de mémoire d'homme, faire partie du chemin auquel il s'agira de rendre sa largeur, il sera de sa justice d'obliger les communes à dédommager les propriétaires.

» La largeur des chemins vicinaux peut, suivant les cas, être fixée par l'une ou l'autre partie de l'autorité préfectorale. Lorsque la reconnaissance des chemins d'une commune n'aura fait naître aucune réclamation, la fixation sera faite par le Préfet, agent d'exécution; elle le sera par le Conseil de préfecture lorsqu'il y aura eu réclamation, et conséquemment contestation sur l'ancienne largeur.

» L'établissement, la direction, le changement et l'entretien des chemins vicinaux restent dans les attributions du Préfet.

» Deux genres de délits peuvent porter atteinte à la conservation des chemins vicinaux.

» Les uns, tels que les envahissemens, les empiétemens, les plantations d'arbres, etc., tendent à changer la largeur ou la direction que l'administration a fixée.

» Ces contraventions, conformément aux deux lois des 9 ventôse an XII et 9 ventôse an XIII, sont réprimées par le Conseil de préfecture. Elles devront être constatées journellement par des procès-verbaux que dresseront les officiers de police municipale. Le Maire fera dénoncer ce procès-verbal au propriétaire délinquant; et si dans la huitaine, à compter du jour de la dénonciation, le chemin n'a pas été remis dans son état primitif, le Maire devra vous faire passer, par la voie de la Sous-Préfecture, le procès-verbal du garde champêtre, avec copie de l'acte de notification faite au délinquant, pour vous mettre à portée de provoquer auprès du Conseil de préfecture la décision convenable. Vous la rendrez exécutoire, soit pour faire confectionner d'office les ouvrages nécessaires, soit pour faire payer les dépenses qu'ils auront occasionnées, et ce conformément au mode prescrit pour le recouvrement des contributions publiques.

» D'autres délits, tels que dépôts de fumiers, matériaux ou autres encombremens, fouillemens de terres, enlèvement de bornes ou de pierres, comblemens de fossés ou autres dégradations nuisent à la viabilité des chemins et au libre usage de la voie publique.

» Ces détériorations, soit qu'elles soient commises par les riverains, soit qu'elles soient attribuées à d'autres habitans, sont des délits de police dont la connaissance n'a point été retirée à l'autorité judiciaire. Ils doivent être constatés journellement par le garde champêtre ou autres officiers de police municipale, pour être ensuite dénoncés au Juge de Paix, et réprimés par voie d'amende et d'indemnités.

» Quant au mode d'entretien, il a déjà été réglé qu'on emploierait la prestation en nature ; mais on n'a pas déterminé quels seraient les habitans qui devraient concourir à cette charge, et dans quelques départemens, on n'exige la prestation en nature que de la part des propriétaires fonciers, tandis que dans d'autres on y assujettit tous les habitans indistinctement, et que d'autres Préfets établissent des exceptions fondées sur la cote des contributions.

» En attendant un réglement d'administration générale sur cet objet, il convient, pour éviter l'arbitraire, d'adopter une base commune qui établisse une sorte d'égalité proportionnelle que réclame la justice. Il est certain que les chemins vicinaux sont utiles à tous les habitans, mais dans des proportions très-différentes. C'est en raison de l'intérêt de chacun que doivent être partagées entre tous les journées de travail nécessaires à la réparation des chemins.

» On ne doit pas demander un travail gratuit à celui qui est obligé de travailler journellement pour assurer sa subsistance et celle de sa famille, il faut excepter ces habitans, et pour y parvenir généralement, il conviendra de ne point assujettir à la prestation ceux dont toutes les contributions directes ne s'élèvent pas au-dessus de trois ou quatre journées de travail.

» Vous avez dû remarquer, Monsieur, que les lois sur la matière ne donnent aucun moyen de pourvoir au paiement des ouvrages d'art dans les communes auxquelles il ne reste aucun fonds disponible. Beaucoup de chemins vicinaux exigent cependant des dépenses de cette nature : pour y subvenir, il sera nécessaire d'évaluer le montant de dépense en journées de travail en nature. A cet effet, le Conseil municipal devra fixer en même temps le prix pécuniaire de la journée de travail, afin de mettre les habitans à portée de choisir le mode de prestation qui leur sera le plus convenable; les ouvrages d'art ne pouvant être exécutés par celui de la prestation en nature, on réservera le fonds provenant de la prestation pécuniaire volontaire pour le paiement des ouvriers spécialement chargés de la confection de ces ouvrages. Si ce fonds paraît devoir être insuffisant, le Maire devra engager les contribuables les plus aisés à fournir un plus grand nombre de journées en numéraire.

» J'ai remarqué que dans quelques départemens on mettait le curement des fossés creusés le long des chemins, à la charge des seuls propriétaires aboutissans. Cette mesure est injuste. Les fossés font partie des chemins, et ils doivent être entretenus de la même manière, sauf les poursuites à faire et les amendes à appliquer aux propriétaires qui auraient fait des encombremens extraordinaires, ainsi que je vous l'ai déjà fait observer. »

Cette instruction, que nous avons cru devoir rapporter en son entier, à raison des détails qu'elle donne sur l'exécution de la loi du 9 ventôse an XIII, renferme toutefois une fausse interprétation de cette loi quant à l'intervention des Conseils de préfecture dans la reconnaissance et la fixation de largeur des chemins vicinaux. Les décisions du Conseil d'État, qui suivent, expliquent que par les mots: *l'administration publique fera rechercher*, etc., l'article 6 de la loi a voulu désigner les Préfets et non pas les Conseils de préfecture, qui jugent et n'administrent pas.

Elle a cessé d'être exécutable aussi en ce qui concerne la confection des ouvrages par prestation en nature, depuis que la loi des finances du 15 mai 1818 (art. 39, 40, 41, 42 et 94) a proscrit tout mode de contribution communale autre que celui que cette loi désigne.

L'interdiction de ce moyen, qui n'a été jusqu'ici remplacé par aucun autre, laisse dans la législation une lacune embarrassante pour les administrateurs, et rend d'autant plus pressante la nécessité d'une loi nouvelle et complète sur cette branche de notre économie publique.

Décret rendu en matière contentieuse (Isère),

Le 16 octobre 1813.

« Considérant, sur la demande dirigée contre l'arrêté du Préfet qui déclare vicinal le chemin dont il s'agit, que cette décision ayant été rendue compétemment et n'ayant pas été attaquée devant notre Ministre de l'intérieur, ne peut, quant à présent, être soumise à notre examen.

» Sur la demande dirigée contre l'arrêté du Conseil de préfecture,

» Considérant 1°. qu'aux termes de l'art. 6 de la

loi du 9 ventôse an XIII, le droit de fixer la largeur des chemins vicinaux n'appartient qu'à l'Administration publique, c'est-à-dire aux Préfets, sauf le recours à notre Ministre de l'intérieur et ensuite à notre Conseil d'État;

» Que sous ce premier rapport, le Conseil de préfecture du département de l'Isère a excédé les bornes de sa compétence, en fixant lui-même la largeur du chemin qui fait l'objet de la contestation;

» 2°. Que la question de savoir si le terrain sur lequel un chemin vicinal est établi appartient à une commune ou à de simples particuliers, est une question de propriété, qui, comme toutes celles de ce genre, est du ressort exclusif des tribunaux;

» Que sous ce second rapport, le Conseil de préfecture a encore excédé les bornes de sa compétence, puisqu'il a décidé, au moins implicitement, que le terrain sur lequel le chemin contentieux est actuellement ouvert n'appartient pas au suppliant, bien que celui-ci s'en prétende propriétaire et demande son renvoi devant les tribunaux;

» 3°. Que l'arrêté d'un Préfet qui déclare un chemin vicinal ne fait pas obstacle à ce que la question concernant la propriété du terrain soit soumise aux tribunaux; car tout ce qui résulte de l'arrêté, c'est que le chemin est reconnu nécessaire et doit être maintenu, sauf à indemniser le tiers qui serait reconnu judiciairement propriétaire du terrain:

» Notre Conseil d'Etat entendu, nous avons décrété, etc.:

» Art. 1ᵉʳ. L'arrêté du Conseil de préfecture du département de l'Isère, du 2 décembre 1811, est annullé.

» Art. 2. Les parties sont renvoyées devant les tribunaux, sur la question de propriété élevée par le suppliant.

» Art. 3. La demande en annullation de l'arrêté du Préfet, qui déclare vicinal le chemin dont il s'agit, est rejetée : cet arrêté sera exécuté provisoirement, sauf aux parties intéressées à l'attaquer devant notre Ministre de l'intérieur, si elles s'y croient fondées. »

Autre décret sur une même matière (Seine-et-Marne).

Du même jour 16 octobre 1813.

« Vu le mémoire présenté par le sénateur comte de Jaucourt, et le sieur Pierre-Élisabeth Cazin, tendant à l'annullation d'un arrêté du Conseil de préfecture du département de Seine-et-Marne, en date du 2 juillet 1812, qui déclare vicinaux trois chemins qui se trouvent sur les propriétés des suppliants, et les séparent d'un bois appartenant au sieur Gavet ;

» Vu l'arrêté attaqué ;

» Vu le procès-verbal d'adjudication du bois appartenant au sieur Gavet ;

» Vu le mémoire en défense de celui-ci, qui conclut à la confirmation de l'arrêté attaqué, et subsidiairement, en cas de renvoi devant les tribunaux, à être maintenu provisoirement dans la jouissance des chemins dont il s'agit :

» Considérant 1°. que le Conseil de préfecture de Seine-et-Marne a classé au nombre des chemins vicinaux ceux qui sont l'objet de la contestation, qu'il a, par cette disposition, excédé les bornes de sa compétence, puisque, aux termes de l'article 6 de la loi du 9 ventôse an XIII, le droit de désigner les chemins vicinaux n'appartient qu'à l'Administration publique, c'est-à-dire aux Préfets, sauf le recours à notre Ministre de l'intérieur, et ensuite à notre Conseil d'État ;

» 2°. Que l'arrêté attaqué décide de plus que le terrain sur lequel passent les chemins contentieux n'appartient pas aux supplians; que, par cette seconde disposition, le Conseil de préfecture a encore excédé les bornes de sa compétence, puisqu'il a jugé une question de propriété, non d'après les clauses de l'adjudication passée au sieur Gavet, lesquelles sont muettes sur ce point, mais d'après des titres anciens dont la connaissance n'appartient qu'aux tribunaux, auxquels il y a par conséquent lieu de renvoyer l'examen de la question ;

» 3°. Sur la demande subsidiaire du sieur Gavet, tendant à être provisoirement maintenu dans la jouissance des chemins dont il s'agit, que rien ne constatant que l'autorité compétente ait prononcé sur la nécessité ou l'utilité desdits chemins ; que nulle commune n'étant en cause pour en réclamer le libre usage, il n'y a pas lieu d'accueillir cette demande subsidiaire :

» Notre Conseil d'État entendu, nous avons décrété, etc. :

» Art. 1ᵉʳ. L'arrêté du Conseil de préfecture du département de Seine-et-Marne, en date du 2 juillet 1812, est annullé.

» Art. 2. Les parties sont renvoyées devant les tribunaux, sur la question de propriété élevée par le sénateur comte de Jaucourt, et le sieur Cazin.

» Art. 3. Le Préfet du département de Seine-et-Marne statuera, si fait n'a été, sur la pétition à lui présentée par le sénateur comte de Jaucourt, ladite pétition ayant pour objet de faire décider si, ou non, les chemins dont il s'agit, doivent être classés au nombre des chemins vicinaux, sauf aux parties intéressées à se pourvoir, si elles s'y croient fondées, contre l'arrêté du Préfet. »

Avis du Conseil d'État sur une matière de compétence (Seine-Inférieure).

Du 8 novembre 1813.

« Le Conseil d'État, qui, d'après le renvoi ordonné, a entendu le rapport de la section de l'intérieur sur celui du Ministre de ce département, tendant à autoriser la suppression d'un chemin, commune de Sainte-Colombe, département de la Seine-Inférieure,

» Est d'avis que cette affaire n'est pas susceptible d'être portée au Conseil d'État ;

» Que c'est au Préfet à prononcer sur l'utilité et la conservation du chemin, sauf le recours au Ministre de l'intérieur et ensuite au Conseil d'État, en cas de pourvoi, comme pour affaire d'administration ;

» Et que le présent avis soit inséré au *Bulletin des lois.* »

La raison qui a déterminé le législateur à étendre aux rues des villes, bourgs et villages formant traverses, les règles applicables aux grandes routes elles-mêmes, semble indiquer que les rues des bourgs et villages qui ne font point partie des routes, n'étant à proprement parler que la continuation des chemins vicinaux, doivent obéir au régime de ces derniers. Le fait est qu'il n'existe aucune disposition particulière sur ce point, qui puisse motiver une opinion contraire. Toutefois, il est à propos d'observer que l'application de la loi de 9 ventôse an XIII ne peut aller jusqu'à restreindre la largeur des rues au *minimum* de six mètres, fixé pour les chemins vicinaux, quand la police locale requiert un élargissement plus considérable : elle cesse donc d'être exécutable en pareil cas. Or, la loi du 16 septembre 1807, qui fait exception en faveur des villes, n'ayant rien statué à l'égard des villages, il s'ensuit que ceux-ci sont restés dans le droit commun, et que si les besoins de la localité exigent absolument des débouchés plus vastes, la mairie ne peut que traiter de gré à gré, et sauf ratification comme en matière d'acquisition communale, avec les propriétaires des terrains dont une partie est nécessaire pour l'agrandissement de la voie. A défaut d'accommodement à l'amiable, il faut invoquer l'utilité publique, dont le Gouvernement est juge, et revenir alors au système de la loi de 1807 ; mais on conçoit combien ces sortes de cas doivent se présenter rarement dans les communes rurales d'une faible population et où l'élargissement des rues importe peu à l'intérêt général proprement dit.

Quelques actes de l'Administration ont posé en principe, que la loi du 9 ventôse an XIII n'ayant pour but de régler que ce qui concerne l'élargissement et l'alignement des chemins vicinaux, ne saurait être appliquée à l'alignement des rues des communes rurales, dans lesquelles le voisinage des habitations et le concours des passans ont créé d'autres besoins;

Que la loi du 16 septembre 1807 ne saurait s'appliquer aux rues des communes rurales, puisqu'elle n'est destinée qu'à régler ce qui concerne l'alignement des rues des *villes*, mais qu'on trouve dans la loi du 24 août 1790 des règles suffisantes pour résoudre le cas, puisque cette loi confie à la police municipale tout ce qui intéresse la sûreté et la commodité du passage dans les rues, etc.; *ce qui comprend la démolition et la réparation des bâtimens;*

Qu'il résulte de ce texte que c'est à l'autorité municipale à prononcer dans toutes les questions d'alignement ou d'élargissement des rues des communes rurales, sans être bornée, quant à la largeur à leur donner, par les dispositions de la loi du 9 ventôse an XIII, applicables seulement aux chemins vicinaux, avec lesquelles elles ne doivent pas être confondues;

Qu'en conséquence il n'y a pas lieu à comprendre les rues des communes rurales dans le tableau des chemins vicinaux à dresser en exécution de la loi du 9 ventôse an XIII; que c'est aux Maires à donner les alignemens dans ces rues, etc.

Mais nous observons que la faculté de faire démolir ou réparer les bâtimens *qui menacent ruine*, laissée par la loi de 1790 au pouvoir municipal, n'est qu'une conséquence de l'attribution donnée au même pouvoir de veiller à tout ce qui peut intéresser la sûreté publique dans les rues. C'est ici comme nous l'avons fait remarquer, page 188, une action de police déterminée pour un cas particulier et hors lequel elle cesse d'être légale : il s'ensuit que le Maire a bien le droit de prescrire telle mesure qu'il appartient pour prévenir la chute d'un bâtiment, mais non pas celui de toucher à la propriété du sol. Quant à la disposition de la même loi qui confère aux municipalités la fonction de pourvoir à *la commodité du passage*, elle ne peut s'entendre que de l'exercice du pouvoir d'empêcher l'exposition des objets nuisibles à la circulation, et ce serait y donner un sens évidemment forcé, que d'y reconnaître la faculté de changer l'état de possession en prononçant la suppression des bâtimens qui gênent la voie communale.

Nous nous référons donc à notre première opinion, que les communes rurales ne peuvent légalement procéder en pareille circonstance que suivant les règles du droit commun, sauf les cas où l'utilité publique serait duement constatée, et où elles se trouveraient alors placées sous l'empire de la loi du 16 septembre 1807.

Il résulte de l'art. 6 de la loi du 9 ventôse an XIII qu'au **Préfet** seul appartient le pouvoir de reconnaître les anciennes limites des chemins vicinaux.

On a vu que l'art. 8 chargeait les Conseils de préfecture de prononcer sur les contraventions aux dispositions de cette loi, sauf recours au Conseil d'État.

Les questions de propriété et de servitude sont, comme en matière de grande voirie, du ressort des tribunaux.

Tels sont les principes généraux qui réglent la compétence des autorités dans cette partie, et d'où suivent les solutions ci-après tirées des actes précédemment rapportés et du *Recueil des décisions du Conseil d'État.*

1°. Les réclamations adressées aux Préfets sur la direction, la largeur et l'alignement des chemins vicinaux d'une commune dont le tableau a été dressé par le Maire et délibéré en Conseil municipal, sont décidées administrativement *.

2°. Une fois l'état des chemins ainsi arrêté, les usurpations, envahissemens et les contraventions aux réglemens du Préfet, quant à l'alignement et aux plantations, sont jugés par le Conseil de préfecture, qui, autrement, ne peut connaître des questions de propriété **.

3°. C'est le Préfet qui décide si un chemin est vicinal ou d'exploitation ; mais sa décision ne préjuge rien quant à la propriété du fonds, seulement dans le cas où le tribunal appelé à prononcer sta-

---

* Le Préfet, avant d'arrêter le tableau des chemins vicinaux, doit fair juger par le tribunal toutes les questions de propriété.
** Art. 8 de la loi du 9 ventôse an XIII, Décret du 24 juillet 1806.

tuerait en faveur du tiers réclamant, ce dernier serait indemnisé de la valeur du terrain *.

Mais l'arrêté du Préfet ne peut suffire pour transporter régulièrement la propriété à la commune : la loi, d'accord avec l'équité, veut qu'un propriétaire ne soit pas ainsi dépouillé par l'acte d'un simple magistrat ; l'autorité souveraine peut seule prononcer en pareille matière.

4°. C'est le Conseil de préfecture qui décide si un chemin est *vicinal* ou *rural*, si un chemin que l'on prétend vicinal est grande route, ou si une voie prétendue *route* est chemin vicinal **.

Il faut toutefois observer que cette faculté ne lui est attribuée que dans les cas où il y a contestation, puisque la solution de la question, comme objet administratif, est du ressort du Préfet.

5°. Les Préfets prononcent enfin sur la direction, sur la largeur des chemins vicinaux, sur l'utilité de leur conservation, sur l'appel des décisions des Maires qui en ont tracé les alignemens, sur les réparations qu'ils exigent, sauf recours au Ministre de l'intérieur, et ensuite au Conseil d'État ***.

6°. Les Maires, comme chargés de la police de la voirie, peuvent, dans l'intérêt public, prendre les mesures nécessaires pour rendre à la circulation un chemin interrtercepté et ordonner provisoirement

* Décrets du 16 octobre 1813 et 8 novembre même année.
** Arrêt de la Cour de cassation, du 14 thermidor an XIII ; décret du 15 juin 1812.
*** Avis du Conseil d'État, du 8 novembre 1813 ; décrets des 16 octobre 1813, 6 et 29 janvier 1814.

le rétablissement des choses en leur premier état, sauf les recours de droit *.

Ceci ne doit s'entendre toutefois que des embarras, tels que dépôts de matériaux ou autres objets qui rendent le chemin impraticable et demandent qu'il soit pourvu d'urgence au rétablissement de la circulation. S'il s'agit d'un simple rétrécissement de la voie par le fait d'une construction élevée hors de l'alignement, la difficulté rentre dans le cas prévu par l'arrêt de la cour de cassation du 12 avril 1822 (*voir* au chapitre IV, pag. 184 et suivantes), et le rétablissement du chemin dans son premier état ne peut être ordonné d'office que par un jugement.

7°. Les détériorations, dégradations, encombremens et autres délits ou contraventions de ce genre en matière de chemins vicinaux sont du ressort des tribunaux de police, soit municipale, soit correctionnelle **. La limite des attributions de ces deux tribunaux est déterminée par la quotité de l'amende et la nature des peines qu'ils peuvent prononcer : ainsi toute contravention passible d'une amende excédant quinze francs et d'un emprisonnement de plus de cinq jours, cesse d'être du ressort des tribunaux de simple police.

8°. Les dépôts de matériaux et d'immondices sont également justiciables des tribunaux. L'autorité administrative n'est compétente que lorsque ces dépôts ont été faits sur les grandes routes ***.

* Décret du 4 juin 1809.
** Arrêt de la Cour de cassation, du 30 janvier 1807.
*** Décrets des 19 mars 1812 et 17 septembre 1813.

Les actions possessoires sont déférées aux Juges de Paix par la loi du 24 août 1790, art. 1, tit. III : ils connaissent des usurpations de terres, arbres, haies, fossés, etc., *commises dans l'année.*

Toute question de propriété de terres, arbres, haies, fossés, etc., est du ressort des tribunaux civils.

Les dispositions qui précèdent ne sont point applicables aux chemins particuliers. Toutes les contestations auxquelles ils peuvent donner lieu sont abandonnées aux tribunaux, comme débats d'intérêts privés.

SECTION II.

DES COURS D'EAU.

Le premier point à considérer dans les dispositions qui régissent les cours d'eau, c'est l'ordre dans lequel ils se trouvent classés relativement à leur nature et aux rapports qu'elle établit.

La loi distingue deux sortes de cours d'eau; savoir, les rivières navigables et flottables, et les rivières qui ne sont ni navigables ni flottables; ce qui comprend les eaux courantes de toute espèce. C'est sur cette distinction que repose la compétence des autorités. Les premières sont, aux termes de l'art. 538 du *Code civil*, considérées comme dépendances du domaine public; les secondes sont donc propriétés particulières, du moins quant au terrain qui leur sert de lit; car pour l'eau, en elle-même, destinée par sa nature à l'usage de tous, elle ne saurait être l'objet d'une possession exclusive.

Les rivières navigables et flottables sont classées comme les routes et soumises au même régime; c'est-à-dire que l'administration, la police de conservation, et le jugement des questions contentieuses qui s'y rapportent, appartiennent à l'autorité administrative : pour tous les autres cours d'eau, l'autorité judiciaire connaît des difficultés auxquelles donnent lieu, soit les prétentions des intérêts privés d'individu à individu, soit l'application des réglemens locaux dans l'intérêt général. Mais le pouvoir de faire ces réglemens est ici, comme dans le premier cas, attribué exclusivement à l'Administration, en vertu de la loi du 12—20 août 1790, qui charge les Administrations de département (aujourd'hui les Préfets) de rechercher et indiquer les moyens de procurer le libre cours des eaux; d'empêcher que les prairies ne soient submergées par la trop grande élévation des écluses des moulins et par les autres ouvrages établis sur les rivières; de diriger enfin, autant qu'il sera possible, toutes les eaux de leur territoire, vers un but d'utilité générale, d'après les principes de l'irrigation.

Il résulte aussi des art. 15 et 16, tit. II de la loi du 6 octobre 1791, que les propriétaires ou fermiers de moulins et usines, construits ou à construire, seront forcés de tenir les eaux à une hauteur qui ne nuise à personne, et qui sera fixée par l'Administration de département (le Préfet), d'après l'avis de l'Administration de district (le Sous-Préfet.)

Ainsi, l'action administrative se combine ici avec

l'action judiciaire ; et c'est de ce contact de deux autorités, dont les fonctions doivent, d'après les principes de notre législation, demeurer toujours distinctes et séparées, que naissent le plus souvent les difficultés auxquelles cette matière est sujette, faute d'une loi spéciale suffisamment développée.

Pour déterminer, autant qu'il est possible, les limites du pouvoir administratif et du pouvoir judiciaire, dans ce cas, il faut, en se reportant aux lois existantes et à la jurisprudence qui s'est établie, considérer que l'Administration n'intervient que dans l'intérêt public, à l'effet, par exemple, de fixer la hauteur des eaux, et de préserver par là le territoire avoisinant des inconvéniens qui résulteraient de leur trop grande abondance ; de décider si la construction d'un moulin, d'une usine ou de tel autre établissement du même genre, que le propriétaire riverain veut former, est, ou non, susceptible, par sa nature ou par sa position, de nuire à l'industrie locale, etc. En ce sens, l'Administration agit, ordonne et dispose, pour le présent comme pour l'avenir, par des réglemens généraux, qui sont obligatoires pour tous, et qui peuvent modifier même les conventions ou contrats particuliers en ce qui y serait contraire *, par la raison que les propriétaires privés ne peuvent stipuler entre eux des conditions dont l'effet portât préjudice à la communauté.

* Ordonnance royale du 28 juillet 1820.

Les tribunaux prononcent sur les contestations relatives à l'usage des eaux proprement dit, et à la propriété du fonds; ils doivent se conformer, dans leurs jugemens, aux réglemens administratifs, lorsqu'il en existe (*Code civil*, art. 645). Dans le cas contraire, ils statuent en conciliant l'intérêt de l'agriculture et le respect dû à la propriété. Il n'y a lieu à renvoyer par le tribunal devant l'Administration, que si l'usage des eaux litigieuses exige des travaux d'art, parce que c'est à l'Administration qu'il appartient de les ordonner.

On voit, d'après ce qui a été dit plus haut, concernant les rivières navigables et flottables, que la compétence des autorités ne présente à cet égard aucun doute. La loi du 29 floréal an X a disposé que les contraventions commises sur les canaux, fleuves et rivières navigables, leurs chemins de hallage, francs-bords, fossés et ouvrages d'art, seront, comme pour les grandes routes, poursuivies et réprimées par voie administrative : ainsi il y a lieu de procéder, relativement à ces contraventions, comme pour les cas de grande voirie, et ce qui a été dit pour ceux-ci doit s'appliquer également à tout ce qui concerne les rivières navigables et flottables.

Relativement aux autres cours d'eau, on vient de voir que le droit de faire les réglemens appartient à l'Administration, c'est-à-dire aux Préfets (art. 3 de la loi du 28 pluviôse an VIII). Ces magistrats ont en conséquence le pouvoir de fixer la hauteur des déversoirs, d'ordonner le changement des vannes de moulins et usines ; de défendre la construction des établissemens susceptibles de mettre obstacle au libre cours des eaux ; de faire prononcer, pour cause d'utilité publique et suivant les formes, la suppression de ceux qui existent, lorsqu'ils sont reconnus nuisibles ; d'ordonner l'exécution de tous les travaux nécessaires, le curage des rivières ou ruisseaux ; de régler les rôles de répartition et de poursuivre le recouvrement des sommes dues pour le paiement des ouvrages; enfin, de prendre telles mesures qu'ils jugent utiles dans le but de protéger les intérêts de l'industrie agricole et manufacturière, et en général d'assurer ou d'accroître la prospérité du pays.

Leurs actes en cette matière statuent, sauf le recours au Ministre de l'intérieur, puis au Conseil d'État.

Ils décident également si une rivière est ou non navigable ou flottable : cette faculté résulte notamment du décret du 22 janvier 1808, qui attribue au Gouvernement le droit de rendre navigable une rivière qui ne serait pas classée comme telle.

A l'égard de la partie contentieuse, hors le cas où il s'agit de l'exécution des travaux ordonnés, ou du recouvrement des rôles de répartition arrêtés par les Préfets et où l'intervention des Conseils de préfecture est réglée d'une manière spéciale par la loi du 14 floréal an XI (*voir* à la suite), ces derniers ne sont point appelés à prononcer dans les contestations relatives aux cours d'eau non navigables ni flottables. La raison en est que ces corps, pour nous servir des expressions d'un savant jurisconsulte *, étant considérés comme tribunaux extraordinaires et d'exception, ne peuvent connaître que des affaires qui leur sont attribuées par une loi formelle et spéciale. Or, la loi du 29 floréal an X leur attribuant seulement la connaissance des contraventions relatives aux canaux et rivières navigables, et aucune loi postérieure n'ayant statué de même à l'égard des autres cours d'eau, il s'ensuit que ceux-ci sont restés hors de la compétence des Conseils de préfecture.

C'est en conséquence de ce principe que le Conseil d'État a prononcé, par un avis du 24 ventôse an XII :

« Que les contraventions aux réglemens de police sur les rivières non navigables, canaux et autres petits cours d'eau, doivent, suivant les dispositions du *Code civil* et autres lois existantes, être portées, suivant leur nature, devant les tribunaux de police municipale ou correctionnelle, et les contraventions qui intéressent les propriétaires devant les tribunaux civils. »

La loi du 9 ventôse an XIII, sur les chemins vicinaux, ayant attribué aux Conseils de préfecture le jugement des infractions aux réglemens sur la largeur et l'alignement des chemins, on en tira la conséquence que, puisque, dans le système de la législation, les rivières sont assimilées aux chemins,

* M. le président HENRION DE PENSEY : *Traité des justices de paix.*

cette loi modifiait les dispositions antérieures, et que dès lors les Conseils de préfecture pouvaient être appelés à prononcer dans les questions relatives aux entreprises sur la largeur et le cours des rivières non navigables ; mais cette opinion n'a point prévalu. Les anticipations et violations d'alignement, qui constituent des contraventions à l'égard des chemins réputés propriété publique, ne peuvent être ici considérées comme telles, puisque le terrain sur lequel l'eau coule est propriété particulière. Si le riverain entreprend de détourner à son profit le cours de l'eau, ce fait, dégagé de toute autre circonstance susceptible de porter préjudice à l'intérêt public, ne peut que donner ouverture à l'action civile de la part du tiers lésé, et la question rentre alors dans le domaine des tribunaux, comme objet d'intérêt privé *.

Ce cas étant le seul où l'assimilation des rivières non navigables aux chemins vicinaux eût entraîné la conséquence de l'intervention des Conseils de préfectures à l'égard des premières, il résulte de ce qui vient d'être dit que cette intervention n'est point légale.

En résumé, on doit conclure de l'état de la législation sur les cours d'eau, relativement à la compétence des autorités :

1°. Que l'administration et la police de conserva-

* Ce point de jurisprudence a été fixé, notamment par deux arrêts de la cour de cassation des 5 janvier 1809 et 29 juin 1813, rapportés dans un ouvrage très-complet de M. GARNIER, intitulé : *Régime des eaux*.

tion et de survellance appartiennent dans tous les cas aux Préfets ;

2°. Qu'il y a lieu de procéder à l'égard des contraventions relatives aux eaux navigables et flottables, comme pour les cas de grande voirie, où le Conseil de préfecture prononce ;

3°. Qu'en ce qui concerne les autres cours d'eau, le jugement des infractions aux réglemens en usage est du ressort des tribunaux, soit de police municipale ou correctionnelle, qui prononcent en vertu des articles 15 et 16 de la loi du 6 octobre 1791; et de l'article 457 du *Code pénal*;

4°. Que les questions de propriété doivent être portées devant les tribunaux civils.

Ordonnance des eaux et forêts.

Du mois d'août 1669.

« TITRE XXVII, ART. 41. Déclarons la propriété de tous les fleuves et rivières portant bateaux de leurs fonds sans artifices et ouvrages de mains, dans notre royaume et terres de notre obéissance, faire partie du domaine de notre couronne, nonobstant tous titres et possessions contraires, sauf les droits de pêche, moulins, bacs et autres usages que les particuliers peuvent y avoir par titres et possessions valables, auxquels ils seront maintenus.

» ART. 42. Nul, soit propriétaire ou engagiste, ne pourra faire moulins, batardeaux, écluses, gords, pertuis, murs, plants d'arbres, amas de pierres, de terres, de fascines, ni autres édifices ou empêchemens nuisibles au cours de l'eau, dans les fleuves et rivières navigables et flottables, ni même y jeter aucunes ordures, immondices, ou les amasser sur les quais ou rivages.......... à peine d'enlèvement aux frais de ceux qui les auront faits ou causés, et de 500 liv. d'amende, même contre les *fonctionnaires publics* qui auront négligé de le faire.......

» ART. 43. Ceux qui ont fait bâtir des moulins, écluses, vannes, gords et autres édifices dans l'étendue des fleuves et rivières navigables ou flottables, sans en avoir obtenu la permission........ sont tenus de les démolir, sinon ils le seront à leurs frais.

» ART. 44. Il est défendu à toutes personnes de détourner l'eau des rivières navigables ou flottables, ou d'en affaiblir et altérer le cours par fossés, tranchées, ou canaux, à peine d'être punis comme usurpatrices, et condamnées aux dépens de réparation. »

(Cette prohibition est confirmée par l'art. 644 du *Code civil*, qui, par le sens de sa disposition, établit que personne ne peut se servir de l'eau *des fleuves et rivières navigables ou flottables*, soit pour l'irrigation de ses propriétés, soit pour tout autre usage. Par là se trouve annullée la disposition de la loi du 6 octobre 1791, qui autorisait les propriétaires, *en vertu du droit commun*, à faire des prises d'eau dans les fleuves et rivières, sans néanmoins en détourner ni en embarasser le cours d'une manière nuisible au bien général et à la navigation établie.)

« TITRE XXVIII, ART. 7. Les propriétaires des héritages aboutissant aux rivières navigables laisseront, le long des bords, vingt-quatre pieds au moins en largeur, pour chemin royal et traits de chevaux, sans qu'ils puissent planter arbres, ni tenir clôture ou haie plus près de trente pieds du côté où les bateaux se tirent, et dix pieds de l'autre bord, à peine de 500 liv. d'amende, confiscation des arbres, et d'être, les contrevenans, contraints à réparer et remettre les chemins en état à leurs frais. »

Arrêté du Directoire exécutif.

Du 13 nivôse an V (2 janvier 1797).

« ART. 1er. Les lois et réglemens de police sur le fait de la navigation et chemins de hallage, seront exécutés selon leur forme et teneur.

» ART. 2. (Même disposition que l'article 7, titre XXVIII de l'ordonnance de 1669 : *voir* ci-dessus.)

» ART. 3. Seront également tenus tous propriétaires d'héritages aboutissant aux rivières et ruisseaux flottables à bûches perdues, de laisser, le long des bords, quatre pieds (un mètre trois décimètres), pour le passage des employés à la conduite des flots, sous les peines portées par l'art. 2.

» Nul ne peut en détourner l'eau, ni en altérer le cours par fossés, tranchées, canaux, ou autrement, sous les mêmes peines.

» On ne peut non plus tirer du sable ou autres matériaux, à moins de six toises (onze mètres sept décimètres) des rivages. »

Il résulte, comme on voit, des termes dans lesquels est exprimée l'obligation imposée aux riverains par ces dernières dispositions, relativement à l'établissement du chemin de hallage, que cette obligation constitue simplement une servitude légale, et n'entraîne pas la cession à l'État du terrain sur lequel le chemin est formé : en sorte que si la rivière qu'il borde cessait d'être navigable ou flottable, le propriétaire rentrerait sans contestation dans la jouissance de cette partie de sa propriété.

Arrêté du Directoire exécutif sur les mesures à prendre pour assurer le libre cours des rivières, ou canaux navigables ou flottables.

Du 9 ventôse an VI (9 mars 1798).

« Vu 1°. les articles 42, 43 et 44 de l'ordonnance des eaux et forêts du mois d'août 1669, portant (*voir* ci-dessus pag. 228 et 229).

» 2°. L'article 2 de la loi du 22 novembre — 1ᵉʳ. décembre 1790, relative aux domaines nationaux, portant que les fleuves et rivières navigables, les rivages, lais et relais de la mer, et en général toutes les portions du territoire national qui ne sont pas susceptibles d'une propriété privée, sont considérées comme dépendances du domaine public.

» 3°. Le chapitre VI de la loi, en forme d'instruction, du 12-20 août 1790, qui charge les administrations de départemens, de rechercher et indiquer les moyens de procurer le libre cours des eaux, d'empêcher que les prairies ne soient submergées par la trop grande élévation des écluses des moulins, et par les autres ouvrages d'art établis sur les rivières ; de diriger enfin, autant qu'il sera possible, toutes les eaux de leur territoire vers un but d'utilité général d'après les principes de l'irrigation.

» 4°. L'article 10, titre III de la loi du 16 — 24 août 1790, sur l'organisation judiciaire, qui charge le Juge de Paix de connaître, entre particuliers, sans appel jusqu'à la valeur de 50 livres, et à charge d'appel, à quelque valeur que la demande puisse monter, des entreprises sur les cours d'eau servant à l'arrosement des prés, commises pendant l'année.

» 5°. L'article 4 de la Ire. section du titre Ier. de la loi du 6 octobre 1791, sur la police rurale, portant que nul ne peut se prétendre propriétaire exclusif des eaux d'un fleuve ou d'une rivière navigable ou flottable.

» 6°. Les articles 15 et 16 du titre II de la même loi, portant :

» Personne ne pourra inonder l'héritage de son voisin, ni lui transmettre volontairement les eaux d'une manière nuisible, sous peine de payer le dommage et une amende, qui ne pourra excéder la somme du dédommagement.

» Les propriétaires ou fermiers des moulins et usines construits ou à construire, seront garans de tous dommages que les eaux pourraient causer aux chemins ou aux propriétés voisines, par la trop grande élévation du déversoir ou autrement; ils seront forcés de tenir les eaux à une hauteur qui ne nuise à personne, et qui sera fixée par l'administration du département, d'après l'avis de l'administration du district; en cas de contravention, la peine sera une amende, qui ne pourra excéder la somme du dédommagement.

» 7°. La loi du 21 septembre 1792 portant que jusqu'à ce qu'il en ait été autrement ordonné, les lois non abrogées seront provisoirement exécutées.

» ..... Ordonne que les lois ci-dessus transcrites seront exécutées suivant leur forme et teneur et en conséquence arrête ce qui suit......

» Art. 9. Il est enjoint aux administrations centrales et municipales, et aux commissaires du directoire exécutif établis près d'elles, de veiller avec la plus sévère exactitude à ce qu'il ne soit établi par la suite aucun pont, aucune chaussée permanente ou mobile, aucune écluse ou usine, aucun batardeau, moulin, digue, ou autre obstacle quelconque au libre cours des eaux, dans les rivières navigables et flottables, dans les canaux d'irrigation ou de desséchemens généraux, sans en avoir préalablement obtenu la permission de l'administration centrale, qui ne pourra l'accorder que de l'autorisation expresse du directoire exécutif.

» Art. 10. Ils veilleront pareillement à ce que nul ne détourne le cours des eaux des rivières et canaux navigables ou flottables et n'y fasse des prises d'eau ou saignées pour l'irrigation des terres, qu'après y avoir été autorisés par l'administration centrale, et sans pouvoir excéder le niveau qui aura été déterminé.

» Art. 11. Les propriétaires de canaux de desséchemens particuliers ou d'irrigation ayant à cet égard les mêmes droits que la nation, il leur est réservé de se pourvoir en justice réglée pour obtenir la démolition de toutes usines, écluses, batardeaux pêcheries, gords, chaussées, plantations d'arbres, filets dormans ou à mailles ferrées, réservoirs, engins, lavoirs, abreuvoirs, prises d'eau et généralement de toutes constructions nuisibles au libre cours des eaux.

» Art. 12. Il est défendu aux administrations municipales de consentir à aucun établissement de ce genre dans les canaux de desséchement, d'irrigation ou de navigation, appartenant aux communes, sans l'autorisation formelle et préalable des administrations centrales.

» Art. 13. Il n'est rien innové à ce qui s'est pratiqué jusqu'à présent dans les canaux artificiels qui sont ouverts directement à la mer, et dans ceux qui servent à la fabrication des sels. »

Instruction sur l'exécution de l'art. 9 de l'arrêté précédent.

Du 19 thermidor an VI (6 août 1798).

« Toute personne qui désirera établir un pont, une chaussée permanente et mobile, une écluse, une usine, un batardeau, moulin, digue ou autre obstacle quelconque au libre cours des eaux, dans les rivières navigables et flottables, dans les canaux d'irrigation ou de desséchemens généraux, devra donner sa demande motivée au Préfet du département du lieu de l'établissement projeté. Le Préfet, après avoir examiné la pétition, en ordonnera le renvoi au Maire de la commune, à l'ingénieur ordinaire de l'arrondissement et à l'inspecteur de la navigation, par-tout où il y en aura d'établis. Le Maire aura à examiner les convenances locales et l'intérêt des propriétaires riverains, et afin d'obtenir à cet égard tous les renseignemens et de mettre les intéressés à même de former leurs réclamations, il ordonnera l'affiche, et fera afficher la pétition à la porte principale de la maison commune ; cette affiche devra demeurer posée pendant l'espace de deux décades, avec invitation aux citoyens qui auraient des observations à proposer, de les faire à la mairie dans lesdites deux décades, ou au plus tard dans les trois jours qui suivront l'expiration du délai de l'affiche.

» Le Maire y ajoutera ensuite ses observations, et indépendamment de la précaution ci-dessus indiquée, il ne négligera aucune des connaissances qu'il pourra acquérir par lui-même, soit par son transport sur les lieux, soit par la réunion des propriétaires des héritages riverains et de ceux des usines inférieures et supérieures, soit enfin par le concours des ingénieur et inspecteur, s'ils peuvent être réunis au Maire par le Sous-Préfet.

» Si l'ingénieur opère séparément, afin de le faire en plus grande connaissance de cause, il attendra l'expiration des délais indiqués et la formation des observations du Maire, qui lui seront remises, avec toutes les pièces, par le Sous-Préfet, auquel le Maire les aura adressées. Il examinera, par les règles de l'art, les inconvéniens ou les avantages de l'établissement, et pesera, sous ce rapport, la valeur des objections qui auront pu être faites. Lorsqu'il n'y aura pas d'inspecteur de la navigation dans l'arrondissement, il s'aidera des observations des mariniers instruits, sur l'effet que pourra produire, quant à l'action des eaux, l'établissement projeté, et prescrira la manière dont cet établissement devra se faire, ainsi que l'étendue et la proportion des vannes, écluses, déversoirs, etc. Il fera du tout un plan qu'il joindra à son rapport. La formation du plan sera aux frais de la partie requérante.

» L'inspecteur de la navigation se concertera, autant que possible, avec l'ingénieur ordinaire, qui, dans tous les cas, devra lui donner communication des pièces ; il examinera l'objet sous le rapport de la navigation, il pourra faire son rapport séparément ; cependant lorsque l'ingénieur et l'inspecteur seront d'accord, rien n'empêchera que la rédaction ne soit commune : dans ce dernier cas, il sera formé une double minute, dont l'une restera entre les mains de l'inspecteur, l'autre en celles de l'ingénieur. Toutes ces pièces seront remises au Sous-Préfet, qui les adressera au Préfet avec son avis.

» L'ingénieur en chef donnera son avis sur le rapport de l'ingénieur ordinaire.

» Quant à l'inspecteur de la navigation, soit qu'il opère seul ou divisément, il devra toujours adresser une expédition de son rapport au bureau de la navigation, indépendamment de celle qu'il remettra pour le Préfet.

» Aussitôt la clôture des visites et rapports, toutes les pièces seront remises au Préfet, pour former son arrêté motivé, lequel, par une disposition expresse, portera surséance d'exécution jusqu'à l'intervention de la sanction du Gouvernement.

» Conformément à l'arrêté du 29 floréal an VI, tous les arrêtés d'autorisation des Préfets devront contenir :

» 1°. L'obligation expresse aux ingénieurs de surveiller immédiatement l'exécution des travaux indiqués aux plans et devis ;

» 2°. Celle au concessionnaire de faire à ses frais, après les travaux achevés, constater leur état par un rapport de l'ingénieur, dont une expédition sera déposée aux archives de la Préfecture, et l'autre adressée au Ministre de l'intérieur ;

» 3°. D'insérer la clause expresse que, dans aucun temps, ni sous aucun prétexte, il ne pourra être prétendu indemnité, dommage ni dédommagement par les concessionnaires ou ceux qui les représenteront, par suite des dispositions que le Gouvernement jugerait convenable de faire pour l'avantage de la navigation, du commerce et de l'industrie, sur les cours d'eau où seront situés les établissemens.

» L'arrêté du Préfet étant formé, il sera adressé au Ministre de l'intérieur, pour, d'après examen, être homologué s'il y a lieu.

» Faute par le requérant de se conformer aux dispositions de l'arrêté de concession qu'il aura obtenu, l'autorisation sera révoquée, et les lieux remis au même état où ils étaient auparavant, à ses frais. Il en sera usé de même dans le cas où le concessionnaire, après avoir exécuté fidèlement les conditions qui lui auront été imposées, viendrait, par la suite, à former quelque entreprise sur le cours d'eau, ou changer l'état des lieux sans s'y être fait autoriser.

» Les mêmes règles que celles ci-dessus prescrites pour les nouveaux établissemens, auront lieu toutes les fois qu'on voudra changer de place les anciens, ou y faire quelque innovation importante. On observera de plus, à l'égard de ceux-ci, d'examiner les titres de jouissance, pour connaître si ces titres se trouvent avoir été confirmés d'après la discussion qui doit en être faite, en exécution des dispositions de l'arrêté du 19 ventôse. »

Loi

Du 14 floréal an XI (4 mai 1803).

« Art. 1er. Il sera pourvu au curage des canaux et rivières non navigables, et à l'entretien des digues et ouvrages qui y correspondent, de la manière prescrite par les anciens réglemens ou d'après les usages locaux.

» Art. 2. Lorsque l'application des réglemens ou l'exécution du mode consacré par l'usage éprouvera des difficultés, ou lorsque des changemens survenus exigeront des dispositions nouvelles, il y sera pourvu par le Gouvernement dans un réglement d'administration publique, rendu sur la proposition du Préfet du département, de manière que la quotité de la contribution de chaque imposé soit toujours relative au degré d'intérêt qu'il aura aux travaux qui devront s'effectuer.

» Art. 3. Les rôles de répartition des sommes nécessaires au paiement des travaux d'entretien, réparation ou reconstruction, seront dressés sous la surveillance du Préfet, rendus exécutoires par lui, et le recouvrement s'en opérera de la même manière que celui des impositions publiques.

» Art. 4. Toutes les contestations relatives au recouvrement de ces rôles, aux réclamations des individus imposés, et à la confection des travaux, seront portées devant le Conseil de préfecture, sauf le recours au Gouvernement, qui décidera en Conseil d'État. »

Loi

Du 16 septembre 1807.

« Art. 33. Lorsqu'il s'agira de construire des digues à la mer, ou contre les fleuves, rivières et torrens navigables ou non navigables, la nécessité en sera constatée par le Gouvernement, et la dépense supportée par les propriétés protégées dans la proportion de leur intérêt aux travaux, sauf les cas où le Gouvernement croirait utile et juste d'accorder des secours sur les fonds publics.

» Art. 34. Les formes précédemment établies et l'intervention d'une commission seront appliquées à l'exécution du présent article.

» Lorsqu'il y aura lieu de pourvoir aux dépenses d'entretien ou de réparation des mêmes travaux, au curage des canaux qui sont en même temps de navigation et de desséchement, il sera fait des réglemens d'administration publique, qui fixeront la part contributive du Gouvernement et des propriétaires. Il en sera de même lorsqu'il s'agira de levées, de barrages, de pertuis, d'écluses, auxquels des propriétaires de moulins et d'usines seraient intéressés.

» Titre II, art. 48. Lorsque, pour exécuter un desséchement, l'ouverture d'une nouvelle navigation, un pont, il sera question de supprimer des moulins et autres usines, de les déplacer, modifier, ou de réduire l'élévation de leurs eaux, la nécessité en sera constatée par les ingénieurs des ponts et chaussées. Le prix de l'estimation en sera payé par l'État, lorsqu'il entreprend les travaux; lorsqu'ils seront entrepris par des concessionnaires, le prix d'estimation sera payé avant qu'ils puissent faire cesser le travail des moulins et usines.

» Il sera d'abord examiné si l'établissement des moulins et usines est légal, ou si le titre d'établissement ne soumet pas les propriétaires à voir démolir leur établissement sans indemnité, si l'utilité publique le requiert.

» Art. 49. Les terrains nécessaires pour l'ouverture des canaux et rigoles de desséchement, des canaux de navigation........., seront payés à leurs propriétaires et à dire d'experts, d'après leur valeur avant l'entreprise des travaux, et sans nulle augmentation du prix d'estimation. »

Décret

Du 22 janvier 1808.

« Art. 1er. Les dispositions de l'article 7, titre XXVIII de l'ordonnance de 1669, sont applicables à toutes les rivières navigables de l'empire, soit que la navigation y fût établie à cette époque, soit que le Gouvernement se soit déterminé depuis ou se détermine aujourd'hui à les rendre navigables.

» Art. 2. En conséquence les propriétaires riverains, en quelque temps que la navigation ait été ou soit établie, sont tenus de laisser le passage pour le chemin de hallage.

» Art. 3. Il sera payé aux riverains des fleuves ou rivières où la navigation n'existait pas et où elle s'établira, une indemnité proportionnée au dommage qu'ils éprouveront, et cette indemnité sera évaluée conformément aux dispositions de la loi du 16 septembre dernier. (*Voir* ci-dessus.)

» Art. 4. L'Administration pourra, lorsque le service n'en souffrira pas, restreindre la largeur des chemins de hallage, notamment quand il y aura antérieurement des clôtures en haies vives, murailles ou travaux d'art, ou des maisons à détruire. »

Si les réglemens qui viennent d'être rapportés prescrivent aux riverains de laisser, le long des rivières *navigables* et *flottables*, le marche-pied nécessaire aux besoins de la navigation et du flottage, cette obligation subsiste à l'égard des canaux qui ont le même caractère; mais quant aux dérivés ou bras de ces canaux ou rivières, qui ne sont eux-mêmes ni navigables ni flottables, on doit reconnaître que le marche-pied cesse d'être exigible, dès qu'il n'a plus d'objet.

Code civil.

« Art. 556. L'alluvion * profite au propriétaire,

* C'est le terrain délaissé par l'eau quand elle change de cours; il faut la distinguer de l'atterrissement qui se forme au milieu des fleuves ou des rivières et qui est propriété publique.

soit qu'il s'agisse d'un fleuve ou d'une rivière navigable, flottable ou non, à la charge, dans le premier cas, de laisser le marche-pied ou chemin de hallage.

» Art. 644. Celui dont la propriété borde une eau courante, autre que celle qui est déclarée dépendance du domaine public par l'art. 538, au titre *De la distinction des biens* (*voir* au chap. III, section III, pag. 131), peut s'en servir à son passage pour l'irrigation de ses propriétés.

» Celui dont cette eau traverse l'héritage peut même en user dans l'intervalle qu'elle y parcourt; mais à la charge de la rendre, à la sortie de ses fonds, à son cours ordinaire.

» Art. 650. Celles (*les servitudes*) établies pour l'utilité publique ou communale ont pour objet le marche-pied le long de rivières navigables ou flottables, la construction ou réparation des chemins et autres ouvrages publics ou communaux.

» Tout ce qui concerne cette espèce de servitude est déterminé par des lois et réglemens particuliers. »

Il peut arriver qu'un propriétaire ait besoin, pour fertiliser son terrain, de faire une prise d'eau sur quelques ruisseaux des rues de la commune. Dans ce cas, le Conseil municipal délibère et peut accorder sous l'approbation du Préfet, l'autorisation demandée, soit à titre gratuit, soit moyennant une indemnité envers la commune; mais à charge par le propriétaire de faire les travaux qu'exige la concession, et sous la réserve des droits et actions des tiers intéressés. (*Jurisprudence ministérielle.*)

APPENDICE AU CHAPITRE III.

Prohibitions.

L'ordonnance du Bureau des finances de Paris, du 29 mars 1754, celle du 17 juillet 1781, ont indiqué les anciennes règles maintenues en vigueur relativement à l'établissement des carrières aux abords des grandes routes.

Nous croyons utile de rapporter en outre l'arrêt du Conseil, du 5 avril 1772, cité dans le dernier de ces actes, et qui, en reproduisant le réglement du 14 mars 1741, forme la principale disposition de la législation ancienne sur le point dont il s'agit.

Arrêt du Conseil d'Etat,

Du 5 avril 1772.

« Art. 1ᵉʳ. Aucune carrière de pierre de taille, moëllon, grès et autres fouilles pour tirer de la marne, glaise ou sable, ne pourra être ouverte qu'à trente toises de distance du pied des arbres plantés au long des grandes routes, et aucune fouille ou galerie souterraine ne pourra être poussée à une moindre distance desdites plantations ou des bords extérieurs desdites routes, conformément à l'arrêt du Conseil du 14 mars 1741.

» Art. 2. Les propriétaires ou entrepreneurs desdites carrières ne pourront ouvrir aucun passage entre les arbres et sur les fossés desdites routes, sans en avoir obtenu une permission expresse et par écrit *de l'autorité compétente*, et ladite permission ne leur sera accordée que sur la soumission qu'ils donneront de se conformer aux dispositions suivantes :

» Art. 3. Aux endroits indiqués pour former lesdits passages, le fossé sera comblé jusqu'à la hauteur des berges, dans la largeur de douze pieds seulement, et par-dessus il sera fait un bout de pavé partant de la bordure du pavé du grand chemin, et avançant dans la campagne jusqu'à six pieds au-delà des arbres ; à l'extrémité dudit bout de pavé, il sera planté deux bornes de pierre ; et sur le pavé, au milieu du fossé, il sera fait un cassis ou une pierrée, ou aqueduc au-dessous, suivant l'exigence des cas, pour l'écoulement des eaux.

» Art. 4. Lesdits ouvrages seront construits et entretenus par les entrepreneurs des routes, aux dépens des propriétaires et entrepreneurs des carrières, et ce tant que lesdites carrières continueront d'être exploitées.

» Art. 5. Lesdits ouvrages seront payés aux entrepreneurs des routes, conformément aux devis et états de répartition qui auront été dressés pour lesdites constructions par *les ingénieurs des ponts et chaussées*, visés par *le Préfet*, et lesdits paiemens seront faits par lesdits propriétaires ou entrepreneurs des carrières, dans le délai d'un mois après la réception desdits ouvrages.

» Il est défendu à tous voituriers de pierres, moëllons, grès et autres matériaux provenant des carrières, de se frayer d'autres passages pour aborder les grands chemins, que ceux qui auront été ainsi disposés pour leur usage, à peine de cinq cents livres d'amende et de confiscation desdits matériaux, desquelles amendes ils seront tenus solidairement avec les propriétaires et entrepreneurs desdites carrières; comme aussi de toute dégradation arrivée par leur fait aux berges, fossés, plantations et accottemens desdites routes. »

Autre arrêt du Conseil d'État,

Du 23 décembre 1690.

« Il est défendu à toutes personnes de faire aucune ouverture de carrière dans l'étendue et aux reins des forêts nationales, sans permission expresse, à peine de mille francs d'amende.

» Et aux agens forestiers de le souffrir, à peine de destitution et de tous dommages et intérêts. »

Une loi particulière sur les mines, minières et carrières, du 21 avril 1812, détermine les règles relatives à cette partie de l'administration publique. (*Bulletin* 285.)

Les dispositions de police concernant leur exploitation sont détaillées dans un décret du 3 janvier 1813. (*Bulletin* 467.)

Il a été statué spécialement sur l'exploitation des carrières, plâtrières, glaisières, sablonnières, marnières et crayères, dans les départemens de la Seine et de Seine-et-Oise, par deux autres décrets du 22 mars 1813. (*Bulletins* 492 et 496.)

Enfin, une ordonnance royale, du 21 octobre 1814, a approuvé un réglement spécial pour l'exploitation des marnières et crayères dans les départemens de la Seine et de Seine-et-Oise. (*Bulletin* 61.)

Il résulte des dispositions générales de ces divers actes, que nul ne peut, à peine d'amende, ouvrir de carrières, plâtrières, glaisières, sablonnières, marnières et crayères, ni dans son propre terrain, ni dans un terrain par lui tenu à titre précaire, sans en avoir demandé et obtenu la permission.

La demande de cette permission doit être adressée au Sous-Préfet de l'arrondissement où est situé le terrain à exploiter, accompagnée d'un plan de ce terrain et des renseignemens nécessaires sur son étendue, la nature de la masse, son épaisseur, la profondeur où elle se trouve, et enfin le mode d'exploitation qu'on se propose d'employer.

Un décret du 15 octobre 1810 (*Bulletin* 323), confirmé par une ordonnance royale du 14 janvier 1815 (*Bulletin* 76), indique les formalités qui sont exigées pour l'établissement des manufactures et ateliers qui répandent des odeurs insalubres ou incommodes.

Ces établissemens sont divisés en trois classes :

La première comprend ceux qui doivent être éloignés des maisons d'habitation;

La seconde, les ateliers dont l'éloignement n'est pas indispensable, mais à l'égard desquels il importe d'être assuré que l'exploitation aura lieu de manière à ne pas incommoder les habitations du voisinage ;

Dans la troisième sont placés les établissemens qui peuvent rester sans inconvéniens dans les lieux habités, mais qui demeurent toutefois soumis à la surveillance de la police.

Les premiers ne peuvent être formés qu'en vertu d'une ordonnance du Roi.

Ceux de la seconde classe seront autorisés par les Préfets, sur l'avis des Sous-Préfets,

Et ceux de la troisième par les Sous-Préfets, sur l'avis des Maires dans les campagnes ; à Paris, par le Préfet de police, et par les Maires dans les autres villes. (Art. 2 et 8 du décret de 1810.)

Les attributions données aux Préfets et aux Sous-Préfets sont exercées par le Préfet de police dans le département de la Seine et dans les communes de Meudon, Saint-Cloud et Sèvres. (Art. 4 de l'ordonnance de 1815.)

FIN DE LA PREMIÈRE PARTIE.

SECONDE PARTIE.

RÉGLEMENS PARTICULIERS

A LA VILLE DE PARIS.

CHAPITRE PREMIER.

SECTION PREMIÈRE.

§ Ier. *De la compétence des autorités.*

Bien que la ville de Paris exigeât en quelques points des règles particulières pour ce qui concerne la voirie, en raison de son importance et des besoins d'une grande population; néanmoins les principes qui régissent la matière sont toujours les mêmes : les conditions auxquelles l'usage de la propriété individuelle est soumis, sont ici plus impérieuses et plus étendues; mais elles sont fondées sur la même loi, savoir, l'utilité publique. Il n'est d'ailleurs dérogé en rien aux règles générales présentées dans la première partie, et qui s'appliquent à la ville de Paris comme aux autres villes du royaume.

Nous avons donné, au commencement de cet ouvrage, une idée de l'organisation de la voirie de Paris avant la révolution. Le Bureau des finances était, comme on l'a vu, l'autorité chargée de cette partie de l'administration publique, en même temps qu'il était juge des matières contentieuses, en première instance. Quatre officiers créés par un édit du mois de mars 1693, avec le titre de conseillers du Roi commissaires généraux de la voirie, remplissaient auprès de cette autorité les fonctions de rapporteurs sur les affaires de toute nature soumises à sa décision; ils étaient chargés de la surveillance relative à l'exécution des réglemens généraux et des décisions particulières rendues par le Bureau des finances, et connaissaient, concurremment avec les officiers de la police du Châtelet, des cas de périls imminens. (*Voir* les déclarations des 18 juillet 1729 et 18 août 1730, au chap. III, section Ire., pag. 80.)

Dans l'état actuel de la législation, les fonctions anciennement attribuées aux Trésoriers de France de la Généralité de Paris, en ce qui concerne la voirie de la ville, sont divisées entre les deux magistrats chargés de l'administration et de la police. Le Préfet du département a dans ses attributions ce qu'on nomme à Paris la *grande voirie;* c'est-à-dire le pouvoir de faire exécuter les alignemens, de délivrer les permissions de bâtir sur la voie publique, de poursuivre la répression des contraventions aux lois et réglemens relatifs aux bâtimens en général; il est, en un mot, chargé de tout ce qui ne fait pas partie des fonctions du Préfet de police en cette matière, ainsi qu'elles sont déterminées par l'arrêté du Gouvernement, du 12 messidor an VIII, dont suit l'extrait:

Section III. *Police municipale. — Petite voirie.*

» Art. 21. Le Préfet de police sera chargé de tout ce qui a rapport à la petite voirie, sauf le recours au Ministre de l'intérieur contre ses décisions.

» Il aura, à cet effet, sous ses ordres un commissaire chargé de surveiller, permettre ou défendre

» L'ouverture des boutiques, étaux de boucheries et de charcuterie, l'établissement des auvens ou constructions du même genre qui prennent sur la voie publique;

» L'établissement des échoppes ou étalages mobiles,

» D'ordonner la démolition ou réparation des bâtimens menaçant ruine.

» *Salubrité de la cité.* Art. 23. Il assurera la salubrité de la ville en faisant enfouir les cadavres des animaux morts, surveiller les fosses vétérinaires, la construction, entretien et vidange des fosses d'aisance. »

Le Conseil de préfecture connaît des contraventions relatives à la grande voirie, en vertu de l'usage qui assimile les rues de Paris aux grandes routes. Il prononce aussi dans certains cas de petite voirie ; mais cette exception n'est fondée sur aucune loi.

En principe, les infractions aux réglemens dont l'exécution est confiée au Préfet de police doivent être poursuivies judiciairement et punies d'après les § 1er, 3 et 5 de l'art. 3 de la loi du 24 août 1790, l'art. 5 de la même loi, les art. 600 et suivans du *Code des délits et des peines*; les § 3, 4, 5 et 6 de l'art. 471 du *Code pénal*.

(*Voir*, pour l'appel des jugemens et les formes du pourvoi, au chap. IV, sections I et II, p. 167 et 189.)

§ II. *Des alignemens.*

C'est, comme il vient d'être dit, le Préfet du département qui délivre les alignemens pour la construction des bâtimens suivant les plans arrêtés ; des commissaires-voyers sont chargés de les tracer sur place et de veiller à ce que les travaux s'exécutent conformément aux permissions. Quatre architectes portant le titre d'inspecteurs généraux de la voirie surveillent les opérations des commissaires, et s'assemblent avec eux pour examiner et discuter, comme bureau consultatif, les questions contentieuses qui s'élèvent concernant l'application des réglemens et sur lesquelles le Préfet prononce, sauf le recours au Ministre de l'intérieur.

Ordonnance du Prévôt de Paris ou son lieutenant civil, pour la police générale et réglement de la voirie.

Du 22 septembre 1600.

« Art. 1ᵉʳ. Défenses sont faites et réitérées à tous maçons, charpentiers, menuisiers et autres ouvriers, artisans, de ne faire à l'avenir aucuns bâtimens, pans de mur, jambes étrières ou autres édifices sur les rues, chemins et voies de ladite ville de Paris, faubourgs et banlieue, sans avoir, au préalable, pris l'alignement du voyer ou de son commis.

» Art. 2. Et quant aux alignemens des encoignures des rues étant en et au-dedans de l'étendue desdits lieux, ils seront pris par ledit voyer en présence de nous et du procureur du Roi, comme il a été de tous temps observé.

» Art. 3. Pareilles défenses sont faites auxdits maçons, charpentiers, menuisiers et tous autres ouvriers, de ne mettre, asseoir, maçonner et attacher au-devant des maisons aucune avance sortant hors-œuvre ou ouvrant sur rue et voirie depuis le rez-de-chaussée en amont, sans avoir aussi pris permission et alignement...... pour les hauteurs et saillies d'icelles.

» Art. 4. Comme aussi semblables défenses sont faites à tous lesdits maçons, charpentiers, menuisiers et tous autres artisans, de n'innover aucune chose au devant desdites maisons et autres lieux où il y a saillies ou pans de bois, iceux réédifier ni faire aucun ouvrage en icelles qui les puisse conforter, conserver ou soutenir, ni faire aucun encorbellement en avance pour porter aucun mur, pan de bois ou autre chose en saillie et porter à faux sur lesdites rues : ains faire le tout continuer à plomb depuis le rez-de-chaussée tout contremont.

» Art. 5. Semblables défenses sont faites à tous les susdits ouvriers de n'excéder, n'outre-passer ès avances qu'ils feront sur la voirie, les hauteurs et longueurs portées et contenues par les permissions et alignemens qui leur seront baillées par écrit...... le tout à peine de cinquante écus d'amende et de prison contre les contrevenans, et de pouvoir........ abattre et démolir ce qui se trouvera avoir été fait et entrepris contre et au préjudice de ce que dessus.

(*Voir* l'édit de décembre 1607, qui a confirmé et généralisé les dispositions ci-dessus, chap. II, section Ire.)

Déclaration du Roi concernant les alignemens et ouvertures de rues dans Paris.

Du 10 avril 1783.

« Art. 1ᵉʳ. Ordonnons qu'à l'avenir et à compter du jour de l'enregistrement de la présente déclaration, il ne puisse être, sous quelque prétexte que ce soit, ouvert et formé en la ville et faubourgs de Paris aucune rue nouvelle qu'en vertu des lettres-patentes que nous aurons accordées à cet effet, et que lesdites rues nouvelles ne puissent avoir moins de trente pieds de largeur. Ordonnons pareillement que toutes les rues dont la largeur est au-dessous de trente pieds, soient élargies successivement, au fur et à mesure de la reconstruction des maisons et bâtimens situés sur lesdites rues.

» Art. 2. En conséquence, il sera incessamment procédé par les Commissaires généraux de la voirie, à la levée des plans de toutes les rues de la ville et faubourgs de Paris, dont il n'en a point encore été dressé ; et à l'égard de celles dont il a déjà été levé des plans déposés au greffe de notre Bureau des finances, il sera seulement procédé au récolement d'iceux pour, sur la représentation qui nous sera faite de tous lesdits plans, être par nous réglé l'élargissement à donner à l'avenir à toutes les rues.

» Art. 3. Faisons expresses inhibitions et défenses à tous propriétaires, architectes, entrepreneurs, maçons, charpentiers et autres, d'entreprendre ni encommencer aucune construction ou reconstruction quelconque de murs de face sur rue, sans, au préalable, avoir déposé au greffe de notre Bureau des finances le plan desdites constructions et reconstructions, et avoir obtenu des officiers dudit Bureau les alignemens et permissions nécessaires, lesquelles ne pourront être accordées qu'en conformité des plans par nous arrêtés.....

» Art. 4. Chacun des propriétaires de maisons, bâtimens et murs de clôture situés sur les rues, sera tenu de contribuer aux frais des plans ordonnés ci-dessus, au prorata des toises de face de sa propriété.

» Art. 5. La hauteur des maisons et bâtimens en la ville et faubourgs de Paris, autres que les édifices publics, sera et demeurera fixée; savoir, dans les rues de trente pieds de largeur et au-dessus, à soixante pieds lorsque les constructions seront faites en pierres et moëllons, et à quarante-huit pieds seulement lorsqu'elles seront faites en pans de bois; dans les rues depuis vingt-quatre jusques et y compris vingt-neuf pieds de largeur, à quarante-huit pieds, et dans toutes les autres rues à trente-six pieds seulement, le tout y compris les mansardes, attiques, toits et autres constructions quelconques au-dessus de l'entablement : ordonnons en conséquence que les maisons et bâtimens dont l'élévation excède celle ci-dessus fixée, y seront réduites lors de leur reconstruction. (*Voir* à la suite les lettres-patentes du 25 août 1784, qui ont fixé une proportion différente pour les hauteurs des maisons.

Ce dernier article semble impliquer contradiction avec l'art. 1er., qui veut que les rues soient toutes portées à la largeur de *trente* pieds, d'où il suit qu'il est inutile de déterminer pour l'avenir des hauteurs proportionnées à des voies plus étroites. On doit donc en conclure que cette dernière disposition, de même que celle qui y correspond dans le réglement de 1784, ne statue que jusqu'au moment où toutes les rues auront atteint leur *minimum* de largeur.)

» Art. 6. Faisons défenses à tous propriétaires, charpentiers, maçons et autres, de construire et adapter aux maisons et bâtimens situés en la ville et faubourgs de Paris, aucun autre bâtiment en saillie et porte-à-faux sous quelque prétexte que ce soit; enjoignons aux propriétaires et locataires des maisons où il a été adapté de pareilles saillies, soit en maçonnerie ou en charpente, de les supprimer et démolir dans un mois, à compter du jour de l'enregistrement de la présente déclaration.

» Art. 7. Ceux qui contreviendront à l'exécution de la présente déclaration, soit en perçant quelques nouvelles rues, soit en élevant leurs maisons au-dessus des hauteurs ci-dessus déterminées, ou en y adaptant des bâtimens en saillie et porte-à-faux, soit en ne se conformant point aux alignemens qui leur seront donnés, seront condamnés, quant aux propriétaires, en trois mille livres d'amende, applicables à l'hôpital général, les ouvrages démolis, les matériaux confisqués et les places réunies à notre domaine; et à l'égard des maîtres maçons et autres ouvriers, en mille livres d'amende, applicables comme dessus, et déchus de leur maîtrise sans pouvoir être rétablis par la suite..... »

(Ce système de pénalité a été entièrement changé par la nouvelle législation. *Voir*, à cet égard, les observations contenues au chap. IV de la Ire. Partie. Il en est de même de l'affectation du produit de l'amende, *idem*, pages 165 et 181).

Lettres-patentes du Roi, concernant la hauteur des maisons de la ville et faubourgs de Paris.

Du 25 août 1784.

« Art. 1er. Ordonnons qu'à l'avenir la hauteur des façades des maisons et bâtimens, en la ville et faubourgs de Paris, autre que celle des édifices publics, sera et demeurera fixée à raison de la largeur des différentes rues; savoir, dans les rues de trente pieds de largeur et au-dessus, à cinquante-quatre pieds; dans les rues depuis vingt-quatre jusques et y compris vingt-neuf pieds de largeur, à quarante-cinq pieds; et dans toutes celles au-dessous de vingt-trois pieds de largeur, à trente-six pieds; le tout mesuré du pavé des rues jusques et compris les corniches ou entablemens, même les corniches des attiques, ainsi que la hauteur des étages en mansardes, qui tiendraient lieu desdits attiques. Voulons que les façades ci-dessus fixées ne puissent jamais être surmontées que d'un comble, lequel aura dix pieds d'élévation du dessus des corniches ou entablemens jusqu'à son faîte, pour les corps de logis simples en profondeur; de quinze pieds, pour les corps de logis doubles : défendons d'y contrevenir sous les peines portées par notre déclaration du 10 avril 1783.

» Art. 2. Permettons à tous propriétaires de maisons et bâtimens situés à l'encoignure de deux rues d'inégale largeur, de les reconstruire en suivant, du côté de la rue la plus étroite, la hauteur fixée pour la rue la plus large ; et ce, dans l'étendue seulement de la profondeur du corps de bâtiment, ayant face sur la plus grande rue, soit que ledit corps de bâtiment soit simple ou double en profondeur, passé laquelle étendue, la partie restante de la maison ayant façade sur la rue la moins large, sera assujettie aux hauteurs fixées par l'article précédent.

» Art. 3. Ordonnons, au surplus, que notre déclaration du 10 avril 1783 sera exécutée selon sa forme et teneur, en ce qui n'y est pas dérogé. »

Un arrêté du directoire exécutif, du 13 germinal an V, avait chargé le Ministre de l'intérieur du soin de régler les alignemens dans Paris : en conséquence, les plans particuliers de chaque rue, sur lesquels les projets des nouveaux alignemens avaient été tracés, étaient successivement arrêtés par de simples décisions ministérielles ; mais la loi du 16 septembre 1807, et l'avis du Conseil d'État du 3 septembre 1811, changèrent cette disposition par les motifs indiqués dans cet avis ainsi conçu :

« Considérant que, conformément à l'article 52 de la loi du 16 septembre 1807, le Conseil de Sa Majesté ne peut autoriser des acquisitions *pour l'ouverture de nouvelles rues, pour l'élargissement des anciennes, ou pour tout autre objet d'utilité publi-*

que, que pour les communes dont les projets *auront été arrêtés en Conseil d'Etat.*

» Le Conseil est d'avis : 1°. que le Ministre de l'intérieur soit invité, avant de proposer à Sa Majesté un projet d'acquisition de maisons ou terrains nécessaires à l'embellissement ou à l'utilité, soit de la ville de Paris, soit de toute autre ville ou commune du royaume, à faire précéder cette demande, soit du plan des alignemens déjà arrêtés légalement, s'il y a lieu, soit d'un projet du plan d'alignement, pour ledit plan être arrêté en Conseil d'État, en exécution de l'article 52 de la loi du 16 septembre 1807.

» 2°. Que pour la ville de Paris spécialement, il est important de mettre de la régularité dans les alignemens qui sont quelquefois donnés maison par maison, et sans système général ; et qu'à cet effet, le Préfet du département de la Seine, dans les attributions duquel est ce travail, doit faire présenter, dans le plus court délai, au Ministre de l'intérieur le plan des alignemens et, autant qu'il se pourra, des nivellemens pour la ville de Paris, et que pour faire jouir plus tôt ses habitans des avantages et de la sécurité qui en résulteront, ce plan soit présenté successivement et par quartier, quand la chose sera possible, pour, sur le rapport du Ministre de l'intérieur, y être statué par Sa Majesté aux termes dudit article 52.

» 3°. Que le présent soit inséré au *Bulletin des lois.* »

En conséquence, la ville de Paris est rentrée dans la règle commune. Le Ministre de l'intérieur a remis au Préfet le soin de préparer le travail des alignemens et de proposer les projets que réclament l'utilité publique et l'intérêt local. Il est statué sur les plans partiels dans les mêmes formes que pour les plans d'alignement des villes. (*Voir* au chap. II, sect. II de la Ire. Partie.)

§ III. *Des saillies.*

Cette partie de la voirie est commune au Préfet de la Seine et au Préfet de police; c'est-à-dire que les saillies fixes, telles que balcons, pilastres, avant-corps, entablemens, etc., sont censées dépendre de la grande voirie, tandis que les échoppes, les étalages, les auvens, les enseignes et toutes les saillies qui, bien que fixes par elles-mêmes, ne font pas partie intégrante des constructions, appartiennent à la petite voirie. Cette classification est fondée sans doute sur ce que les premières, une fois établies conformément aux conditions prescrites, n'intéressant point la viabilité des rues, présentent une solidité qui dispense de toute surveillance ultérieure; tandis que les secondes, pouvant, par leur chute ou par l'excès de leurs dimensions, compromettre la sûreté publique, ou gêner la circulation, appellent plus particulièrement l'attention de l'autorité, et sous ce rapport doivent être soumises à l'action de la police.

On n'entend pas, au surplus, parler ici des bâtimens en saillie sur les alignemens arrêtés, et à l'égard desquels il n'y a rien à ajouter aux observations contenues dans le second chapitre de la première Partie.

Les anciens réglemens qui ont déterminé l'espèce et les dimensions des saillies permises, ainsi que les droits dus pour les permissions, sont en très-grand nombre : nous nous bornerons à rappeler ici les principales.

Déclaration du Roi portant réglement pour les fonctions et droits des officiers de la voirie.

Du 16 juin 1693.

« Voulons que, conformément aux édits, arrêts et réglemens de la voirie, et de l'édit du mois de mars dernier *, tous les alignemens soient donnés par nos Trésoriers de France, dont les opérations seront faites par nos Commissaires généraux, pour lesquelles nous leur avons attribué, pour alignement de chacune maison, la somme de six livres, sans que pour une jambe étrière, commune entre deux maisons, ils puissent prendre ni percevoir qu'un seul droit d'alignement, à peine de concussion.

» Faisons défenses à tous particuliers, maçons et ouvriers, de faire démolir, construire ou réédifier, aucuns édifices ou bâtimens, élever aucuns pans de bois, balcons ou auvens cintrés, établir travaux de maréchaux, poser pieux ou barrières, étaies ou étrésillons, sans avoir pris les alignemens et per-

---

* Qui a nommé quatre Commissaires généraux de la voirie.

missions de nosdits Trésoriers de France, à peine contre les contrevenans, de vingt livres d'amende, pour lesquelles permissions d'apposition d'étaies, pieux, barrières, travaux de maréchaux et auvens cintrés, il sera payé auxdits Commissaires de la voirie, cinq livres.

» Toutes permissions ou congés pour apposition des objets ci-après :

Abat-jours,
Appuis de boutiques,
Auvens,
Barreaux,
Bouchons,
Bornes,
Cages,
Châssis à verres saillans,
Comptoirs,
Contre-vents ouvrant en dehors,
Dos-d'âne,
Échoppes,
Enseignes,
Établis,
Étalages,
Étaux,
Eviers,
Fermeture de croisée ou de soupirail ouvrant sur la rue,
Huis de cave,
Marches,
Montans,
Montoirs à cheval,
Montres,
Pas,
Portes,
Plafonds,
Perches,
Rateliers,
Seuils,
Siéges,
Tableaux,

et autres choses formant avances sur la voie publique, seront accordées par nosdits Commissaires de la voirie; et pour chacune permission, il leur sera payé quatre livres, ensemble pour les boutiques et échoppes posées de neuf, des savetiers, revendeuses, tripières, bouquetières, vendeuses de sel, de morue, salines, et pour chacune desquelles boutiques et échoppes, il leur sera payé pareil droit de quatre livres, quoiqu'il y en ait eu de posées auparavant. Et pour le rétablissement des choses ci-dessus exprimées, par caducité ou autrement ou changement d'icelles, il ne leur sera payé que demi-droit de quarante sous ; et pareil droit pour les petits auvens et pour les appuis saillans mis sur les croisées ou fenêtres. Défendons pareillement à tous nosdits sujets de faire mettre et poser les choses ci-dessus, qu'au préalable ils n'aient pris desdits Commissaires la permission et payé les droits, à peine de dix livres d'amende. Ne seront toutefois les choses ci-dessus exprimées, soit qu'elles soient posées de neuf ou rétablies, sujettes auxdits droits, si elles n'excèdent le nu et le corps des murs ou pans de bois, sur lesquels elles seront attachées ou posées.

Ordonnance du Bureau des finances, portant règlement sur les saillies et étalages.

Du 1er. avril 1697.

« ... Faisons pareillement défenses à tous particuliers, propriétaires, maçons, charpentiers et autres, de faire ni faire faire aucuns ouvrages qui puissent conserver ou conforter les saillies, traverses * et avances sur rues, voies et places publi-

---

* Plusieurs décisions récentes du Ministre de l'intérieur ont, conformément à cette disposition, défendu la construction de ponts ou communications transversales sur les rues même à l'égard d'établissemens publics importans, à Paris et dans d'autres villes.

ques, construire aucun nouveau bâtiment, mur de clôture et autres édifices, élever ni construire aucun pan de bois, ni même rétablir aucune maison, mur de clôture, jambe d'encoignure ou étrière sur les rues et voies publiques, sans au préalable en avoir pris la permission et l'alignement de nous, à peine de démolition et de vingt livres d'amende.....

» Faisons aussi défenses à tous particuliers, propriétaires ou locataires de maisons, menuisiers, charpentiers et autres ouvriers, de faire ni faire faire aucuns balcons, avant-corps, travail ou auvent de maréchal, ni auvent cintré ou forme ronde au devant de leurs maisons et boutiques, qu'après avoir pris notre permission, en conséquence du consentement des deux propriétaires voisins, ou iceux préalablement ouïs où il échet, aussi à peine de démolition, confiscation des matériaux et de pareille amende; et s'il convient de mettre des consoles sous lesdits auvens cintrés, elles ne pourront descendre plus bas qu'à dix pieds de rez-de-chaussée, à peine de démolition..... »

L'ordonnance dont il vient d'être donné un extrait, et qui reproduit celle du 26 octobre 1666 (*voir* la suite au chap. II, ci-après), a rappelé l'exécution des dispositions antérieures sur les saillies: des lettres-patentes du 22 octobre 1733 ont confirmé le tarif du 16 juin 1693, précédemment rapporté ; une autre ordonnance des Trésoriers de France, du 14 décembre 1725, a déterminé les dimensions à observer pour tous les objets de petite voirie : tous ces actes ont été rappelés et remis en vigueur par lettres-patentes du 31 décembre 1781. Enfin, un décret du 27 octobre 1808 a établi un nouveau tarif des droits à percevoir : dans ces droits sont compris les épices, les vacations et les taxes que levaient autrefois le Bureau des finances et les Commissaires généraux.

On a contesté la légalité de cette fixation; mais comme elle ne change rien à ce qui existait, sinon que l'on acquitte aujourd'hui entre les mains de l'Administration ce qui se payait autrefois comme honoraires aux agens de la voirie, il n'y a réellement aucun sujet valable de contestation sur ce point.

L'ordonnance royale, du 24 décembre 1823, a établi de nouvelles règles quant aux dimensions et au système de construction des avances sur la voie publique susceptibles d'être autorisées. On trouvera réuni dans ce nouveau réglement ce qui concerne les attributions du Préfet du département, et celles du Préfet de police en matière de saillies.

Nous rapporterons d'abord le dispositif du décret du 27 octobre 1808, ainsi que le tarif annexé à ce décret et qui est provisoirement maintenu :

« Art. 1er. A compter du 1er. juillet prochain, les droits dus dans la ville de Paris, d'après les anciens réglemens sur le fait de la voirie pour les délivrances d'alignemens, permissions de construire ou réparer, et autres permis de toute espèce, qui se requièrent en grande ou en petite voirie, seront perçus conformément au tarif joint au présent décret.

» Art. 2. La perception de ces droits sera faite à la Préfecture du département, pour les objets de grande voirie, et à la Préfecture de police, pour les objets de petite voirie, par le secrétaire général de chacune de ces administrations, à l'instant même qu'il délivrera les expéditions des permis accordés.

» Art. 3. Il sera tenu dans chacune des deux Préfectures, 1°. un registre à souche, où seront inscrites, sous une seule série de numéros pour le même exercice, les minutes desdits permis, et d'où se détacheront les expéditions à en délivrer; 2°. un registre de recette, où s'inscriront, jour par jour, les recouvremens opérés.

» Ces deux registres seront cotés et paraphés par les Préfets, chacun pour ce qui concerne son administration.

» Art. 4. Le versement des sommes recouvrées s'effectuera de quinze jours en quinze jours, à la caisse du receveur municipal de la ville de Paris.

» Art. 5. Il sera, de plus, adressé audit receveur, dans les dix premiers jours de chaque mois, et par chacun des Préfets pour son administration, un bordereau indicatif des permis accordés dans le mois précédent, du montant des droits dus pour chacun, du recouvrement qui en a été fait ou qui reste à faire.

» Art. 6. A l'envoi du bordereau prescrit par l'article ci-dessus, seront jointes les expéditions de permis qui se trouveraient n'avoir pas encore été retirées par les demandeurs, et dont les droits resteraient à acquitter. Le receveur de la ville en poursuivra le recouvrement dans les formes usitées en matière de contribution directe.

» Art. 7. Il ne sera rien perçu en sus des droits portés au tarif, ou pour autres causes que celles y énoncées, même sous prétexte de droit de quittance, frais de timbre ou autres, à peine de concussion. »

TARIF POUR LA GRANDE VOIRIE.

DÉNOMINATION ET TARIF des DROITS A PERCEVOIR.	f. c.	DÉNOMINATION ET TARIF des DROITS A PERCEVOIR.	f. c.
Alignement pour chaque mètre de longueur de face ; savoir,		Colonnes engagées en pierre formant support, droit fixe pour chaque 5 centimètres de saillie en pierre. (*Tolérées par l'ordonnance royale du 24 décembre 1823.*)	
d'un bâtiment dans une rue de moins de 8 mètres de large.	5 00		
de 8 mètres jusqu'à 10.	6 00		
de 10 et au-dessus.	7 00		
d'un mur de clôture.	1 00	Colonnes isolées en pierre, droit fixe. (*Même observation qu'à l'article précédent.*)	
d'une clôture provisoire en planches.	0 25		
Réparations partielles. (*Voy.* Jambe étrière, Pied-droit, etc.)		Contre-fiches pour constructions et réparations, droit fixe.	5 00
Avant-corps en pierre, et pilastres (*Voyez* Colonnes), droit fixe pour chaque.	10 00	Dosserets, droit fixe.	10 00
		Encorbellement pour chaque 5 centimètres de saillie.	5 00
Balcon (Petit) avec construction nouvelle pour chaque croisée.	5 00	Entablement avec échafaud, droit fixe.	10 00
		Idem, en partie.	5 00
Balcon (Grand), pour chaque mètre de longueur.	10 00	Etaies ou Étrésillons. (*V.* Contre-fiches.)	5 00
		Exhaussement d'un bâtiment aligné, droit fixe.	10 00
Barrières au-devant des fouilles, cour, constructions et réparations.	5 00	d'un bâtiment non aligné. (*V.* Alignement.)	
Bâtimens (*V.* Alignem.)		Jambe étrière recons-	

DÉNOMINATION ET TARIF des DROITS A PERCEVOIR.	f. c.	DÉNOMINATION ET TARIF des DROITS A PERCEVOIR.	f. c.
truite en la face d'une maison alignée, droit fixe............	10 00	Pilastres en pierre. (*Tolérés par l'ordonnance royale du 24 décembre 1823.*) *Voyez* Colonnes.)	
Jambe étrière à reconstruire suivant l'alignement. (*Voyez* Alignement.)		Poitrail, droit fixe....	10 00
Linteau..........	10 00	*Idem*..........	10 00
Mur. (*V.* Alignement.)		Réparation en la face d'un bâtiment. (*Voyez* Alignement.)	
Ouverture ou percement de boutiques ou croisées............	10 00	Ravalement avec échafaud, droit fixe....	10 00
Pan de bois neuf, droit fixe, non compris l'alignement.........	20 00	*Idem*, partiel.......	5 00
		Tour creuse ou enfoncement...........	10 00
Idem pour rétablissement partiel, droit fixe...	10 00	Tour ronde, ne sera plus autorisée........	Mém.
Pied-droit à reconstruire en la face d'une maison alignée, droit fixe...	10 00	Trumeaux à reconstruire en la face d'une maison alignée, droit fixe...	10 00
Idem à reconstruire suivant l'alignement. (*V.* Alignement.)		*Idem*, à reconstruire suivant l'alignement. (*V.* Alignement.)	

TARIF POUR LA PETITE VOIRIE.

DÉNOMINATION ET TARIF des DROITS A PERCEVOIR.	f. c.	DÉNOMINATION ET TARIF des DROITS A PERCEVOIR.	f. c.
Abat-jour............	4 00	rue pour bâtir. (*Voyez* Pieux.)	
Abat-vent des boutiques.	4 00	Colonnes engagées en menuiserie, et parement de décorations.....	20 00
Appui à demeure, compris les soubassemens...........	4 00	Colonnes isolées.....	20 00
Appui sur les croisées ou fenêtres..........	2 00	Comptoirs ou établis mobiles.............	4 00
Appui mobile.......	4 00	Conduites ou tuyaux de plomb pour conduire les eaux des maisons..	4 00
Auvent ordinaire en menuiserie..........	4 00	Contre-fiches à placer en cas de péril......	5 00
Auvent (Petit) au-dessus des croisées......	2 00	Contrevent ou fermeture de boutiques et croisées............	4 00
Auvens cintrés en plâtre, avec fer et fentons...	12 50	Corniches en bois....	4 00
Baldaquins........	50 00	Corniches en plâtre....	10 00
Balcons (Petits) ou balustres aux fenêtres sans construction nouvelle.	2 00	Cuvettes. (*Voyez* Conduite.).........	4 00
Banc.............	4 00	Degrés.(*Voy.* Marches.)	4 00
Bannes...........	4 00	Devanture de boutique en menuiserie.....	25 00
Barreaux de boutiques et de croisées.......	4 00	Dos-d'âne ou étalage.(*V.* Etaux.).........	4 00
Barres de support...	4 00	Échoppes sédentaires ou demi-sédentaires....	10 00
Barrière au-devant des maisons..........	50 00	Échoppes mobiles....	4 00
Barrière au-devant des démolitions pour cause de péril..........	5 00	Enseignes. (*Voyez* Tableau.)..........	4 00
Bornes appuyées contre le mur, en quelque nombre qu'elles soient.	4 00	Établis. (*V.* Comptoirs.)	4 00
		Etaies ou étrésillons. (*V.* Contre-fiches.)	
Bornes isolées......	4 00	Étalages...........	4 00
Bouchons de cabarets, ou couronnes........	4 00	Étaux de boucher....	4 00
Bustes formant étalage..		Éviers et gargouilles...	4 00
Cadran. (*Voy.* Tableau.)	4 00	Fermetures de boutiques. (*Voyez* Portes.)....	4 00
Cage. (*Voyez* Etalage.)			
Changement de menuiserie des croisées...	4 00	Fermetures de croisées fixées. (*Voy.* Châssis.	00
Chardons de fer ou herses.	4 00	Gargouilles d'éviers. (*V.* Éviers.).........	4 00
Châssis à verre, sédentaires ou mobiles...	4 00		
Clôture ou fermeture de		Grilles de boutiques ou	

DÉNOMINATION ET TARIF des DROITS A PERCEVOIR.	f. c.	DÉNOMINATION ET TARIF des DROITS A PERCEVOIR.	f. c.
de croisées. (*V*. Barreaux.).........	4 00	Poêles ou tuyaux de poêle..........	4 00
Grilles de cave........	4 00	Portes ouvrant en dehors.	4 00
Herses ou chardons de fer. (*Voy*. Chardons.).	4 00	Potence de fer ou en bois.	4 00
		Poulies...........	4 00
Jalousies. (*Voy*. Châssis de verre.).........	4 00	Seuil............	4 00
		Siège de pierre ou de bois.	4 00
Marches, pour chaque..	5 00	Soubassemens......	5 00
s'il n'y en a qu'une...	4 00	Stores...........	4 00
Montre ou étalage....	4 00	Tableau servant d'enseigne...........	4 00
Moulinet de boulanger..	4 00		
Perches, pour chacune.	10 00	Tapis d'étalage. (*Voyez* Étalage.)........	4 00
Perron............	50 00		
Pieux pour barrer les rues.	25 00	Tuyaux de poêle. (*Voyez* Poêle.).........	4 00
Pilastres en bois.....	4 00		
Plafonds..........	4 00	Volets servant d'enseigne.	4 00

Ordonnance du Roi contenant réglement sur les saillies dans la ville de Paris.

Du 24 décembre 1823.

« Vu l'ordonnance du Bureau des finances de Paris, du 14 décembre 1725, portant détermination des saillies à permettre dans cette ville ;

» Vu les lettres-patentes du 22 octobre 1733, concernant les droits de voirie ;

» Vu les lettres-patentes du 31 décembre 1781, ordonnant l'exécution de différens réglemens relatifs à la voirie de Paris ;

» Vu le décret du 27 octobre 1808 :

» Sur le compte qui nous a été rendu des accidens multipliés arrivés dans notre bonne ville de

Paris par la chute d'entablemens, de corniches et d'auvens en plâtre, et de la difformité, des embarras et des dangers que présente la saillie démesurée des devantures de boutiques, tableaux, enseignes, étalages, bornes et autres objets placés au-devant des murs de face des maisons;

» Considérant qu'il est indispensable de prendre des mesures promptes et efficaces, afin de prévenir de nouveaux malheurs et de remédier aux abus qui se sont introduits par suite de l'inexécution des anciens réglemens,

» Notre Conseil d'État entendu, nous avons ordonné, etc. :

» TITRE Ier. *Dispositions générales.*

» ART. 1er. Il ne pourra à l'avenir être établi sur les murs de face des maisons de notre bonne ville de Paris aucune saillie autre que celles déterminées par la présente ordonnance.

» ART. 2. Toute saillie sera comptée à partir du nu du mur au-dessus de la retraite.

» TITRE II. *Dimensions des saillies.*

» ART. 3. Aucune saillie ne pourra excéder les dimensions suivantes :

» SECTION Ire. *Saillies fixes.*

» Pilastres et colonnes en pierre. .

» Dans les rues au-dessous de huit mètres de largeur. . . . . » ^{m}. o3^c.

» Dans les rues de huit à dix mètres de largeur. . . . . » 04

» Dans les rues de douze mètres de largeur et au-dessus. . . . . » 10

» (Lorsque les pilastres et les colonnes auront une épaisseur plus considérable que les saillies permises, l'excédant sera en arrière de l'alignement de la propriété, et le nu du mur de face formera arrière-corps à l'égard de cet alignement, toutefois les jambes étrières ou boutisses devront toujours être placées sur l'alignement.

» Dans ce cas, l'élévation des assises de retraite sera réglé à partir du sol :

» Dans les rues de dix mètres de largeur et au-dessous, à quatre-vingt centimètres.

» Dans celles de dix à douze mètres de largeur, à un mètre.

» Dans celles de douze mètres et au-dessus, à un mètre quinze centimètres).

» Grands balcons. . . . . »^{m}. 80^c.

» Herses, chardons, artichauts et fraises. . . . . » 80

» Auvens de boutiques. . . . . » 80

» Petits auvens au-dessus des croisées. » 25

» Bornes dans les rues, au-dessous de dix mètres de largeur. . . . . » 50

» *Idem*, dans les rues de dix mètres et au-dessus. . . . . » 80

» Bancs de pierre au côté des portes des maisons. . . . . » 60

» Corniches en menuiserie sur boutiques. » 50

» Abat-jour de croisées dans la partie la plus élevée. . . . . » 33

» Moulinets de boulangers et poulies. » 50

» Petits balcons, y compris l'appui des m.   c.
croisées. . . . . »   22
  » Seuils, socles. . . . . »   22
  » Colonnes isolées en menuiserie. . »   16
  » Colonnes engagées en menuiserie . »   16
  » Pilastres en menuiserie. . . . . . . »   16
  » Barreaux et grilles de boutiques. . »   16
  » Appui de boutique. . . . . »   16
  » Tuyau de descente ou d'évier. . . »   16
  » Cuvettes. . . . . »   16
  » Devanture de boutique, toute es-
pèce d'ornemens compris.   16
  » Tableaux, enseignes, bustes, reliefs,
montres, attributs, y compris les bor-
dures, supports et points d'appui. . . »   16
  » Jalousies. . . . . »   16
  » Persiennes ou contre-vents. . . . »   11
  » Appuis de croisées. . . . . »   08
  » Barres de supports. . . . . »   08
  » (Les paremens de décorations au-dessus du rez-
de-chaussée n'auront que l'épaisseur des bois appli-
qués au mur.)
  » SECTION II. *Saillies mobiles.*
  » Lanternes ou transparens avec po-
tence. . . . . »^m· 75 ^c·
  » Lanternes ou transparens en forme
d'applique. . . . . »   22
  » Tableaux, écussons, enseignes, montres, étalages, attributs, y compris les
supports, bordures, crochets, et points
d'appui. . . . . »   16

» Appuis de boutiques, y compris les barres et crochets. . . . . »   m. 16   c.

» Volets, contre-vents ou fermetures de boutiques. . . . . »   16

» Art. 4. Les saillies déterminées par l'article précédent pourront être restreintes suivant les localités.

» Titre III. *Dispositions relatives à chaque espèce de saillie.*

» Section Ire. *Barrières au devant des maisons.*

» Art. 5. Il est défendu d'établir des barrières fixes au devant des maisons et de leurs dépendances, quelles qu'elles puissent être, tant dans les rues et places, que sur les boulevarts, à moins qu'elles ne soient reconnues nécessaires à la propreté, et qu'elles ne gênent point la circulation.

» La saillie de ces barrières ne pourra, dans aucun cas, excéder un mètre et demi.

» Art. 6. Les propriétaires auxquels il aura été accordé la permission d'établir des barrières, seront obligés de les maintenir en bon état.

» Section II. *Bancs, pas, marches, perrons, bornes.*

» Art. 7. Il ne sera permis de placer des bancs au-devant des maisons, que dans les rues de dix mètres de largeur et au-dessus. Ces bancs seront en pierre, ne dépasseront pas l'alignement de la base des bornes, et seront établis, dans toute leur longueur, sur maçonnerie pleine et chanfreinée.

» Art. 8. Il est défendu de construire des perrons en saillie sur la voie publique.

» Les perrons actuellement existans seront supprimés autant que faire se pourra, lorsqu'ils auront besoin de réparations.

» Il ne sera accordé de permissions que pour les pas et marches, lorsque les localités l'exigeront. Ces pas et marches ne pourront dépasser l'alignement de la base des bornes. En cas d'insuffisance de cette saillie, le propriétaire rachètera la différence du niveau, en se retirant sur lui-même. Néanmoins les propriétaires des maisons riveraines des boulevarts intérieurs de Paris, pourront être autorisés à construire des perrons au-devant desdites maisons, s'il est reconnu qu'ils soient absolument nécessaires, et que les localités ne permettent pas aux propriétaires de se retirer sur eux-mêmes.

» Ces perrons, quelle qu'en soit la forme, ne pourront, sous aucun prétexte, excéder un mètre de saillie tout compris, ni approcher à plus d'un mètre de distance de la ligne extérieure des arbres de la contre-allée.

» Art. 9. Il est permis d'établir des bornes aux angles saillans des maisons formant encoignure de rues; mais lorsque ces encoignures seront disposées en pan coupé de soixante centimètres au moins et d'un mètre au plus de largeur, une seule borne sera placée au milieu du pan coupé.

» Section III. *Grands balcons.*

» Art. 10. Les permissions d'établir de grands balcons ne seront accordées que dans les rues de dix mètres de largeur et au-dessus, ainsi que dans les places ou carrefours, et ce d'après une enquête *de commodo et incommodo*.

» S'il n'y a point d'opposition, les permissions seront délivrées. En cas d'opposition, il sera statué par le Conseil de préfecture, sauf le recours au Conseil d'État.

» Dans aucun cas, les grands balcons ne pourront être établis à moins de six mètres du sol de la voie publique.

» Le Préfet de police sera toujours consulté sur l'établissement des grands et des petits balcons.

» Section. IV. *Constructions provisoires, échoppes.*

» Art. 11. Il pourra être permis de masquer par des constructions provisoires ou des appentis tout renfoncement entre deux maisons, pourvu qu'il n'ait pas au-delà de huit mètres de longueur, et que sa profondeur soit au moins d'un mètre. Ces constructions ne devront, dans aucun cas, excéder la hauteur du rez-de-chaussée, et elles seront supprimées dès qu'une des maisons attenantes subira retranchement.

» Il est permis de masquer par des constructions légères, en forme de pan coupé, les angles de toute espèce de retranchement au-dessus de huit mètres de longueur, mais sous la même condition que ci-dessus pour leur établissement et leur suppression.

» Le Préfet de police sera toujours consulté sur les demandes formées à cet effet.

» Art. 12. Il est expressément défendu d'établir des échoppes en bois, ailleurs que dans les angles et renfoncemens hors de l'alignement des rues et places.

» Toutes les échoppes existantes qui ne sont point conformes aux dispositions ci-dessus, seront supprimées lorsque les détenteurs actuels cesseront de les occuper, à moins que l'autorité ne juge nécessaire d'en ordonner plutôt la suppression.

» Section V. *Auvens et corniches des boutiques.*

» Art. 13. Il est défendu de construire des auvens et corniches en plâtre au-dessus des boutiques. Il ne pourra en être établi qu'en bois, avec la faculté de les revêtir extérieurement de métal; toute autre manière de les couvrir est prohibée.

» Les auvens et corniches en plâtre actuellement établis au-dessus des boutiques ne pourront être réparés. Ils seront démolis lorsqu'ils auront besoin de réparations et ne seront rétablis qu'en bois.

» Section VI. *Enseignes.*

» Art. 14. Aucuns tableaux, enseignes, montres, étalages et attributs quelconques, ne seront suspendus, attachés ni appliqués, soit aux balcons, soit aux auvens; leurs dimensions seront déterminées au besoin par le Préfet de police, suivant les localités.

» Il pourra néanmoins être placé sous les auvens des tableaux ou plafonds en bois, pourvu qu'ils soient posés dans une direction inclinée.

» Tout étalage formé de pièces d'étoffes disposées en draperies et guirlandes et formant saillie est interdit au rez-de-chaussée.

» Il ne pourra descendre qu'à trois mètres du sol de la voie publique.

» Tout crochet destiné à soutenir les viandes en étalage devra être placé de manière à ce que les viandes ne puissent excéder le nu des murs de face ni faire aucune saillie sur la voie publique.

» Section VII. *Tuyaux de poêle et de cheminée.*

» Art. 15. A l'avenir et pour toutes les maisons de construction nouvelle, aucun tuyau de poêle ne pourra déboucher sur la voie publique.

» Dans l'année de la publication de la présente ordonnance, les tuyaux de poêle crêtés, et autres, qui débouchent actuellement sur la voie publique, seront supprimés, s'il est reconnu qu'ils peuvent avoir une issue intérieure. Dans le cas où la suppression ne pourrait avoir lieu, ces mêmes tuyaux seraient élevés jusqu'à l'entablement avec les précautions nécessaires pour assurer leur solidité et empêcher l'eau rousse de tomber sur les passans.

» Art. 16. Les tuyaux de cheminée en maçonnerie et en saillie sur la voie publique seront démolis et supprimés lorsqu'ils seront en mauvais état ou que l'on fera de grosses réparations dans les bâtimens auxquels ils sont adossés.

» Les tuyaux de cheminée en tôle, en poterie et en grès ne pourront être conservés extérieurement sous aucun prétexte.

» Section VIII. *Bannes.*

» Art. 17. La permission d'établir des bannes ne sera donnée que sous la condition de les placer à trois mètres au moins au-dessus du sol dans sa partie la plus basse, de manière à ne pas gêner la circulation. Leurs supports seront horizontaux. Elles n'auront de joues qu'autant que les localités le permettront et les dimensions en seront déterminées par l'autorité.

» Les bannes devront être en toile ou en coutil et ne pourront, dans aucun cas, être établies sur châssis.

» La saillie des bannes ne pourra excéder un mètre cinquante centimètres.

» Dans l'année, de la publication de la présente ordonnance, toutes les bannes qui ne seront pas conformes aux conditions exigées plus haut seront changées, réduites ou supprimées.

» SECTION IX. *Perches.*

» ART. 18. Les perches et étendoirs des blanchisseuses, teinturiers, dégraisseurs, couverturiers, etc., ne pourront être établis que dans des rues écartées et peu fréquentées et après une enquête *de commodo et incommodo*, sur laquelle il sera statué comme il a été dit en l'art. 10 ci-dessus.

» SECTION X. *Eviers.*

» ART. 19. Les éviers pour l'écoulement des eaux ménagères seront permis sous la condition expresse que leur orifice extérieur ne s'élèvera pas à plus d'un décimètre au-dessus du pavé de la rue.

» SECTION XI. *Cuvettes.*

» ART. 20. A l'avenir et dans toutes les maisons de construction nouvelle, il ne pourra être établi en saillie sur la voie publique aucune espèce de cuvette pour l'écoulement des eaux ménagères des étages supérieurs.

» Dans les maisons actuellement existantes, les cuvettes placées en saillie seront supprimées lorsqu'elles auront besoin de réparations, s'il est reconnu qu'elles peuvent être rétablies à l'intérieur. Dans le cas contraire, elles seront disposées, autant que faire se pourra, de manière à recevoir les eaux intérieurement, et garnies de hausses pour prévenir le déversement des eaux et toute éclaboussure au-dessous.

» Section XII. *Constructions en encorbellement.*

» Art. 21. A l'avenir il ne sera permis aucune construction en encorbellement, et la suppression de celles qui existent aura lieu toutes les fois qu'elles seront dans le cas d'être réparées.

» Section XIII. *Corniches et entablemens.*

» Art. 22. Les entablemens et corniches en plâtre au-dessus de seize centimètres de saillie seront prohibées dans toutes les constructions en bois.

» Il ne sera permis d'établir des corniches ou entablemens de plus de seize centimètres de saillie qu'aux maisons construites en pierres ou moëllons, sous la condition que ces corniches seront en pierres de taille ou en bois et que la saillie n'excédera, dans aucun cas, l'épaisseur du mur à sa sommité.

» On pourra permettre des corniches ou entablemens en bois sur les pans de bois.

» Les entablemens ou corniches des maisons actuellement existantes qui auront besoin d'être reconstruits en tout ou en partie, seront réduits à la saillie de seize centimètres, s'ils sont en plâtre, et ne pourront excéder en saillie l'épaisseur du mur à sa sommité, s'ils sont en pierres ou en bois.

» Section XIV. *Gouttières saillantes.*

» Art. 23. Les gouttières saillantes seront supprimées en totalité dans le délai d'une année, à partir de la publication de la présente ordonnance.

» Il ne sera perçu aucun droit de petite voirie pour les tuyaux de descente qui seront établis en remplacement des gouttières saillantes supprimées dans ce délai.

» Section XV. *Devantures de boutiques.*

» Art. 24. Les devantures de boutiques, montres, bustes, reliefs, tableaux, enseignes et attributs fixes, dont la saillie excède celle qui est permise par l'article 3 de la présente ordonnance seront réduites à cette saillie, lorsqu'il y sera fait quelques réparations.

» Dans aucun cas, les objets ci-dessus désignés qui sont susceptibles d'être réduits, ne pourront subsister, les devantures de boutiques au-delà de neuf années et les autres objets au-delà de trois années, à compter de la publication de la présente ordonnance.

» Les établissemens du même genre qui sont mobiles seront réduits dans l'année.

» Seront supprimées dans le même délai toutes saillies fixes placées au-devant d'autres saillies.

» Art. 25. Il n'est point dérogé aux dispositions des anciens réglemens concernant les saillies ni au décret du 13 août 1810 concernant les auvens des spectacles et de l'esplanade des boulevarts, en tout ce qui n'est pas contraire à la présente ordonnance. »

§ IV. *De la police des constructions.*

Il existait avant la révolution une juridiction spéciale pour la police des constructions, connue sous le nom de *Chambre des bâtimens*, dont les réglemens subsistent encore aujourd'hui. Cette juridiction, créée par saint Louis en 1268, n'était alors exercée que par le maître maçon du Roi, et le fut, depuis 1645, alternativement par trois officiers qualifiés de maîtres généraux des bâtimens du Roi, ponts et chaussées de France, et gardes de la juridiction royale des bâtimens. Ils connaissaient des contraventions aux règles de l'art de bâtir et jugeaient, sur les rapports des experts et maîtres maçons, qu'ils avaient pouvoir de commettre à cet effet, des abus et malversations auxquels les travaux de bâtimens pouvaient donner lieu, ainsi que des différens qui survenaient entre les propriétaires et les entrepreneurs. Les tailleurs de pierres, plâtriers et autres ouvriers exerçant des métiers analogues à la maçonnerie, étaient soumis à leur surveillance. Ils recevaient à la maîtrise les compagnons maçons; enfin, toutes les affaires qui concernaient la discipline des maîtres maçons, ainsi que l'observation des statuts de la communauté leur étaient déférées, en vertu d'un arrêt du parlement du 29 juillet 1662. Leurs jugemens étaient sujets à l'appel devant la même cour.

Les maîtres généraux des bâtimens étaient appelés et consultés, dans certains cas de voirie, par les Trésoriers de France, qui recevaient leur serment et auxquels ils étaient subordonnés.

Les réglemens qu'ils nous ont laissés et qui ont été maintenus en vigueur, seront ci-après rapportés.

Ordonnance de police sur les pignons et pans de bois.

Du 18 août 1667.

« Faisons défenses aux propriétaires de faire faire aucune pointe de pignon, forme ronde ou carrée.

» Enjoignons aux propriétaires de faire couvrir à l'avenir les pans de bois de latte, clous et plâtre tant en dedans qu'en dehors, en telle manière qu'ils soient en état de résister au feu, le tout à peine de cent cinquante livres d'amende. »

Autre ordonnance du Châtelet sur la construction des cheminées.

Du 26 janvier 1672.

« ART. 1ᵉʳ. Ordonnons qu'à l'avenir, tant aux bâtimens qu'en tout rétablissement de maisons, il sera fait des enchevêtures au-dessous de tous âtres de foyers de cheminées, de quelque grandeur que puissent être lesdites cheminées et maisons où elles seront faites.

» ART. 2. Que pour lesdits âtres et foyers, il sera laissé quatre pieds d'ouverture au moins et trois pieds de profondeur depuis le mur jusqu'au chevêtre qui portera les solives.

» ART. 3. Qu'il y aura six pouces de recouvrement de toute part, tant auxdits chevêtres qu'aux solives d'enchevêture, et que pour soutenir ledit recouvrement, les chevêtres et solives d'enchevêtures seront garnis suffisamment de chevilles de fer de six à sept pouces de longueur et de clous de bateaux : en sorte qu'après le recouvrement il puisse rester, pour les tuyaux des cheminées, du moins trois pieds d'ouverture dans œuvre, et neuf à dix pouces de largeur aux tuyaux aussi dans œuvre.

» Art. 4. Seront faites pareilles enchevêtures dans tous les étages, à l'endroit des tuyaux de cheminées de quatre pieds d'ouverture, à la réserve néanmoins de la profondeur, qui ne sera que de seize pouces seulement depuis le mur jusqu'au chevêtre, et lequel chevêtre sera recouvert de plâtre de cinq à six pouces : en sorte qu'il se trouve toujours neuf à dix pouces audit tuyau.

» Art. 5. Que les languettes des cheminées qui seront faites de plâtre auront deux pouces et demi d'épaisseur au moins en toute leur élévation.

» Art. 6. Qu'en tous bâtimens neufs seront laissés des moëllons sortant du mur pour faire liaison des jambages des cheminées, et où ils ne pourraient être laissés, seront employés des clous de fer hachés à chaud, de longueur au moins de neuf pouces et ne seront pour ce employés, tant auxdits bâtimens neufs qu'aux rétablissemens, aucunes chevilles ou fentons en bois.

...... Enjoignons en outre très-expressément à tous propriétaires ou locataires de maisons de faire tenir nettes les cheminées des lieux qu'ils habitent à peine de cent livres d'amende contre ceux qui se trouveront habiter les maisons ou chambres dans les cheminées desquelles le feu aura pris à faute d'avoir été nettoyées, encore qu'aucun autre accident ne s'en fût suivi. »

L'édit de décembre 1607 rapporté au chapitre II, section Ire de la première Partie, proscrivait les pans de bois d'une manière absolue. « Défendons, y est-il dit, de permettre qu'il soit fait aucunes saillies, avances et *pans de bois.* »

Cette prohibition a été modifiée par l'édit du 16 juin 1693 et d'autres réglemens subséquens, qui se sont bornés à exiger la demande d'une permission pour les constructions de ce genre.

Jugement du maître général des bâtimens sur les murs en fondation.

Du 29 octobre 1685.

» Tous les murs en fondations depuis le bon et solide fond jusqu'au rez-de-chaussée des rues ou cours, seront construits avec moëllons et libages de bonne qualité bien ébouzinés, les lits et joints piqués et élevés d'arrase et liaison jusqu'au rez-de-chaussée, lesquels murs en fondation seront maçonnés avec chaux et sable et d'épaisseur suffisante pour l'élévation qu'il y aura au-dessus, observant d'y mettre des parpins et boutisses le plus qu'il se pourra.

» Il est pareillement ordonné que le mortier soit fait et composé de bon sable graveleux, dans lequel mortier il entrera les deux tiers de sable et l'autre tiers de chaux éteinte.

» Les murs qui seront élevés au-dessus du rez-de-chaussée avec moëllons et mortier de chaux et sable, seront de pareille qualité que ceux des fondations ci-dessus, en y observant les retraites ou empattemens au rez-de-chaussée ainsi qu'il est d'usage.

» Ainsi le mur de fondation qui aura deux pieds (soixante-cinq centimètres) d'épaisseur, portera au rez-de-chaussée un mur de dix-huit pouces (quarante-neuf centimètres), lequel sera posé au milieu de l'épaisseur du premier, de manière à laisser déborder celui-ci de trois pouces (quatre-vingt-dix-huit millimètres) de chaque côté. Il ne sera fait ni construit de gros murs en fondations maçonnés avec plâtre.

» Quant aux murs que l'on construira avec moëllons et plâtre au-dessus du rez-de-chaussée, on observera de même de piquer et tailler les moëllons par assises et liaisons, ainsi qu'aux murs faits avec moëllons et mortier de chaux et sable, vulgairement appelés de *limozinerie*, dont le plâtre que l'on emploiera à la construction desdits murs sera passé au crible ou panier. Défense d'en user autrement à l'avenir, à peine d'amende contre les ouvriers contrevenans, et de démolition de leurs ouvrages.

» Et pour plus grande solidité auxdits murs élevés en plâtre au-dessus du rez-de-chaussée, on posera au-dessus dudit rez-de-chaussée une ou deux assises de pierres de bonne qualité, et principalement aux murs de pignon. »

Réglement du maître général des bâtimens.

Du 1er. juillet 1712.

« Ordonnons qu'à l'avenir dans la construction de tous les bâtimens, les entrepreneurs, ouvriers et autres qui se trouveront employés, seront tenus, à l'égard de la maçonnerie qui se fera sur les pans de bois, outre la latte qui doit s'y mettre de quatre pouces suivant les réglemens, d'y mettre des clous de charrettes, de bateaux et chevilles de fer, en quantité et enfoncés suffisamment pour soutenir les entablemens, plinthes, corps, avant-corps et autres saillies.

» Pour les murs de face des bâtimens qui se construiront avec moëllons et plâtre ou mortier de chaux et sable, outre les moëllons en saillie dans lesdites plinthes et entablemens, aussi suivant les réglemens, ils seront pareillement tenus d'y mettre des fentons de fer aussi en quantité suffisante pour soutenir lesdites plinthes et entablemens, corps et avant-corps et autres saillies.

» Et quant aux bâtimens qui se construiront en pierres de taille, les entablemens porteront le parpin du mur outre la saillie; et au cas que la saillie de l'entablement soit si grande qu'elle puisse emporter la bascule du derrière, ils seront tenus d'y mettre des crampons de fer pour les retenir dans le mur de face au-dessous.

» Le tout à peine contre chacun des contrevenans, entrepreneurs abusant et mésusant de l'art de la maçonnerie, de demeurer garans et responsables, en leurs propres et privés noms, des dommages et intérêts des parties, sans préjudice de plus grande peine si le cas y échéait. »

Un autre réglement, du 28 avril 1719, reproduit la disposition ci-dessus relative aux pans de bois.

Autre réglement sur les pans de bois.

Du 13 octobre 1724.

« Il est défendu à tous architectes, entrepreneurs, maçons, charpentiers, et autres ouvriers travaillant à la construction des maisons et bâtimens, même aux propriétaires faisant travailler à la journée, de faire construire aucuns pans de bois sur rue et autres endroits, sans que les poteaux formant lesdits pans de bois ne soient ruellés, tamponnés et espacés plus de neuf à dix pouces (vingt-cinq à vingt-sept centimètres) d'entrevous et lattés avec lattes de cœur de chêne de trois pouces en trois pouces (huit centimètres). »

Ordonnance de police concernant les gouttières saillantes *

Du 13 juillet 1764.

« ART. 1 et 2. (*Voir* la Section XIV de l'ordonnance royale du 24 décembre 1823 ci-dessus, concernant les saillies.)

* Cet objet, comme intéressant la commodité de la voie publique, rentre dans les attributions du Préfet de police ; il a été classé ici pour ordre, comme se rattachant à la construction des bâtimens.

» Art. 3. Disons qu'à l'avenir tous ceux qui voudront se servir de gouttières ou de conduits pour recevoir les eaux pluviales de leurs maisons, seront tenus de les appliquer le long des murs, depuis le toit jusqu'au niveau du pavé des rues, et de les construire de manière qu'elles n'aient que quatre pouces en saillie du nu du mur.

» Art. 4. Pourront, les propriétaires des maisons employer, pour lesdits tuyaux ou conduits, les matières qu'ils jugeront à propos, soit plomb, fer ou cuivre, bois ou grès, à la charge de faire recouvrir en plâtre les tuyaux de bois ou de grès dont ils se serviront. »

Ordonnance de police sur la reconstruction des maisons faisant encoignures, les écriteaux, les gouttières, les âtres et manteaux de cheminées.

Du 1er. septembre 1779.

L'art. 1er. de cette ordonnance défend de reconstruire les maisons formant encoignures de rues, places, carrefours et autres voies, sans avoir pris les permissions et alignemens nécessaires.

Les art. 2 et 3 obligent les propriétaires de ces maisons à placer dans le mur, à l'endroit où doit être inscrit le nom de la rue, une table en pierre de liais d'une dimension déterminée. Le même article indique la forme dans laquelle l'inscription doit être disposée : ces moyens ont changé, mais l'obligation subsiste toujours à l'égard des propriétaires, relativement à ce qui se pratique aujourd'hui.

Les art. 4 et 5 reproduisent les dispositions ci-dessus rapportées touchant les gouttières saillantes.

« Art. 6. Faisons très-expresses inhibitions et défenses à tous propriétaires, architectes, entrepreneurs, maîtres-maçons, charpentiers et autres ouvriers, de construire ou faire construire à l'avenir aucuns manteaux de cheminées en bois, ni aucuns tuyaux de cheminées adossés contre des cloisons de charpenterie, de poser des âtres de cheminées sur les solives des planchers, et de placer aucune pièce de bois dans les tuyaux de cheminées, lesquels ils construiront de manière que les enchevêtrures et les solives soient à la distance de trois pieds des gros murs.

» Ordonnons que les tuyaux de cheminées auront toujours, et dans tous les cas, dix pouces de largeur et deux pieds et demi de longueur, ou du moins deux pieds un quart dans les petites pièces, à moins qu'il ne soit question de réparer d'anciens bâtimens; auquel cas, on pourra ne donner que deux pieds de longueur aux tuyaux de cheminées, lorsqu'on y sera nécessité, pour éviter de jeter les propriétaires dans la reconstruction des planchers, et ce non compris les six pouces de plâtre qui seront contre lesdits bois de chaque côté; le tout revenant à trois pieds un pouce d'ouverture pour les nouveaux bâtimens, et à deux pieds dix pouces pour les anciens, au moins, et en cas de nécessité, entre lesdits bois, dont le recouvrement de plâtre, tant sur les solives, chevrettes et autres bois, sera de six pouces, en sorte qu'il n'en puisse arriver aucun incendie ; le tout conformément à ce qui est prescrit par l'ordonnance de la Chambre des bâtimens, du 19 juillet 1765. (*Elle se trouve reproduite par la présente.*)

» Art. 7. Défendons aux propriétaires de souffrir qu'il soit fait aucune malfaçon de la qualité ci-dessus, le tout à peine de mille livres d'amende, tant contre lesdits propriétaires que contre les maîtres-maçons, charpentiers et autres ouvriers; d'être en outre, lesdits propriétaires, tenus de faire abattre à leurs frais et dépens les tuyaux et manteaux de cheminées qui ne se trouveront pas conformes à ce qui est ci-dessus prescrit. Pourront même les compagnons et ouvriers travaillant à la journée être emprisonnés en cas de contravention. »

Ces deux derniers articles sont presque textuellement reproduits dans une ordonnance de police concernant les incendies, du 15 novembre 1781, qui n'est elle-même que le renouvellement de celle du 10 février 1735.

Les infractions à ces dispositions se punissent aujourd'hui d'après le § Ier, de l'art. 3 de la loi du 24 août 1790, les art. 600 et suivans du *Code des délits et des peines*, les § I et II de l'art. 471, et le § XII de l'art. 475 du *Code pénal*.

Différens perfectionnemens, avoués par l'Administration, se sont introduits depuis quelques années dans la construction des cheminées. On emploie notamment pour les tuyaux un procédé de fabrication en fonte de fer, qui réunit à l'avantage d'inspirer une grande sécurité quant au danger du feu, celui de prendre beaucoup moins d'espace, et de pouvoir se placer plus aisément que les tuyaux ordinaires sans affaiblir la solidité des murs.

M. Gourlier, architecte à Paris, a inventé un genre de briques dont la composition et la forme, appropriées au même usage, procurent à moins de frais des résultats aussi satisfaisans. Cette utile découverte a mérité à son auteur une médaille de bronze à la dernière exposition des produits de l'industrie.

« *Coutume de Paris.*

» ART. 190. Qui veut faire forge, four ou fourneau contre un mur mitoyen doit laisser un demi-pied (seize centimètres) de vide et intervalle entre deux du mur et forge, et doit être ledit mur d'un pied (trente-deux centimètres) d'épaisseur.

» ART. 191. Qui veut faire aisances de privés ou puits contre ce mur mitoyen, doit faire un contre-mur d'un pied d'épaisseur, et où il y a d'un chacun côté puits, d'un côté et aisances de l'autre, il suffit qu'il y ait quatre pieds de maçonnerie d'épaisseur entre deux comprenant les épaisseurs des murs d'une part et d'autre; mais entre deux puits suffisent trois pieds pour le moins.

» ART. 193. Tous propriétaires de maisons en la ville et faubourgs de Paris sont tenus à avoir latrines et privés suffisans en leurs maisons. »

(*Voir* les articles du *Code civil* sur les servitudes au chap. III, section Ire, Ire partie.)

§ V. *Du pavage.*

Nous avons fait voir, au chap. III, section II, Ire partie, que les anciens réglemens sur le pavage, quant au premier établissement, n'avaient rien de fixe dans leur application, et nous en avons conclu, ainsi que des dispositions subséquentes, notamment de celles de la loi du 11 frimaire an VII, qu'en général la confection du premier pavé des rues dans les villes, ne pouvait être mise entièrement à la charge des propriétaires riverains, hors le cas où ces rues auraient été ouvertes par eux-mêmes, sur leur propre demande et dans leur intérêt particulier.

Ces principes semblent devoir s'appliquer plus spécialement encore à la ville de Paris.

1°. Les rues de cette ville étant classées comme grandes routes, dans le système des réglemens de voirie en usage, la même distinction doit être observée pour le pavage, comme pour les alignemens, attendu qu'il s'agit d'une même partie d'administration qui ne peut être régie par deux modes différens.

2°. La loi du 11 frimaire an VII, déjà citée, établit expressément que, dans aucun cas, le pavage des routes ne peut être mis à la charge des propriétaires, et l'avis du Conseil d'État, du 25 mars suivant, admet que dans les villes dont les revenus suffisent aux dépenses du pavé des rues, les riverains ne doivent pas être tenus de les supporter.

Paris n'est point excepté de ces dispositions : or, de deux choses l'une, ou les rues de cette ville sont grandes routes, et dans ce cas les propriétaires riverains sont dispensés par la loi de payer les frais du premier pavage, ou elles sont considérées comme voies communales, et l'insuffisance des revenus municipaux ne saurait raisonnablement être alléguée pour les en charger.

Les lettres-patentes du 30 décembre 1785, contenant bail d'entretien du pavé de Paris, portaient, art. 24,

« L'entrepreneur sera tenu d'entretenir les rues qui, n'étant point à présent pavées, pourraient l'être dans le courant du bail........ Le premier pavé desdites rues devant être fait aux dépens des particuliers propriétaires de terrains et maisons qui bordent lesdites rues, chacun en droit soi à raison de la longueur de la face de leurs héritages sur lesdites rues, il ne serait pas juste que les non-valeurs, les frais de recouvrement des fonds à ce destinés fussent à la charge de l'entrepreneur. C'est pourquoi il ne sera tenu de commencer ledit pavé neuf, lorsqu'il aura été ordonné, qu'après que six ou au moins quatre des particuliers riverains les plus solvables, auront remis au greffe du Bureau des finances leur soumission de payer audit entrepreneur la totalité du prix de ses ouvrages, dans le délai d'un mois après la réception, lesdits particuliers s'engageant et répondant solidairement pour tous les autres particuliers contribuables, sauf auxdits soumissionnaires à se faire rembourser par les autres propriétaires de ce qu'ils se trouveront devoir pour la constrution dudit nouveau pavé. »

Cet acte paraît avoir motivé l'usage qui s'est introduit.

Aujourd'hui lorsqu'il s'agit de paver une rue neuve, le Préfet du département demande l'adhésion des riverains en leur donnant connaissance du devis des travaux. Si tous consentent à payer leur part contributive des frais, c'est-à-dire le pavage de la demi-largeur de la rue, *chacun en droit soi*, ils en souscrivent la soumission et l'opération marche sans difficultés. Si la majorité seulement accepte, la minorité est contrainte, en vertu d'un arrêté du Conseil de préfecture, par l'entrepreneur du pavé de Paris. Dans le cas contraire, c'est-à-dire si la majorité refuse, le pavage est ajourné.

Toutes les contestations relatives au paiement sont également déférées au Conseil de préfecture.

On aperçoit, sans qu'il soit besoin de le démontrer le vice d'un pareil système, qui d'une part subordonne l'exécution d'une mesure d'intérêt public à la volonté des administrés, de l'autre, remet au Conseil de préfecture le jugement de contestations que la loi ne lui défère pas, et qui, par leur nature, appartiennent à l'autorité judiciaire.

La nécessité d'un réglement d'administration publique sur cette partie est plus vivement sentie chaque jour, et l'on doit présumer qu'un objet de cette importance n'échappera pas à la sollicitude du Gouvernement.

Voici les principales dispositions qu'il peut être utile de faire connaître dans l'intérêt des propriétaires.

Ordonnance du Bureau des finances de Paris.

Du 27 juin 1769.

« Art. 1ᵉʳ. L'entrepreneur de l'entretien du pavé continuera de jouir du *droit exclusif* de faire seul les raccordemens de pavé, de bornes, de seuils et de devantures de maisons, de travailler au rétablissement des trous causés par les étaies dans les rues de Paris, à l'occasion des réparations à faire aux maisons, ou pour des reposoirs ou échafauds, et de rétablir les tranchées des fontaines, qui ne pourront être faites que de notre ordre et permission.

» Art. 2. Conformément au rapport contenant devis et détail estimatif déposé au greffe de ce bureau, le prix des fournitures et tuyaux à faire pour les particuliers par ledit entrepreneur, est fixé ainsi qu'il suit :

» Pour chaque pavé neuf, cinq sous ;

» Pour chaque toise de pavé neuf, compris soixante-quatre pavés neufs à fournir par l'entrepreneur, mais non les terrasses, que les propriétaires feront faire par tels ouvriers que bon leur semblera, dix-sept livres dix-huit sous ;

» Pour chaque toise de relevé à bout de pavé, y compris six pavés neufs fournis par l'entrepreneur, quatre livres douze sous ;

» Pour chaque toise courante de tranchée de fontaine, de trois pieds de large sur deux pieds de profondeur, y compris les terrasses et trois pavés neufs, quatre livres huit sous ;

» Pour un raccommodement de seuil de porte cochère du côté de la rue seulement, y compris quatre pavés neufs, quatre livres;

» Pour chaque raccordement d'un grand seuil de boutique, y compris quatre pavés neufs, quatre livres ;

» Pour le raccordement d'un seuil d'allée, ou autres de même espèce, y compris deux pavés neufs, deux livres ;

» Pour le raccordement d'une trappe, y compris trois pavés neufs, trois livres quinze sous ;

» Pour le raccordement d'une borne, y compris deux pavés neufs, deux livres.

» Art. 3. L'entrepreneur ne pourra fournir, en chaque nature d'ouvrage, ni plus ni moins de pavés neufs que la quantité prescrite et de l'échantillon qui est fixée par son bail.

» Art. 4. En payant par les propriétaires à l'entrepreneur le pavé neuf, le pavé de rebut appartiendra auxdits propriétaires, ou sera enlevé par l'entrepreneur, au choix des premiers, sans que pour ce ils puissent rien exiger de l'entrepreneur.»

Lettres-patentes portant bail d'entretien du pavé de Paris.

Du 30 décembre 1785.

« Art. 22. *Tranchées des fontaines*. Il ne sera fait, à peine de cinquante livres d'amende, aucune tranchée de fontaines, que par ordre et permission du Bureau des finances, et les tranchées ne pourront être réparées par autres que par l'adjudicataire et suivant qu'il lui sera indiqué par la Commission et l'Inspecteur général; et s'il arrivait que, par la rupture des tuyaux, le pavé cédât et fût enfoncé, et qu'il s'y fît des flaches par le retardement des particuliers à le réparer, l'adjudicataire sera tenu de relever ledit pavé et, après un simple avertissement donné auxdits particuliers, de faire rétablir les tuyaux desdites fontaines, et il sera travaillé à leurs dépens, dont il lui sera délivré exécutoire.... sur son mémoire, arrêté par l'Inspecteur général, pour être payé desdites réparations par préférence à tous créanciers ; mais s'il arrivait qu'après le rétablissement desdites tranchées, il se formât des flaches par la mauvaise construction du pavé, l'adjudicataire sera tenu de les relever à ses frais dans toute leur étendue, sans pouvoir prétendre qu'il lui en soit tenu compte.

» ART. 23. *Raccordemens.* Il ne sera fait aucun raccordement de pavé, bornes, seuils, devantures de maisons par autre que par l'adjudicataire, ainsi qu'il lui sera indiqué par l'Inspecteur général, le tout à peine de trente livres d'amende contre les contrevenans ; il ne sera de même fait, à peine de trente livres d'amende, aucun ouvrage de rétablissement de trous causés par les étaies qui seront posées dans les rues de Paris et de ses faubourgs, à l'occasion des réparations à faire aux maisons, ou pour faire des reposoirs et échafauds, si ce n'est par ledit adjudicataire, qui sera obligé de les faire dans les vingt-quatre heures que lesdits étaies, reposoirs et échafauds auront été ôtés, suivant les ordres qui lui en seront donnés par le Commissaire et l'Inspecteur général. »

Extrait du Cahier des charges de l'adjudication de l'entretien du pavé de Paris, faite en l'an X(1801), pour neuf ans.

Ces travaux comprennent, suivant l'art. 2,

1°. Les relevés à bout,
2°. *Le pavage neuf*,
3°. Les réparations simples,
4°. Les travaux à la charge des particuliers.

Ne sont pas compris dans le nombre de mètres carrés à la charge de l'entrepreneur (art. 6.) : 1°. le pavage des boulevarts ;

2°. Celui des rues, cloîtres et *revers de chaussées* qui, n'ayant pas été exécuté en pavé d'échantillon, et par l'entrepreneur public, est resté à la charge des propriétaires riverains ;

3°. Celui des impasses et petites rues fermées de grilles, portes et barrières.

L'article 60, Titre VII, porte : Les travaux du pavé de Paris, dont l'exécution est attribuée exclusivement à l'entrepreneur public, quoiqu'ils soient à la charge des propriétaires ou à celle des administrations particulières, sont, 1°. *dans les diverses parties du pavé données en entreprise* : les raccordemens pour raison de dégradations occasionnées par l'ouverture des tranchées des fontaines, les réparations des regards et des égouts, la pose d'étaies, d'échafauds, de bornes, seuils ou autres constructions endommageant la voie publique et nécessitant son rétablissement, soit au compte des propriétaires, soit à celui de la commune, et enfin de toute autre administration particulière.

» 2°. *Dans les parties du pavé exceptées de l'entreprise*, le premier pavage d'échantillon que les propriétaires font exécuter à leurs frais dans les rues *nouvellement formées* ou dans celles restant à leur compte à défaut de ce premier pavage.

» Art. 61. Les raccordemens ou réparations indiqués dans la *première* partie de l'article précédent pourront être demandés directement à l'entrepreneur par les propriétaires au compte de qui ils doivent être faits; à défaut, ils seront requis par l'ingénieur en chef.

» Art. 64. Les enfoncemens sur conduites de fontaines ou d'égouts, ne pouvant provenir que du tassement des terres, seront toujours au compte du propriétaire de la conduite.

» Art. 95. Mais lorsque sur ces mêmes conduites il se formera des flaches dans les raccordemens exécutés par le nouvel entrepreneur, reconnaissance sera faite par l'ingénieur ordinaire, en présence de l'entrepreneur d'une part, et le représentant du propriétaire de la conduite d'autre part, des causes d'où ces flaches proviennent.

» Art. 96. Si elles sont reconnues provenir de la mauvaise construction du pavage, toutes les parties dégradées du raccommodement seront relevées et refaites par l'entrepreneur et à ses frais.

» Art. 97. Si, au contraire, il est reconnu que les flaches ont été occasionnées par la filtration des eaux ou par le tassement des terres, la réparation sera faite aux frais du propriétaire.

» Art. 100. Les travaux de raccordement au-dessous de deux mètres carrés seront toujours comptés à l'entrepreneur pour deux mètres réels ; s'ils excèdent cette quantité, le métrage exact en sera fait.

» Art. 101. En considération des frais extraordinaires qu'entraînent après eux des établissemens d'ateliers particuliers ordonnés par l'article 98, disséminés sur une grande surface, les travaux de raccordement seront payés à l'entrepreneur un quart en sus du prix auquel il sera tenu de faire les relevés à bout pour le compte du Gouvernement.

» Art. 102. Cependant, l'entrepreneur ne jouira de ce quart en sus pour chaque raccordement, que jusqu'à concurrence de vingt mètres carrés, et dans le cas où le raccordement excéderait cette étendue, l'excédant ne sera compté que comme relevé à bout ordinaire, et sans aucune augmentation.

» Art. 103. Dans tous les cas, le prix sera réglé en raison des matériaux fournis, en distinguant dans chaque raccordement la partie exécutée en pavés neufs et celle en pavés vieux, ainsi qu'il sera fait dans les relevés à bout en général.

» Art. 104. L'entrepreneur sera tenu d'exécuter dans la même forme et au même prix que pour le compte du Gouvernement, *le premier* pavage d'échantillon que les propriétaires le requerront de faire dans les rues nouvellement ouvertes, ou autres désignées dans la deuxième partie de l'art. 60.

» Art. 105. Il ne pourra néanmoins être forcé de commencer ces travaux que lorsque quatre propriétaires des plus solvables d'entre ceux de la rue auront déposé par-devant le Préfet leur soumission de payer à l'entrepreneur, dans le délai d'un mois après la réception des ouvrages, la totalité du prix du pavage demandé.

» Art. 107. L'entrepreneur ne pourra recevoir, soit des propriétaires, soit des administrations particulières, aucun paiement des travaux, de raccordemens ou pavages neufs dont il s'agit au présent titre, que sur des états arrêtés et réglés par les ingénieurs d'arrondissement et visés par l'ingénieur en chef. »

(Outre le premier pavage, les propriétaires sont encore chargés du remaniement ou *relevé à bout*, pendant les deux années qui le suivent.)

§ VI. *Des constructions autour de Paris.*

Plusieurs édits, lettres-patentes et déclarations, en déterminant les limites de la ville de Paris et de ses faubourgs, avaient prescrit la défense de bâtir au-delà des dernières maisons existantes. Louis XIV, en 1638 et 1672, pour prévenir l'accroissement trop considérable de la capitale, que l'on regardait alors comme dangereux, ordonna un abornement des faubourgs, qui fut confirmé par une déclaration de Louis XV, du 18 juillet 1724, registrée au parlement le 4 août suivant. Par cette dernière décision de l'autorité souveraine, l'enceinte de la ville proprement dite fut déterminée par le rempart planté d'arbres depuis l'Arsenal jusqu'à la porte Saint-Honoré (les boulevarts intérieurs), et au midi par l'autre portion des remparts désignée sous le nom de *boulevarts neufs*.

» Voulons, dit l'article 6 de la déclaration de

1724, que les maisons qui sont hors l'enceinte ci-dessus bornée, soient censées et réputées faubourgs et que lesdits faubourgs soient et demeurent bornés, chacun, à la dernière maison qui est construite du côté de la campagne de proche en proche et sur les rues ouvertes desdits faubourgs.

» Art. 7. Défendons à toutes personnes sans exception de construire aucune maison à porte cochère dans lesdits faubourgs et hors de l'enceinte ci-dessus marquée pour la ville. »

Cette déclaration a été étendue et confirmée par celle du 29 janvier 1726, et modifiée en ce qui concerne la rivière de Bièvre et le faubourg Saint-Honoré, par celles des 28 septembre 1728 (*voyez* ci-dessus) et du 31 juillet 1740.

La déclaration du 16 mai 1765, les lettres-patentes du 28 juillet 1766 et enfin l'ordonnance du Bureau des finances de Paris, du 16 janvier 1789, ont donné plus d'extension encore à ces dispositions quant aux prohibitions qu'elles expriment relativement aux constructions extérieures.

Il est dit dans la première : « Art. 1er. Défendons de bâtir en quelque manière et sous quelque prétexte que ce soit au-delà des maisons qui sont actuellement construites à l'extrémité de chaque rue des faubourgs de Paris du côté de la campagne de proche en proche, soit que lesdites maisons soient sur les paroisses des faubourgs, soit qu'elles soient sur les paroisses de la campagne.

» Art. 3. Pour constater et fixer la dernière maison actuellement subsistante, voulons qu'il soit posé une nouvelle borne dans le mur de ladite dernière maison, jusqu'à laquelle borne et vis-à-vis d'icelle il sera permis de bâtir dans ladite rue, et au-delà de laquelle il sera défendu de bâtir jusqu'au prochain village......

» Art. 9. Ceux qui contreviendront à l'exécution de la présente soit par de nouvelles constructions de maisons au-delà desdites bornes, soit en perçant quelques nouvelles rues, seront condamnés à trois mille livres d'amende applicable à l'Hôpital général. Les maisons construites contre la disposition des présentes seront rasées, les matériaux confisqués et les places réunies à notre domaine ; et à l'égard de l'entrepreneur qui aura conduit l'ouvrage, ensemble les maîtres maçons, charpentiers et autres ouvriers, ils seront condamnés chacun en mille livres d'amende applicable comme dessus, et déchus de leur maîtrise sans y pouvoir être rétablis par la suite. »

L'ordonnance du Bureau des finances, du 16 janvier 1789, est ainsi conçue :

« Le Bureau fait défenses d'élever ou de réparer aucun mur de clôture et bâtiment hors la nouvelle enceinte de Paris, qu'à la distance de cinquante toises de la clôture, et en dedans de ladite enceinte, qu'à trente-six pieds d'éloignement de ladite clôture.

» En conséquence fait aussi défenses sous les peines portées par la déclaration du 10 avril 1783, à tous propriétaires, entrepreneurs et ouvriers d'encommencer aucunes fouilles et constructions au dedans et au dehors de ladite nouvelle enceinte, sans avoir préalablement pris les permissions et alignemens nécessaires. »

C'est d'après les dispositions qui viennent d'être rapportées qu'a été rendu le décret du 11 janvier 1808 qui statue :

« Art. 1er. Les déclarations et réglemens touchant les constructions autour de notre bonne ville de Paris et hors l'enceinte de sa clôture seront exécutées.

» En conséquence nul ne pourra y faire aucune construction sans avoir demandé et obtenu la permission et reçu un alignement, comme il est réglé pour les cas de grande voirie.

» Art. 2. Les permissions ne pourront, conformément à l'ordonnance du Bureau des finances, du 16 janvier 1789, autoriser à bâtir à moins de cinquante toises (environ quatre-vingt-dix-huit mètres) de distance du mur de clôture de notre bonne ville.

» Art. 3. Il y a lieu à autoriser la ville de Paris à acquérir comme pour cause d'utilité publique et à la charge d'une juste et préalable indemnité, les maisons construites à moins de cinquante toises de distance de la clôture.

» Les propriétaires desdites maisons ne pourront en augmenter la hauteur ou l'étendue sans en avoir demandé et obtenu l'autorisation, comme il est dit en l'article premier.

» Art. 4. Toutes constructions faites dans l'étendue indiquée aux articles ci-dessus, malgré les défenses qui leur auront été faites par les agens de la voirie, seront démolies sans délai. »

L'application de ce décret ayant rencontré, dans ces derniers temps, de vives oppositions, la matière fut de nouveau mise en délibération, et d'après un avis des comités de législation, de l'intérieur et des finances réunis, il est intervenu, le 1er mai 1822, une ordonnance du Roi portant :

« Art. 1er. L'autorisation d'acquérir les maisons construites à moins de cinquante toises du mur d'enceinte de notre bonne ville de Paris, accordée à ladite ville par le décret du 11 janvier 1808, est étendue ;

» 1°. Aux constructions autorisées ou tolérées dans cette limite postérieurement à ce décret ;

» 2°. Aux terrains non bâtis et à ceux qui, depuis la publication de ce décret, auraient été bâtis malgré les défenses des agens de la voirie; auquel cas, les contrevenans ne pourront réclamer que les matériaux ou leur valeur.

» Art. 2. Lesdites acquisitions seront faites de gré à gré au prix réglé par voie d'expertise contradictoire, ou soumis, en cas de difficulté, aux dispositions de la loi du 8 mars 1810.

» Art. 3. Les terrains acquis en exécution des articles précédens et dont la revente délibérée et consentie par le Conseil municipal serait par nous ultérieurement autorisée, ne pourront être aliénés que sous la condition que les acquéreurs et leurs successeurs ne pourront élever sur ces terrains aucune des constructions prohibées par le décret susdaté, et que la prohibition leur en sera formellement imposée à titre de servitude. »

Le but principal de cette dernière ordonnance est d'obvier désormais aux difficultés qu'ont opposées jusqu'alors les propriétaires des terrains situés dans la zone des cinquante toises; à la défense d'y élever des constructions, ou d'agrandir et de consolider les anciennes. La ville de Paris étant autorisée à exproprier ceux d'entre eux qui refuseraient d'obéir aux réglemens, a acquis par là un moyen sûr de neutraliser les résistances, puisqu'il lui suffit d'invoquer l'exécution de l'art. 1er., pour prévenir ou réprimer toute contravention. »

§ VII. Dispositions diverses.

Arrêt du Conseil d'Etat concernant les égouts.
21 juin 1721.

« Ordonne que tous propriétaires de maisons et places dans la ville de Paris, sous lesquelles passent des égouts, seront tenus, pour la partie de ceux passant sous leurs maisons et places, au curement, pavage et autres réparations, et à l'égard de ceux qui passent sous les rues et qui sont découverts, lesdites réparations seront à la charge de la ville. »

(Cet arrêt a été modifié dans l'intérêt des propriétaires, en ce qui concerne le curage des égouts, par un autre arrêt du Conseil, du 22 janvier 1785. *Voir* à la suite.)

Arrêt du Conseil sur les formalités à observer pour obtenir le réglement des pentes de pavé.

Du 22 mai 1725.

« Sa Majesté étant en son Conseil a fait défenses à tous propriétaires de maisons de la ville et faubourgs de Paris, architectes et maçons, de poser aucun seuil de porte plus bas ni plus haut que le niveau de pente du pavé des rues; ordonne que ceux qui bâtiront des maisons dans les rues nouvelles qui ne sont point encore pavées, seront tenus, avant de poser les seuils de portes, de se retirer par devers les officiers que Sa Majesté a commis pour régler les pentes du pavé des rues, lesquels leur marqueront le niveau de pente qu'ils doivent observer; et en cas de contravention, veut Sa Majesté que les propriétaires des maisons, les architectes et maçons qui auront posé des seuils plus haut ou plus bas que le niveau de pente du pavé des rues où lesdites maisons seront situées, ou qui auront posé des seuils à des maisons bâties dans des rues nouvelles qui ne seront point pavées, sans avoir pris le niveau de pente desdits officiers, soient condamnés chacun en cinquante livres d'amende et à rétablir les seuils suivant qu'il sera ordonné par le Bureau des finances. »

Les demandes en réglement de pente de pavé doivent être adressées aujourd'hui au Préfet du département, qui délivre le permis sur l'avis des ingénieurs du pavé de Paris.

Déclaration du Roi concernant les bâtimens sur la rivière de Bièvre.

Du 28 septembre 1728.

« Art. 1ᵉʳ. Tous propriétaires de maisons ou terrains destinés au commerce de la tannerie et situés sur l'un des deux bords de la rivière de Bièvre dite *des Gobelins*, faubourg Saint-Marcel, ayant ouverture sur les rues de l'Oursine, Fer-à-Moulin, Censière, Mouffetard et Saint-Victor, pourront faire construire, édifier et reconstruire tels bâtimens qu'ils jugeront les plus convenables pour leur commerce, de manière cependant que le bâtiment qui aura face sur ladite rivière ne puisse excéder la hauteur de trente pieds, depuis le sol jusqu'au-dessus de l'entablement, et que le grenier soit à claire voie et ne puisse, sous quelque prétexte que ce soit, être fermé de cloisons, murs de refend ou autrement.

» Art. 2. Il sera fait un état et recensement desdites maisons, dont des doubles seront remis, tant au greffe du Conseil d'État qu'à ceux du parlement, du Bureau des finances et de l'Hôtel-de-Ville de Paris.

» Il est défendu de faire construire sur les bords de ladite rivière de Bièvre aucune tannerie sur d'autres terrains que ceux compris audit état.

» Art. 3. Il est défendu, au surplus, conformément à l'art. 8 de la déclaration du 8 juillet 1724, de faire, à l'avenir, sur les terrains ci-dessus désignés aucune nouvelle construction de tanneries ou rétablissement en entier de celles qui seront tombées par caducité, que le plan n'ait été préalablement approuvé et l'exécution d'icelui ordonné par le Bureau des finances et le prévôt des marchands et échevins. »

Arrêt du Conseil, qui fait réglement général pour la police et conservation des eaux de la rivière de Bièvre et cours d'eau y affluens.

Du 26 février 1732.

« Le Roi ordonne.....

» ART. 6. Que les moulins du rat de Vauboyen, de Bièvre, Digny, Damblainvilliers, de Guz, de Mignot, d'Antony, de Berny, de Lay, de Cachan, d'Arcueil, de la Roche, de Gentilly et Moulin-Ponceau, resteront en l'état qu'ils sont, suivant leur ancienne construction et sans qu'on y puisse construire aucuns nouveaux déversoirs, ni autres décharges que leurs fausses vannes ordinaires.

» ART. 7. Qu'au lieu de faire un déversoir au coin du clos Lorenchet..... la berge de ladite rivière sera fortifiée aux frais desdits intéressés (*à la conservation des eaux*), de manière que ce lieu ne puisse servir d'abreuvoir aux bestiaux, ni que les eaux s'écoulent dans la prairie de Gentilly, et qu'à cet effet il sera, aux mêmes frais et dépens desdits intéressés, construit une vanne entre deux jambages de pierre de taille, de trois pieds et demi de large et de quatre pieds de hauteur, à prendre du fond de la rivière, après qu'elle aura été curée, laquelle dite vanne sera tenue fermée, assurée, de sorte qu'elle ne puisse être levée que lorsque les syndics le jugeront nécessaire pour faciliter le curage.

» Art. 14..... Pour éviter de nouvelles contestations sur la hauteur des fausses vannes qui servent de déversoirs à tous les moulins sur ladite rivière, depuis l'étang du Val jusqu'à sa chute dans la Seine, ordonne, Sa Majesté, que toutes lesdites fausses vannes seront armées d'une croix de fer plat, rivées, étalonnées, et marquées d'une fleur de lis par tous les bouts, dans la hauteur et la largeur desdites vannes, dont le poinçon sera mis à la garde des syndics de ladite rivière, pour servir audit étalonnage, à l'effet de le représenter à qui et quand il appartiendra.

» Art. 15. Fait, Sa Majesté, défenses à tous meuniers desdits moulins de se servir de fausses vannes, qu'elles ne soient étalonnées ainsi qu'il est prescrit par le précédent article, à peine de tous dépens, dommages-intérêts envers les riverains du faubourg Saint-Marcel, et de dix livres d'amende envers Sa Majesté.

» Art. 19. Le cours des eaux de ladite rivière, depuis la fontaine Bouvière jusqu'à leur chute dans la Seine, ensemble celui des sources et ruisseaux y affluens seront tenus libres, même dans les canaux où elles passent : à l'effet de quoi, les saignées et ouvertures qui ont été ci-devant faites aux berges de ladite rivière, sources et ruisseaux, seront supprimés et tous autres empêchemens quelconques, même les arbres qui se trouveront plantés dans leur lit et le long de ladite rivière, dans la distance de quatre pieds des berges, aux frais et dépens de ceux qui auront causé lesdits empêchemens et planté lesdits arbres, et ce quinzaine après la sommation qui leur en aura été faite au domicile de leurs fermiers ou meuniers ; en sorte que des canaux établis par titres il en sorte autant d'eau qu'il en aura entré ; ce qui sera justifié par les propriétaires desdits canaux ou passages : sinon, il y sera fait droit par ledit sieur Grand-Maître (*des eaux et forêts*), sur la suppression desdits canaux ou passages, ainsi qu'il appartiendra.

» Art. 20. Ordonne, Sa Majesté, que les ouvriers, meuniers, fermiers, artisans, domestiques et soldats qui se trouveront convaincus d'avoir fait nuitamment des saignées, rigoles ou autres ouvertures en ladite rivière, sources et ruisseaux, pour en détourner ou répandre les eaux hors le lit desdites rivières, sources et ruisseaux, seront chacun condamnés en trois cents livres d'amende et à tenir prison pendant six mois, outre les dommages et intérêts envers qui il appartiendra.

» Art. 21. Fait, Sa Majesté, défenses à toutes personnes de quelque condition qu'elles puissent être, même à tous seigneurs riverains de ladite rivière, propriétaires des prairies ou autres héritages, de faire à l'avenir de nouveaux canaux, ni aucuns batardeaux, ni saignées au lit de ladite rivière, sources et ruisseaux, à peine contre chacun des contrevenans de cent livres de dommages et intérêts envers les intéressés du faubourg Saint-Marcel, et de pareille somme d'amende pour la première fois, et du double pour la seconde, et, en cas de récidive, de plus grande peine.

» Art. 23. Les berges de ladite rivière seront, par les meuniers, chacun dans son étendue, en remontant d'un moulin à l'autre, entretenues et fortifiées, de manière que les eaux ne puissent sortir de leur lit, ni passer au travers desdites berges pour se répandre dans les prés ou ailleurs, à peine de cinquante livres d'amende, et de pareille somme de dommages et intérêts envers lesdits intéressés du faubourg Saint-Marcel, pour la première fois, du double pour la seconde, et d'y être pourvu à leurs frais et dépens.

» Art. 26. Sa Majesté fait défenses à toutes personnes, de quelque état et condition qu'elles soient, de faire élever aucun nouveau bâtiment, ni murs, le long de ladite rivière, ou en faire réparer sur aucuns fondemens, sans y appeler lesdits syndics, et après avoir pris dudit sieur Grand-Maître l'alignement de la berge, à peine de démolition desdits bâtimens et murs, et de cent livres d'amende envers Sa Majesté.

» Art. 29. Fait, Sa Majesté, défenses à tous blanchisseurs de toiles de s'établir dans la prairie de Gentilly et autres le long de ladite rivière, même dans l'enceinte de la maison appelée le clos Payen... à peine de confiscation des toiles et de cent livres d'amende.....

» Art. 30. Fait, Sa Majesté, pareillement défenses à tous blanchisseurs et blanchisseuses de lessive de continuer leurs blanchissages dans le lit de ladite rivière au-dessus de la manufacture royale et dans ledit clos Payen, et à toutes personnes d'y faire rouir des chanvres et lins, non plus que dans les ruisseaux y affluens, à peine de cinquante livres d'amende et d'un mois de prison..... et du double en cas de récidive.

» Art. 36. Que les latrines qui ont leur chute dans le lit de ladite rivière, au faubourg Saint-Marcel, seront supprimées dans trois mois et rétablies ailleurs par les propriétaires des maisons, suivant la coutume de Paris, avec défense d'en construire de nouvelles sur ladite rivière, à peine de cent livres d'amende contre les contrevenans et d'être détruites à leurs dépens.

» Art. 42. Tous les propriétaires des héritages joignant ladite rivière seront tenus de laisser, le long de chaque côté de ladite rivière, aux endroits où le terrain pourra le permettre, une berge de quatre pieds de plate-forme sur six pieds au moins d'empattement, dans la hauteur de deux pieds au-dessus de la superficie des eaux d'été, à peine d'y être pourvu à leurs frais.

» Art. 43. Toutes les immondices provenant du curage de ladite rivière, en ce qui est de la campagne et des ruisseaux, seront mises sur les bords pour soutenir et fortifier les berges, de manière néanmoins qu'elles ne puissent retomber dans le lit de ladite rivière, ruisseaux et sources, à peine d'amende arbitraire.

» Art. 46. Les habitans du faubourg Saint-Marcel, établis le long de ladite rivière, seront tenus, chacun en droit soi, de faire enlever, dans la fin d'août de chaque année, les immondices qui seront sorties du curage de ladite rivière, et les faire transporter à la campagne, à peine de cinquante livres d'amende contre chacun contrevenant.

» Art. 47. Fait, Sa Majesté, très-expresses inhibitions et défenses à tous tanneurs, mégissiers et autres, de rejeter ou faire rejeter en ladite rivière les immondices provenant dudit curage, à peine de cinq cents livres d'amende.....

» Art. 50. Fait, Sa Majesté, défenses à tous particuliers dudit faubourg Saint-Marcel, demeurant dans les rues qui aboutissent audit égout (*de la rue Mouffetard*), de rejeter leurs immondices dans les ruisseaux desdites rues, lors des pluies d'orages, à peine de trente livres d'amende..... et de plus grande en cas de récidive.

(*Voir* l'arrêté du 25 vendémiaire an IX sur la police de la même rivière, et l'ordonnance de police du 19 messidor suivant, au chap. II, sect. III, § II, IIe. partie.)

Ordonnance du Bureau des finances portant défense d'enlever le pavé des rues, etc.

Du 4 août 1731.

« Défenses à tous particuliers de dépaver les rues de Paris, de même que les chaussées des faubourgs, banlieue et chemins publics, d'en enlever aucun pavé, non plus que les fers, bois, pierres et autres matériaux destinés aux ouvrages publics ou mis en œuvre, à peine d'être mis au carcan, et en cas de récidive condamnés aux galères.

» Les recéleurs desdits pavés et autres objets volés seront condamnés chacun à mille livres de dommages et intérêts, dont un tiers appartiendra au dénonciateur et un autre tiers à l'entrepreneur desdits ouvrages publics. » (*Voir* l'ordonnance du 2 août 1774, chap. III, sect. Ire, page 97).

L'autorité administrative est chargée aujourd'hui, en vertu des lois des 22 décembre 1789 et 11 septembre 1790, de constater les délits et d'en poursuivre la punition devant les tribunaux compétens. (*Voir* l'Instruction du 13 frimaire an XI, rapportée à la page 154.)

Arrêt du Conseil d'Etat concernant les égouts.

Du 22 janvier 1785.

.... Le Roi, étant en son Conseil, a ordonné et ordonne qu'en dérogeant audit arrêt du 21 juin 1721 (*voir* à la page 307) en faveur des propriétaires des maisons construites sur les égouts, lesdits prévôt des marchands et échevins seront autorisés à faire procéder au curement desdits égouts aux dépens de la ville seule, et sans que lesdits propriétaires soient tenus d'y contribuer, en considération de la défense dont Sa Majesté ordonne la plus rigoureuse exécution, de pratiquer aucunes ouvertures ou communications avec lesdits égouts pour l'écoulement des eaux et latrines de leurs maisons; *et quant aux dépenses de pavement et de toutes autres réparations relatives, tant auxdits égouts qu'aux maisons sous lesquelles ils passent*, ordonne Sa Majesté qu'elles seront faites par les propriétaires des maisons et terrains, sans que, dans aucun cas et sous aucun prétexte, lesdits prévôt des marchands et échevins puissent les dispenser pour l'avenir de cette charge, n'exceptant de cette obligation pour le passé que ceux qui pourront justifier de conventions contraires.....(*Voir* l'ordonnance, royale du 30 septembre 1814, à la suite.)

Décret sur le numérotage des maisons de Paris.

Du 15 pluviôse an 13 (4 février 1805).

« Art. 1er. Il sera procédé, dans le délai de trois mois, au numérotage des maisons de Paris d'après les ordres et instructions du Ministre de l'intérieur.

» Art. 2. Ce numérotage sera établi par une suite de numéros pour la même rue, lors même qu'elle dépendrait de plusieurs arrondissemens municipaux et par un seul numéro, qui sera placé sur la porte principale de chaque habitation. Ce numéro pourra être répété sur les autres portes de la maison lorsqu'elles s'ouvriront sur la même rue que la porte principale. Dans le cas où elles s'ouvriraient sur une rue différente, elles prendront le numéro de la série appartenant à cette rue.

» Art. 3. Les rues dites des *faubourgs*, quoique formant continuation à une rue du même nom, prendront une nouvelle suite de numéros.

» Art. 4. La série des numéros sera formée des nombres pairs pour le côté droit de la rue et des nombres impairs pour le côté gauche.

» Art. 5. Le côté droit d'une rue sera déterminé, dans les rues perpendiculaires ou obliques au cours de la Seine, par la droite du passant se dirigeant vers la rivière, et dans celles parallèles, par la droite du passant marchant dans le sens du cours de la rivière.

» Art. 6. Dans les îles, le grand canal de la rivière coulant au nord déterminera seul la position des rues.

» Art. 7. Le premier numéro de la série soit paire, soit impaire, commencera dans les rues perpendiculaires ou obliques au cours de la Seine, à l'entrée de la rue, prise au point le plus rapproché de la rivière, et dans les rues parallèles, à l'entrée prise en remontant le cours de la rivière; de manière que, dans les premières, les nombres croissent en s'éloignant de la rivière, et dans les secondes en la descendant.

» Art. 8. Dans les rues perpendiculaires ou obliques au cours de la rivière, le numérotage sera exécuté en noir sur un fond d'ocre; dans les rues parallèles, il le sera en rouge sur le même fond.

» Art. 9. Le numérotage sera exécuté à l'huile, et, pour la première fois, par la commune de Paris.

» Art. 10. A cet effet, il sera passé par-devant le Préfet du département de la Seine une adjudication au rabais de l'entreprise du numérotage exécuté à l'huile, à tant par numéro, de grandeur, de forme et de couleur déterminées par le cahier des charges.

» Art. 11. L'entretien du numérotage est à la charge des propriétaires; ils pourront en conséquence le faire exécuter à leurs frais d'une manière plus durable, soit en tôle vernissée, soit en faïence ou terre à poêle émaillée, en se conformant cependant aux autres dispositions du présent décret sur la couleur des numéros et la hauteur à laquelle ils doivent être placés. »

Ordonnance du Roi portant défenses d'établir des conduits d'eaux ménagères en communication avec les égouts de Paris.

Du 30 septembre 1814.

« Art. 1er. L'arrêt du Conseil d'État, du 22 janvier 1785 (*voir* à la page 316), portant défenses à tous propriétaires de maisons, dans notre bonne ville de Paris, de pratiquer aucune ouverture en communication avec les égouts, pour l'écoulement des eaux et des latrines desdites maisons, continuera d'être exécuté suivant sa forme et teneur et sans aucune dérogation en ce qui concerne les eaux provenant des fosses d'aisance : en conséquence, ledit arrêt sera réimprimé, publié et affiché dans toute l'étendue de la ville de Paris, aux lieux ordinaires et dans les formes accoutumées ainsi que la présente ordonnance.

» Art. 2. Cet arrêt sera également exécuté en ce qui concerne les eaux ménagères et pluviales, sauf les cas d'exception déterminés par l'article suivant.

» Art. 3. Lorsque, d'après les dispositions naturelles ou accidentelles d'une maison, le sol de ses rez-de-chaussée, cours ou jardins se trouvant au-dessous du sol de la terre, il y aura impossibilité reconnue et constatée de conduire au dehors, par une pente d'au moins cinq millimètres par mètre, les eaux ménagères ou pluviales pour les faire écouler par les ruisseaux des rues et places, il pourra être permis au propriétaire d'établir une communication souterraine entre sa maison et l'égout le plus voisin, pour y conduire lesdites eaux. Dans tout autre cas, non-seulement il ne sera permis aucune communication de ce genre, mais celles maintenant existantes seront supprimées aux frais des propriétaires comme abusivement établies.

» Art. 4. Les moyens d'opérer la communication qui aura été permise, dans le cas de l'article précédent, seront établis de la manière suivante :

» 1°. Le propriétaire fera construire sur son terrain et à ses frais, soit en pierres de taille, soit en meulière, un puisard où se rendront les eaux pluviales et ménagères, et d'où elles passeront dans une conduite aboutissant à l'égout.

» 2°. L'emplacement du puisard sera distant de trois mètres au moins de toute fosse d'aisance; et si quelque circonstance empêche d'observer cette distance, il y sera suppléé en enveloppant le puisard extérieurement, tant sur son fond que sur ses côtés, et ce jusqu'à vingt centimètres du sol, soit d'une chape de ciment de dix centimètres d'épaisseur, soit d'un corroi de glaise de vingt-cinq centimètres.

» 3°. Le puisard n'aura pas moins de soixante centimètres de hauteur sur soixante de largeur, le tout en œuvre. S'il est construit en pierres de taille, elles seront posées avec mortier de chaux et ciment, et les joints seront refaits avec mastic de limaille de fer. S'il est construit en pierres de meulière, elles seront ourdées avec mortier de chaux et ciment, et revêtues intérieurement d'un enduit en chaux et ciment tamisé, de trois centimètres d'épaisseur. Ledit puisard sera couvert, à son entrée, par un châssis en pierre de taille portant une grille, que le propriétaire sera tenu d'ouvrir à toute réquisition des préposés à l'entretien et au curage des égouts.

» 4°. Les propriétaires auront néanmoins la faculté de substituer au puisard ci-dessus décrit une cuvette ou auge, soit en bonne pierre et taillée dans un seul bloc, soit en fonte de fer et coulée en une seule pièce; les dimensions et le châssis avec grille seront d'ailleurs les mêmes pour la cuvette comme pour le puisard.

» 5°. Les conduites à établir entre le puisard et l'égout seront en tuyaux de fer, ayant de dix à seize centimètres de diamètre intérieur, bien liées avec la maçonnerie lors de la construction du puisard, et soigneusement assemblées avec des boulons à écrou et rondelles de plomb entre deux cuirs à chaque collet.

» Lesdites conduites suivront, autant que possible, une ligne droite en partant du puisard pour se rendre à l'égout; elles auront au moins cinq millimètres de pente par mètre de longueur jusqu'au coude qu'elles formeront avec le tuyau entrant dans l'égout : elles seront placées conformément aux coupes annexées à la présente.

» Les tranchées ouvertes dans les pieds-droits de la voûte des égouts pour le passage desdits tuyaux, seront remplies et ragréées suivant les règles de l'art, de manière que les chaînes de pierre ne soient jamais entaillées.

» 6°. L'orifice de la conduite en fonte sera placé dans le puisard à cinquante centimètres au plus au-dessous de la surface du châssis en pierre partant de la grille; l'entrée de ladite conduite sera garnie d'une grille ou d'une crapaudine scellée, pour prévenir les engorgemens qui naîtraient de l'introduction de pailles, herbages, feuilles et autres ordures.

» 7°. Si dans certains cas il était reconnu nécessaire d'établir des regards sur le cours des conduits, il y sera pourvu par le Préfet (*du département*), d'après le rapport des ingénieurs préposés au service des égouts.

» 8°. Les propriétaires se conformeront, au surplus, quant à la pose des conduites, quant à leurs dimensions, quant à celles des puisards et cuvettes, et quant à la disposition des regards, s'il y a lieu, aux indications qui leur seront données par les ingénieurs préposés au service des égouts.

» Art. 5. Les propriétaires qui auront obtenu la permission de conduire, par les moyens indiqués dans l'article précédent, leurs eaux *ménagères* ou *pluviales* dans les égouts, seront libres de faire exécuter, par qui bon leur semblera, les travaux nécessaires; mais ils seront tenus de souffrir, pendant l'exécution de ces travaux, la surveillance des préposés de l'Administration, qui feront en outre la réception desdits ouvrages.

» Art. 6. Les permissions données en exécution de la présente n'auront d'effet que jusqu'à l'époque de la reconstruction des maisons en faveur desquelles ces permissions auront été accordées : ce cas de reconstruction arrivant, les propriétaires seront tenus de relever le sol de leur terrain et d'en faire concorder le nivellement avec celui de la voie publique; au moyen de quoi, toute communication avec les égouts leur sera interdite, même pour les cuisines, basses-cours, buanderies, teintureries et autres établissemens qu'ils jugeront à propos de construire dans les souterrains de ces nouvelles bâtisses. Ils seront, en conséquence, tenus de détruire à leurs frais celle qu'il leur avait été permis d'établir. »

CHAPITRE II.

De la petite voirie.

Il s'agit principalement ici de l'exécution de l'article 3 de la loi du 16-24 août 1790, qui confère à l'autorité municipale la fonction de *veiller à tout ce qui intéresse la sûreté et la commodité du passage dans les rues, quais, places et voies publiques.* On a vu que dans le système d'administration adopté pour Paris, cette partie de l'édilité appartient au Préfet de police. Un architecte-commissaire de la petite voirie et plusieurs architectes-inspecteurs sont chargés, sous l'autorité de ce magistrat, de veiller à la conservation des monumens et édifices publics, à l'observation des réglemens sur la police des constructions particulières, aux bâtimens en péril, et en général à tout ce qui peut présenter inconvénient ou danger pour l'usage de la voie publique. Ils donnent leur avis sur les demandes relatives aux dépôts de matériaux dans les rues et places de la ville, sur les saillies, étalages, placement d'échoppes et autres objets qui intéressent la viabilité ; surveillent l'exécution des ouvrages autorisés, afin de prévenir les abus, etc. Ils exercent enfin l'action attribuée à la police en matière de voirie, comme l'indique l'arrêté du Gouvernement du 12 messidor an VIII, à l'effet de pourvoir à la sûreté, à la viabilité et à la salubrité des rues, places, quais et autres passages publics.

Les dispositions qui régissent ces divers cas seront ci-après rapportées à leur ordre.

SECTION PREMIERE.

DE LA SURETÉ DE LA VOIE PUBLIQUE.

Au nombre des réglemens qui intéressent la sûreté publique dans l'intérieur des villes, doivent être compris ceux qui ont été rapportés dans le précédent chapitre, relativement au mode de construction des bâtimens, tant par rapport à la solidité, qu'afin de prévenir le danger des incendies. Il conviendra donc de se référer à ce chapitre pour tout ce qui concerne la police des constructions proprement dite, en ce qui est soumis la juridiction du Préfet de police.

Edit

De décembre 1607.

(*Voir* au chap. III, sect. Ire., Ire. Partie, p. 90.)

Ordonnance du Lieutenant de police, qui enjoint aux habitans de Paris de relever les neiges.

Du 4 janvier 1670.

« Ordonnons à tous bourgeois, propriétaires, habitans ou principaux locataires des maisons de cette ville et faubourgs, chacun en droit soi, de relever incessamment, dans les vingt-quatre heures, les neiges qui sont au-devant et en toute la face de leurs maisons, et de les mettre par tas et monceaux le plus serrés que faire se pourra, comme aussi de rompre et casser les glaces qui seront au-devant de leurs maisons et dans le ruisseau. Faisons très-expresses défenses à toute sorte de personnes de jeter dans la rue la neige de leurs cours et jardins, qui sera néanmoins relevée et rangée en plusieurs monceaux, afin que la fonte en soit plus lente : le tout à peine de cinquante livres d'amende en cas de contravention. »

Ordonnance de police concernant les échelles employées sur la voie publique et les ouvriers travaillant sur les toits.

Du 29 avril 1704.

« Il est enjoint à tous marchands, propriétaires, ouvriers, artisans et autres personnes qui poseront ou feront poser des échelles dans les rues, soit pour pendre des enseignes, rétablir et raccommoder des auvens, ou pour quelque autre ouvrage que ce puisse être, de faire en sorte qu'il y ait toujours au pied desdites échelles quelques manœuvres ou domestiques, pour empêcher qu'il n'y arrive aucun accident, à peine de cent livres d'amende et de tous dépens, dommages et intérêts.

» Les ouvriers travaillant sur les toits doivent faire pendre sur la voie publique un signe qui annonce aux passans qu'il y a danger à passer de ce côté de la rue; on peut même exiger d'eux que quelqu'un reste sur la voie publique pour avertir par cris, de ce danger. »

Ordonnance de police portant défenses de jeter des bottes de foin et de paille par les fenêtres à des heures indues.

Du 3 juillet 1728.

« Ordonnons aux cochers, palefreniers et domestiques qui serviront dans des maisons où il n'y aura point de fenêtres au dedans par lesquelles ils puissent jeter le foin et la paille dans l'intérieur desdites maisons, de n'en jeter pendant les mois d'octobre, novembre, décembre, janvier, février et mars, que depuis sept heures du matin jusqu'à neuf, et pendant les mois d'avril, mai, juin, juillet, août et septembre, depuis cinq heures du matin jusqu'à sept seulement. Et seront en outre lesdits cochers, palefreniers et domestiques qui jetteront du foin et de la paille pendant les heures ci-dessus marquées, tenus de faire rester dans les rues vis-à-vis les fenêtres et ouvertures des greniers, des gens qui avertissent ceux qui passeront, ainsi et de la manière qu'il se pratique à l'égard des démolitions des maisons, et ce, sous les mêmes peines de deux cents livres d'amende, dont les maîtres demeureront pareillement responsables. »

Ordonnance du Bureau des finances,

Du 12 décembre 1747.

« Ordonnons que les articles 8 et 9 de l'édit de décembre 1607, les ordonnances du Bureau des 4 février 1683, 15 mars 1686 et 1er. avril 1697, ensemble les autres édits, déclarations, arrêts, ordonnances et réglemens de la voirie, seront exécutés selon leur forme et teneur : en conséquence, faisons défenses à tous propriétaires de maisons, maçons, charpentiers, couvreurs, manœuvres et autres ouvriers, de plus à l'avenir jeter ni souffrir qu'il soit jeté par les fenêtres de maisons aucuns gravois, moëllons, tuiles, briques ou bois, à peine de demeurer garans des accidens et périls, et de trois cents livres d'amende solidaire entre les propriétaires, locataires qui auront ordonné les ouvrages, et les ouvriers qui auront jeté les démolitions par lesdites fenêtres.

Faisons pareillement défenses à tous maçons, charpentiers, plombiers et autres ouvriers, de faire aucun arrachement dans le pavé pour y ouvrir des tranchées, enfoncer des pieux, établir des échafauds et poser des étaies ou échevalemens; comme aussi de faire aucun ravalement ou réparation aux faces des maisons donnant sur la voie publique, sans la permission du Bureau, à peine de démolition et de cent livres d'amende. Ordonnons que dans un mois, à compter de ce jour, tous les propriétaires de maisons où il y a éviers au-dessus du rez-de-chaussée de la rue, seront tenus de les faire couvrir jusqu'au niveau du pavé, à peine de cinquante livres d'amende. (*Voir* l'art. 19, sect. X de l'ordonnance royale, du 24 décembre 1823, au chap. précédent.)

Ordonnance de police du 1er. décembre 1755, renouvelée
Le 28 janvier 1786.

« ART. 9. Enjoignons..... aux maîtres couvreurs faisant travailler aux couvertures des maisons, de faire pendre au devant d'icelles deux lattes en forme de croix au bout d'une corde, et d'attacher auxdites lattes un morceau de drap d'une couleur voyante; leur enjoignons aussi et à tous autres qui font travailler dans le haut des maisons, lorsqu'il y aura le moindre danger pour les passans, de faire tenir dans la rue un homme pour avertir du travail et prévenir les accidens de pierres, plâtres, tuiles et autres matériaux qui pourraient échapper dans le cours de leurs travaux. »

Ordonnance de police concernant les caisses, pots à fleurs et autres objets dont la chute peut causer des accidens.

Du 18 mars 1819.

« Considérant que la sûreté publique est journellement compromise par les caisses, pots à fleurs et autres objets exposés sur les entablemens, corniches, croisées, auvens et lieux élevés des maisons de Paris; que beaucoup de particuliers établissent en saillie des préaux et jardins, au moyen de faibles planches mal assujetties.

» Considérant que cet oubli des réglemens a déjà eu des suites funestes, et que les accidens qui ont eu lieu tous les ans se renouvelleraient encore si l'autorité chargée de veiller à la sûreté publique ne faisait cesser un abus si dangereux :

» Vu l'édit du mois de décembre 1607, les ordonnances du 1er. avril 1697, 26 juillet 1777, la loi des 16—24 août 1790, et les articles 319, 320 et 471 du *Code pénal*,

» Ordonnons ce qui suit :

» Art. 1er. Il est défendu à tous propriétaires et locataires de maisons situées dans la ville de Paris, de déposer sous aucun prétexte et de laisser déposer sur les toits, entablemens, gouttières, terrasses, murs et autres lieux élevés des maisons, des caisses, pots à fleurs, vases et autres objets pouvant nuire par leur chute.

» On ne pourra former de dépôts de cette espèce que sur les grands balcons et sur les appuis des croisées garnies de petits balcons en fer, ou de barres de support en fer avec grillage en fil de fer maillé.

» Art. 3. Les contraventions seront constatées par les Commissaires de police, qui en dresseront des procès-verbaux qu'ils transmettront directement au tribunal de police municipale.

» Il sera pris en outre les mesures nécessaires pour prévenir les accidens : à cet effet, les Commissaires de police feront retirer et supprimer sur-le-champ les objets exposés en contravention.

» Art. 4. Il n'est pas dérogé aux dispositions des réglemens à l'égard des particuliers qui conserveraient des caisses et pots à fleurs dans le cas prevu par le second paragraphe de l'article premier, et qui, par négligence ou autrement, laisseraient couler l'eau sur la voie publique en arrosant les fleurs. »

SECTION II.

DE LA VIABILITÉ.

§ Ier. *Des saillies.*

Ordonnance du Prévôt de Paris ou son Lieutenant civil sur la police de la voirie.

Du 22 septembre 1600.

« Art. 6..... Défenses sont faites..... à tous charpentiers, menuisiers et serruriers, de ne faire, asseoir ni ferrer ci-après aucune fermeture de boutiques étant en avant ou saillie sur la voirie, soit par le pied ou goussets par le haut, ni de deux assemblages brisés, ou s'ouvrant par le milieu en forme de trappes, l'une se soutenant par le haut, l'autre s'abattant par le bas : ains seront assis et plantés d'un droit alignement après les pans de murs, jambes ou poteaux étriers, et la fermeture en fenêtre et coulisse pour la commodité publique. Et ordonnons qu'à l'avenir tous les établis que les marchands et autres personnes désirent avoir au-devant de leurs maisons et boutiques pour étaler et faire montre des marchandises étant en icelles, seront faites et construites d'un ais ou membrure, qui servira de coulisse à la fermeture desdites boutiques, sans aucune avance ou saillie par le pied, ni goussets par le haut, comme dessus est dit, et en icelles des contr'avances en forme de battans brisés, ferrés ou emboîtés, afin qu'ils se puissent renverser ou ôter à toutes occasions que le public se trouvera oppressé ou incommodé au passage ès endroits où ils seront posés et assis.

» ART. 7. Et ne pourra néanmoins, ledit voyer ou son commis, donner ses alignemens et permissions à savoir ès plus grandes et plus larges rues desdites ville et faubourgs, pour les ais et membrures qui serviront de coulisse à la fermeture des boutiques, comme dessus est dit, que deux pouces, pour seulement servir de liaison et maintenir lesdites fermetures de boutiques, et les battans et contr'avances qui seront mis en icelles membrures ou ais, comme dit est, de cinq à six pouces. Les établis ou ecoffrois ne pourront être attachés à fer ni à clous, et les auvens seront de dix à douze pieds de longueur, deux pieds et demi de châssis en largeur, et affichés de douze pieds de hauteur du rez-de-chaussée, et aux petites rues à l'équipolent et selon qu'il jugera pour la commodité du public.

» ART. 13. Défenses sont aussi faites à tous teinturiers, foulons, tondeurs, fripiers et tous autres, de ne mettre sécher sur perches, soit ès fenêtres de leurs greniers ou autrement, sur rues et voies, aucuns draps, toiles ou autres choses qui puissent incommoder ou empêcher le public, ou offusquer les rues, à peine de dix écus d'amende. »

Ordonnance du Bureau des finances portant réglement sur les saillies et étalages.

Du 1er. avril 1697.

« Nous avons ordonné, conformément à icelles (*les ordonnances antérieures, notamment du 26 octobre 1666 et du 4 février 1683, dont celle-ci est le renouvellement*), que tous propriétaires et locataires de maisons, marchands, artisans et autres, de quelque qualité et condition qu'ils soient, de cette ville et faubourgs, seront tenus, dans huitaine du jour de la publication de notre présente ordonnance, de faire réformer les pas de pierre, seuils de portes, marches, bornes et autres avances étant le long et au-devant de leurs maisons et boutiques, excédant huit pouces de saillie du corps du mur, à peine d'y être mis ouvriers à leurs dépens et de vingt livres d'amende; comme aussi que les établis qui sont au-devant desdites boutiques, excédant deux pouces, seront pareillement réformés, les auvens réduits à la hauteur de dix à douze pieds à prendre du rez-de-chaussée, et à la largeur de deux pieds et demi de châssis, sous les mêmes peines.

» Tous marchands et artisans seront tenus de retirer, dans ledit temps, leurs serpillières, étalages, montres, comptoirs et bancs, au niveau des jambes étrières de leurs boutiques; à faute de quoi faire, seront lesdites serpillières, montres, étalages, grilles, bancs et autres avances de quelque nature qu'elles soient, ôtées et arrachées aux frais et dépens des délinquans : pour raison de quoi, sera délivré exécutoire, et outre condamnés chacun en vingt livres d'amende..... » (*Voir* au chapitre précédent, pag. 263.)

Les dispositions qui suivent, concernant les enseignes, ont été modifiées par l'ordonnance royale du 24 décembre 1823, section VI. Elles ne sont en conséquence maintenues en vigueur que relativement aux points où l'ordonnance nouvelle n'y déroge pas.

Ordonnance du Bureau des finances, rendue en conformité d'un arrêt du Conseil d'Etat, du 19 novembre 1669, relatif aux enseignes.

Du 25 mai 1761.

« Les enseignes seront à la hauteur de quinze pieds (*sept mètres*) au moins, depuis le pavé de la rue jusqu'à la partie inférieure du tableau.

» Les enseignes n'auront au plus que trois pieds (*un mètre*) de saillie du nu du mur dans les rues de seize pieds (*cinq mètres*) et plus de large, plus de deux pieds (*sept décimètres*) de largeur, sur trois pieds (*un mètre*) de haut y compris la potence de fer, l'écriteau et les étalages y pendans ; et dans les petites rues, plus de dix-huit pouces (*cinq décimètres*) de largeur et deux pieds et demi (*huit decimètres*) de haut.

» Tous massifs et reliefs servant d'enseignes seront supprimés. »

Ordonnance du Lieutenant de police concernant les enseignes.

Du 17 décembre 1761.

« Ordonnons que dans un mois. . . . .
. . . . . . Tous marchands et artisans, de quelque condition qu'ils soient, et généralement toutes personnes qui se servent d'enseignes pour l'exercice et l'indication de leur commerce dans cette ville et faubourgs de Paris, seront tenus de faire appliquer leursdites enseignes en forme de tableaux contre le mur des boutiques, lesquelles enseignes ne pourront avoir plus de quatre pouces de saillie ou d'épaisseur du nu du mur, en y comprenant les bordures ou tels autres ornemens que le propriétaire jugera à propos d'y ajouter, tant pour la décoration de ladite enseigne ou tableau, que pour l'indication de son commerce.

» Ordonnons également que tous les étalages servant à indiquer tel commerce ou telle profession, et qui seront posés au-dessus des auvens ou au-dessus du rez-de-chaussée des maisons qui n'auront pas d'auvens, seront également supprimés et réduits à une avance de quatre pouces du nu du mur; comme aussi que tous massifs et toutes figures en relief servant d'enseignes, seront supprimées, sauf aux particuliers, marchands ou artisans qui les auront, à réduire lesdites figures et massifs à un tableau qu'ils feront de même appliquer aux façades des boutiques et maisons par eux occupées; à la charge par lesdits particuliers, marchands ou artisans, d'observer la forme et la réduction ci-dessus prescrites pour les autres enseignes ou tableaux ; ordonnons en outre que lesdits tableaux servant d'enseignes, ainsi que les massifs, étalages et figures en relief dont nous avons ordonné la suppression pour être réduits en tableaux, seront attachés avec crampons de fer haut et bas, scellés en plâtre dans le mur, et recouvrant les bords du tableau ou des susdits étalages, et non accrochés ou suspendus ; que tous particuliers seront tenus, dans ledit temps par nous prescrit, d'ôter et d'enlever en totalité, les potences de fer qui servaient à suspendre leurs enseignes, ou à soutenir leurs massifs et figures en relief ; et que notre présente ordonnance aura lieu pour toutes enseignes qui se trouvent suspendues dans tous les endroits qui servent de voie ou de passage......., à peine contre les contrevenans d'être assignés....... et condamnés à l'amende si le cas y échet. »

Ordonnance du Bureau des finances concernant la suppression des enseignes et étalages en saillie sur les routes de traverse.

Du 10 décembre 1784.

« Art. 1er. Tous particuliers, marchands, artisans, aubergistes, cabaretiers et autres généralement quelconques, ayant sur les places et rues de traverse des villes, faubourgs, bourgs et villages de la généralité de Paris, et généralement sur toutes autres rues, places, carrefours et passages publics, dont le pavé a été ordonné par Sa Majesté et est entretenu à ses frais, des enseignes en saillie suspendues au bout d'une potence de fer ou autre matière, seront tenus...... de faire retirer et supprimer lesdites enseignes, sauf à eux à les faire appliquer sur le nu des murs de face de leurs maisons, magasins et boutiques.

» Art. 2. Les enseignes ou tableaux ainsi appliqués ne pourront avoir, sous quelque prétexte que ce soit, plus de six pouces d'épaisseur ou de saillie du nu desdits murs de face, y compris les bordures, chapiteaux et tous autres ornemens indicatifs de l'état ou profession de ceux qui les feront poser.

» Art. 3. Tous étalages désignant leur commerce ou profession, qui seront placés au-dessus des auvens ou au-dessus du rez-de-chaussée des maisons situées sur lesdites rues, places et carrefours, seront également supprimés ou appliqués sur le mur, sans pouvoir excéder la saillie de six pouces du nu du mur de face.

» Art. 4. Toutes figures en relief formant massifs en fer, bois, pierres ou toute autre matière servant d'enseigne, seront entièrement supprimées, sauf aux particuliers à les remplacer par des tableaux de la forme et dimension prescrites par l'art. 2 de la présente ordonnance.

» Art. 5. Lesdits tableaux et étalages ci-dessus prescrits seront attachés avec crampons de fer haut et bas, scellés en plâtre dans le mur, et recouvrant les bords desdits tableaux et étalages, et non simplement accrochés ou suspendus.

» Art. 7. Faute par les propriétaires, marchands, artisans, cabaretiers et tous autres, de satisfaire aux dispositions de la présente ordonnance........., il y sera pourvu à leurs frais......, et les contrevenans seront condamnés en vingt livres d'amende, et à plus forte peine en cas de récidive.... »

Ordonnance de police concernant les auvens, appentis et autres saillies sur les boulevarts intérieurs.

Du 29 prairial an XII (18 juin 1804), approuvée par le Ministre de l'intérieur le 12 fructidor suivant et renouvelée le 24 frimaire an XIV.

« Art. 1er. Tous auvens, appentis, plafonds, barraques et échoppes, construits sans autorisation sur les boulevarts intérieurs de Paris, depuis le 3 floréal an VIII, seront supprimés.

» Art. 2. Les propriétaires ou locataires de maisons qui ont outre-passé les dimensions de leurs permissions, seront tenus de se réduire et de s'y conformer sans délai.

» Art. 4. . . . . . . Les auvens qui ont plus de quatre-vingt-un centimètres (deux pieds et demi), seront réduits.

» Néanmoins, il devra être observé entre les auvens et les arbres une distance de trente centimètres (un pied).

» Il est défendu d'en réparer ou d'en rétablir aucun sans une permission du Préfet de police.

» Art. 5. Les autres objets, tels que tableaux servant d'enseignes, devantures de boutiques, étalages de marchands en boutiques et autres de ce genre, seront autorisés suivant les saillies d'usage. »

(*Voir* les sections IV, V et VI de l'ordonnance royale du 24 décembre 1823 au chap. précédent.)

Décret concernant les auvens des spectacles et de l'esplanade du boulevart du Temple. (Voyez *l'art.* 25 *de l'ordonnance royale du* 24 *décembre* 1823).

Du 13 août 1810.

« Art. 1ᵉʳ. La réparation ou l'établissement des auvens que les propriétaires ou locataires des maisons bordant l'Esplanade du boulevart du Temple, sont dans l'usage de pratiquer au devant desdites maisons, seront permis sur les alignemens qui seront donnés conformément aux lois.

» Art. 2. Lesdits auvens seront assimilés aux baldaquins, et comme tels, assujettis au droit fixe, de petite voirie, de cinquante francs au lieu de quatre francs que paient les auvens ordinaires, d'après le tarif annexé à notre décret du 27 octobre 1808.

» Art. 3. Les auvens de la nature de ceux indiqués en l'article 1ᵉʳ., qui pourraient être permis dans l'intérieur de Paris, notamment pour descendre à couvert aux portes des spectacles, sont également assujettis à un droit fixe de cinquante francs. »

§ II. *Des embarras de la voie publique.*

Ordonnance du Lieutenant de police portant réglement général sur la voirie.

Du 22 septembre 1600.

« Art. 12. Défenses sont faites à toutes personnes, même aux charrons, sculpteurs, marchands de bois, charpentiers et tous autres, de mettre ni tenir sur les chemins, rues, voies et voiries, soit au devant de leurs maisons, sur les quais, chemins, rivages, bordages et avenues des rivières, ou autres lieux, places et voies publiques, aucuns carrosses, coches, charrettes, chariots, troncs et pièces de bois, ou autres choses qui puissent encombrer ou empêcher les chemins et voies................................ auront granges, chantiers, cours ou autres lieux commodes pour les y retirer; le tout à peine de dix écus d'amende et de confiscation des choses susdites qui y seront trouvées.

» Art. 14. Les propriétaires qui feront bâtir sur les rues et voies, comme aussi les ouvriers qui entreprendront à faire lesdits bâtimens, ne pourront tailler leurs pierres ès dites rues, ni tenir matériaux plus de vingt-quatre heures ; ains se retireront dans les places à bâtir, comme aussi ne pourront mettre en icelles rues et voies aucune vidange, soit de gravois, terres ou autres qui les puissent encombrer, sinon lors et à l'instant que les tombereaux les pourront charger et enlever desdits lieux, à peine de dix écus d'amende.

» Art. 18. Défenses sont aussi faites à tous propriétaires ou locataires, et autres qui ont maisons assises ès places, marchés et autres lieux publics où il est accoutumé de tenir foires ou marchés ès dites villes et faubourgs, et au dedans desquelles se vendent et étalent marchandises ou denrées par marchands forains et autres, de n'empêcher lesdits marchands forains et autres, au placement qui leur sera donné par le voyer ès dits lieux, ni en la vente de leurs marchandises ou denrées, ni même en prendre et exiger aucune chose, sous prétexte qu'ils pourront alléguer en recevoir incommodité, à peine de vingt écus d'amende et de prison.

» Art. 19. Autres défenses sont aussi faites à tous artisans et gens de métiers, de poser leurs établis, selles ou billots ès dites rues et voies, contre et au devant des maisons particulières ou autrement, sans le gré des propriétaires ou locataires, et sans qu'au préalable le lieu auquel ils désireront se placer et mettre leursdites marchandises, établis, selles ou billots, n'ait été vu et visité par le voyer ou son commis, sur la commodité ou incommodité du public, et n'aient de lui pris permission et congé, à peine de confiscation desdits étaux, marchandises et denrées, et d'amende arbitraire. »

Ordonnance du Bureau des finances.

Du 1er. avril 1697.

« Faisons défenses,........ de faire relever le pavé des devantures de maisons plus haut que l'ancien pavé de la rue.........

» Faisons pareillement défenses à tous maçons, charpentiers et autres ouvriers, de mettre ou faire mettre des étrésillons, étaies et échevalemens dans les rues, places et voies publiques, sans notre permission; auquel cas, leur enjoignons de faire rétablir et réparer les trous des dégradations du pavé procédant de l'apposition desdites étaies et échevalemens, par l'entrepreneur du pavé du quartier, à peine d'y être mis ouvriers à leurs frais et dépens, et de dix livres d'amende.

» Comme aussi faisons défenses à toutes personnes de quelque qualité et condition qu'elles soient, de faire mettre aucuns poteaux, pieux et bûches au travers lesdites rues dans le pavé d'icelles ; d'y faire faire aucunes barrières, ni d'en rétrécir le passage pour quelque cause et occasion que ce soit, ni faire faire aucune tranchée et ouverture de pavé, qu'après en avoir pris la permission de nous, et qu'à la charge de les faire rétablir par les entrepreneurs du pavé de cette ville, aussi à peine de vingt livres d'amende.

» Enjoignons à tous rôtisseurs qui vendent à la main, lesquels ont des âtres faisant saillie sur la voie publique, de les mettre incessamment au même alignement des jambes étrières de leurs maisons, sur les mêmes peines.

» Faisons défenses aux boulangers et pâtissiers, de fendre ou faire fendre leur bois sur le pavé desdites rues; ains sur des billots de bois, conformément aux ordonnances, à peine de vingt livres d'amende, comme aussi à tous charrons, embatteurs de roues, sculpteurs, menuisiers et charpentiers, et tous autres, de ne tenir au devant de leurs boutiques et maisons aucunes pièces de bois, marbres et pierres, trains de carrosses, chariots et charrettes dans lesdites rues; ains de les retirer dans leurs boutiques et cours, à peine de confiscation et de vingt livres d'amende; et auxdits embatteurs de roues, de faire aucun trou dans ledit pavé, sur peine de pareille amende.......

» Comme aussi aux marchands de fer, épiciers,

cabaretiers et tous autres, de laisser leurs tonnes, tonneaux, muids et emballages ès dites rues, et pareillement à toutes personnes de quelque qualité et condition qu'elles soient, de laisser sur la voie publique au devant de leurs maisons aucuns décombres, terreaux ni fumiers, sur les mêmes peines.

» . . . . . Leur enjoignons (*aux ouvriers en bâtimens*) de faire incessamment ôter et enlever les décombres desdits bâtimens, avec défense à eux d'empêcher le passage et voie publique par les matériaux destinés pour les bâtimens ou autres, en quelque sorte et manière que ce soit, sur les mêmes peines; leur permettons néanmoins d'en mettre sur l'un des revers desdites rues, et à trois pieds de distance du ruisseau, avec défense d'outre-passer; aussi à peine de vingt livres d'amende, et d'être lesdits matériaux acquis et confisqués, et portés au chantier du Roi, et les décombres enlevés à leurs frais.»

Ordonnance de police concernant les dépôts de matériaux, terres et autres objets sur la voie publique.

Du 1er. septembre 1769.

« Art. 6. Ne pourront lesdits entrepreneurs de bâtimens, maîtres maçons et propriétaires de maisons, qui feront travailler par économie et autres, rassembler des matériaux au-delà de ce qu'ils peuvent en employer dans l'espace de huit jours, à peine de confiscation et de trois cents livres d'amende, si ce n'est pour des églises et monumens publics, à l'égard desquels la présente restriction n'aura pas lieu.

» Art. 7. Leur faisons défenses, sous les mêmes peines, d'embarrasser les rues et entrées des maisons par leurs matériaux, et à cet effet ils ne pourront les placer que dans les endroits qui leur seront indiqués par les Commissaires de chaque quartier : leur enjoignons de veiller à ce que les voituriers qui leur amèneront des pierres et moëllons, ne les déchargent que dans les emplacemens assignés par le Commissaire. Enjoignons pareillement aux voituriers desdites pierres et moëllons et à leurs charretiers, de ne les décharger sur les ateliers qu'après avoir averti les entrepreneurs, leurs commis ou chefs d'ateliers, afin qu'ils leur indiquent les places permises par les Commissaires : le tout conformément à l'ordonnance du 28 novembre 1750, et à notre sentence du 25 avril 1766.

» Art. 8. Ne pourront lesdits entrepreneurs, maîtres maçons et autres laisser séjourner dans les rues, plus de vingt-quatre heures, les terres, décombres, gravois, et autres immondices provenant des démolitions et des fouilles, ni en sortir une trop grande quantité, de façon que le passage des rues en soit embarrassé ; leur enjoignons, ainsi qu'aux salpêtriers qui voudront prendre lesdits décombres et gravois, de les enlever dans le jour, et au plus tard dans les vingt-quatre heures, et de les faire porter aux décharges et voiries à ce destinées, ou dans les ateliers desdits salpêtriers, sans pouvoir les décharger ailleurs, à peine de cent livres d'amende, et sera loisible à l'entrepreneur du nettoiement, après les vingt-quatre heures passées, de faire ledit enlèvement aux frais des maîtres maçons entrepreneurs, aux termes de l'art. 16 de l'arrêt de réglement du 30 avril 1663, sauf leur recours contre les voituriers et gravatiers, dans le cas où lesdits entrepreneurs justifieraient les avoir avertis. »

Ordonnance du Bureau des finances concernamt les échoppes.

Du 1er. février 1776.

« Faisons défenses à tous propriétaires ou locataires des maisons de la ville et faubourgs de Paris, de quelque qualité et condition qu'ils soient, de permettre ou souffrir qu'il soit posé au devant des maisons qu'ils occupent aucune échoppe de quelque espèce et sous quelque prétexte que ce soit, sans qu'il leur apparaisse d'une permission par écrit d'en établir. Faisons défenses à toutes personnes de poser à l'avenir aucune échoppe, soit sédentaire, soit demi-sédentaire, en aucun endroit de cette ville, à peine de confiscation et de dix livres d'amende. Faisons défenses aux Commissaires généraux de la voirie de donner aucune permission d'échoppes sédentaires ou demi-sédentaires, mais seulement d'échoppes entièrement mobiles, et qui se retirent le soir ; leur enjoignons d'énoncer dans les permissions qu'ils accordent, que *les échoppes doivent être entièrement mobiles, et que les propriétaires sont tenus de les retirer tous les soirs*, à peine de nullité desdites permissions. (*Voir* l'article 12, section IV de l'ordonnance du 24 décembre 1823.)

Ordonnance de police concernant la commodité et la liberté de la voie publique.

Du 28 janvier 1786. (Elle renouvelle une pareille ordonnance du 1er. décembre 1755.)

« Art. 1er. Nous ordonnons que les réglemens des 3 janvier 1356, novembre 1539, décembre 1607, 19 novembre 1666, 22 mars 1720 et les ordonnances de police, seront exécutés selon leur forme et teneur. Enjoignons aux propriétaires, maîtres maçons, charpentiers et entrepreneurs de bâtimens, de renfermer, tailler et préparer dans l'intérieur desdits bâtimens les pierres et matériaux destinés à iceux, autant que ledit intérieur en pourra contenir, à peine de deux cents livres d'amende.

» Art. 2. Nous faisons très-expresses inhibitions et défenses auxdits propriétaires, maçons, charpentiers, menuisiers, couvreurs et autres entrepreneurs de bâtimens, de faire décharger dans les rues et places de cette ville des pierres de taille, moëllons, charpente et autres matériaux destinés aux constructions et réparations des bâtimens, que préalablement ils n'aient fait constater par les Commissaires des quartiers qu'il n'est pas possible de les renfermer dans l'intérieur des bâtimens, et qu'ils n'aient obtenu desdits Commissaires des emplacemens pour lesdits matériaux; comme aussi d'en déposer ailleurs que dans ceux qui leur auront été assignés par lesdits Commissaires : le tout sous la même peine de deux cents livres d'amende.

» Art. 3. Seront tenus, sous les mêmes peines,

lesdits entrepreneurs de places de retenir dans l'intérieur des bâtimens qu'ils démoliront, les pierres, bois et autres matériaux en provenant : leur défendons de les sortir et déposer dans les rues, sauf à eux à se pourvoir de magasins suffisans pour les contenir.

» Art. 4. Il ne pourra être mis dans les rues et places de cette ville plus grande quantité de pierres, moëllons et charpente que ce qui pourra être employé dans le cours de trois jours, ou au plus, de la semaine, et ce dans le cas où il sera estimé par le commissaire du quartier que le passage public n'en sera pas gêné et resserré, à l'exception néanmoins des matériaux destinés pour les édifices publics. (*Voir* l'arrêté ministériel du 13 octobre 1810, à la suite.)

» Art. 5. Les propriétaires, maîtres maçons, charpentiers et autres entrepreneurs, ne pourront faire sortir dans les rues et places les décombres, pierres, moëllons, terres, gravois, ardoises, tuileaux et autres matières provenant des démolitions des bâtimens qu'autant qu'ils pourront les faire enlever dans le jour ; en sorte qu'il n'en reste pas pendant la nuit, sous peine de deux cents livres d'amende.

» Art. 6. Enjoignons, sous les mêmes peines, auxdits propriétaires, maîtres maçons, charpentiers et autres entrepreneurs de bâtimens de faire balayer tous les jours, aux heures prescrites par les réglemens, les rues le long de leurs bâtimens et ateliers, de faire enlever les recoupes trois fois la semaine et même plus souvent s'il est nécessaire, de manière que leurs ateliers n'en soient point engorgés; de faire ranger leurs pierres et matériaux destinés aux constructions, le long des murs, sans cependant les appuyer contre iceux et en laissant libre l'entrée des maisons et les appuis au-devant des boutiques: de telle sorte qu'il reste, autant qu'il sera possible, dans les rues un espace de trois toises entièrement libre, afin que deux voitures puissent y passer de front; et dans le cas où ils ne pourraient pas laisser trois toises entièrement libres, les matériaux seront déposés dans des carrés, entre lesquels on laissera des places vacantes pour ranger, au besoin, de secondes voitures : le tout conformément aux permissions qui auront été délivrées.

» Art. 7. Seront tenus les tailleurs de pierres de ranger les pierres qu'ils travailleront de manière que les éclats et recoupes ne puissent causer aucune malpropreté dans les rues ni blesser les passans; leur enjoignons en conséquence de tourner la partie qu'ils tailleront du côté du mur le long duquel seront déposés les pierres et matériaux, le tout à peine de cent livres d'amende.

» Art. 8. Ordonnons aux couvreurs d'observer les anciennes ordonnances; en conséquence leur défendons de jeter les recoupes, plâtres et ardoises dans les rues, et leur enjoignons de les descendre ou faire descendre par leurs ouvriers, sous peine de deux cents livres d'amende, même de plus grande peine si le cas y échéait.

» Art. 10. Faisons défenses à tous marchands

épiciers, marchands de vins, tonneliers, fruitiers et à toutes personnes quelconques, sous la même peine, d'embarasser les rues de ballots, tonneaux, ni d'y faire travailler à la réparation d'iceux, comme aussi d'y laisser aucuns paniers vides, ou pleins de marchandises ; leur enjoignons de faire décharger et serrer dans leurs magasins et caves les marchandises qui leur arriveront, au fur et à mesure de l'arrivée d'icelles, sans les laisser sur le pavé, et aussi de faire enlever celles qu'ils voudront faire transporter de chez eux au fur et à mesure qu'elles auront été tirées de leurs caves, boutiques et magasins, en sorte que les rues n'en demeurent point embarrassées.

» Art. 11. Faisons défenses sous les mêmes peines à tous serruriers, tapissiers, layetiers, chaudronniers, bahutiers et à tous autres, de travailler dans les rues et d'y établir des ateliers et tréteaux.

» Art. 12. Faisons défenses, sous les mêmes peines de deux cents livres d'amende, à tous sculpteurs, marbriers, menuisiers, serruriers, charpentiers, selliers, charrons, marchands de bois, tapissiers, frippiers et autres, de laisser sur le pavé au devant leurs maisons, sous quelque prétexte que ce soit, aucuns marbres, trains, carrosses, arbres, poutres, planches et autres choses destinées à être travaillées, ni aucun autre objet de leurs métiers et profession, même pour servir de montre.

» Art. 13. Faisons défenses à tous loueurs de carrosses, charretiers et voituriers, sous les mêmes peines de deux cents livres d'amende, de laisser exposés, tant de jour que de nuit, dans les rues et places de cette ville, aucuns carrosses, chariots, coches et autres voitures.

» Art. 14. Faisons aussi défenses à tous regrattiers et regrattières, à peine de vingt livres d'amende et même de prison, d'établir boutique et étalage dans les rues et places; leur enjoignons de se retirer dans les halles et marchés de cette ville pour y faire le commerce.

» Art. 15. Défendons à tous propriétaires et principaux locataires de maisons de laisser au devant d'icelles lesdits regrattiers et regrattières et toutes autres personnes avec étalages quelconques, à peine de deux cents livres d'amende.

» Art. 16. L'ordonnance de police, du 31 juillet 1779, portant défenses d'étaler dans les rues et places publiques de la ville de Paris; l'arrêt du parlement, du 16 décembre suivant, portant homologation de ladite ordonnance et les lettres-patentes du mois de mai 1784, enregistrées au parlement le 27 dudit mois de mai, portant suppression des échoppes de la ville de Paris, seront exécutés selon leur forme et teneur, et en conséquence faisons défenses à toutes personnes de faire construire aucune échoppe ni se placer dans aucune rue et place avec planches, tables ou éventaires, à peine de cinquante livres d'amende, et à l'égard des propriétaires ou principaux locataires qui les souffriront devant leurs portes, sous peine de deux cents livres d'amende.

» Art. 17. Faisons défenses à tous marchands et loueurs de chevaux, d'essayer ni faire essayer leurs chevaux dans les rues et places de cette ville; leur enjoignons de se retirer dans le marché public et dans les endroits écartés qui y sont destinés, à peine de deux cents livres d'amende.

» Art. 18. Faisons défenses à tous charretiers de conduire leurs voitures et charrettes étant montés sur leurs chevaux, qu'ils ne pourront en aucun cas, faire courir ou trotter; leur enjoignons de les conduire à pied, le tout à peine de cinquante livres d'amende et de prison.

» Art. 19. Faisons défenses à toutes personnes de jouer dans les rues et places publiques au volant; aux quilles ni au bâtonnet, à peine de deux cents livres d'amende.

» Art. 20. Seront les pères et mères, maîtres et maîtresses, propriétaires, entrepreneurs et autres, civilement tenus garans et responsables pour leurs enfans, ouvriers, garçons, serviteurs ou domestiques, de toutes les peines portées par les différens articles de la présente ordonnance.

Arrêté du Ministre de l'intérieur relatif aux matériaux destinés aux grandes constructions dans Paris.

Du 13 octobre 1810.

Titre Ier. *Des constructions commencées dans la ville de Paris.*

» Art. 1er. D'ici au premier novembre tout ingénieur ou architecte chargé d'une grande construction soit immédiatement par le Ministère de l'intérieur, soit par le Directeur général des ponts et chaussées, soit par le Préfet du département, soit par l'intendance des bâtimens de Sa Majesté, soit par des associations ou par des particuliers quelconques, ira en faire sa déclaration à la Préfecture de police.

» Art. 2. Dans les cinq jours qui suivront cette déclaration, le Préfet de police désignera un commissaire-voyer, qui se rendra avec l'ingénieur et l'architecte sur les lieux de la construction et du dépôt des matériaux.

» Art. 3. L'ingénieur ou l'architecte et le voyer manderont les entrepreneurs de la construction et après les avoir ouïs, feront un rapport dans lequel ils indiqueront;

» 1°. Le théâtre où les matériaux destinés à passer l'hiver devront être renfermés;

» 2°. Le théâtre où devront être déposés, à l'ouverture de la campagne prochaine, les matériaux nécessaires pour cette campagne, au fur et à mesure de leur arrivée et du besoin.

» Art. 4. Par-tout où la place des abords des grandes constructions doit rendre nécessaires des acquisitions ultérieures de terrains, ces acquisitions seront hâtées, afin que les terrains à acquérir servent au plus tôt de dépôt aux matériaux.

» Art. 5. Lorsqu'il n'y aura point de terrains dont l'acquisition soit prévue, il sera, autant que faire se pourra, loué des emplacemens à la proximité des grandes constructions.

» Art. 6. Lorsqu'il n'existera point d'emplacement hors des places ou de la voie publique et que l'espace le permettra sans qu'il en résulte aucune gêne, on pourra proposer l'établissement de chantiers ou théâtres clos, de manière que le cantonnement des matériaux soit absolument séparé de ce qui restera pour la voie publique.

» Art. 7. Les ingénieurs ou architectes et les commissaires-voyers traceront sur le terrain et sur un plan leurs projets de dépôts ou de cantonnement des matériaux.

» Art. 8. S'il n'y a point d'oppositions, ces plans, approuvés par le Préfet de police, régleront définitivement l'emplacement des matériaux ou des théâtres.

» En cas d'oppositions, il en sera référé au Ministre de l'intérieur, qui statuera dans la huitaine*.

» Art. 9. Passé le 15 novembre prochain, tous les matériaux qui seront hors des enceintes déterminées comme il a été dit ci-dessus, seront enlevés à la diligence du Préfet de police, aux frais, risques et périls des entrepreneurs.

» Titre II. *Des constructions à venir.*

» Art. 10. Aucune grande construction ne pourra être commencée sans qu'un plan concerté, comme il a été dit ci-dessus, n'ait déterminé l'emplacement des matériaux et la quantité qui pourra être déposée à-la-fois à pied-d'œuvre.

» Titre III. *Des dépôts de matériaux près des carrières.*

» Art. 11. Afin de ne pas retarder l'avancement

---

* Cette disposition suppose nécessairement une information préalable sur le *commodo et incommodo*.

des grands travaux, les entrepreneurs seront toujours tenus d'avoir des dépôts à proximité des carrières.

» Art. 12. L'emplacement et l'étendue de ces dépôts seront déterminés par l'ingénieur ou par l'architecte chargé de la construction. On les rapprochera le plus possible des grandes routes, sans pouvoir anticiper sur elles. Les dépôts seront formés..... dans la quinzaine de l'adjudication, pour les constructions à venir.

» Art. 13. Ces dépôts seront toujours garnis, de manière que dans aucun temps, le retard de l'approvisionnement des matériaux ne puisse en apporter dans l'avancement des constructions. »

(Ces trois derniers articles, ainsi qu'on en peut juger, concernent plus particulièrement les travaux ordonnés par le Gouvernement. Les art. 14, 15 et 16, qui terminent l'arrêté, n'ont pas été rapportés ici, parce qu'ils s'appliquent uniquement aux constructions publiques.)

Ordonnance de police concernant les barrières sur les boulevarts intérieurs.

Du 26 août 1816.

« Art. 1er. A compter du jour de la publication de la présente ordonnance, il ne pourra être établi de barrières au devant des propriétés bordant les contre-allées des boulevarts intérieurs de Paris, si ce n'est pour raison de salubrité publique, et après avoir obtenu la permission nécessaire à cet effet.

» Ces barrières seront établies hors des contre-allées des boulevarts, et à cinquante centimètres au moins du corps des arbres, sans pouvoir néanmoins excéder un mètre cinquante centimètres de saillie, à partir du nu du mur.

» Art. 2. Les barrières actuellement existantes ne pourront être réparées.

» Elles seront supprimées du moment où il y aura nécessité de les réparer, pour être rétablies s'il y a lieu, à l'alignement déterminé par l'autorité.

» Art. 3. Il est défendu de faire des dépôts, et de former aucun établissement dans l'enceinte des barrières sans une autorisation spéciale.

» Art. 4. Les contraventions seront constatées par des procès-verbaux, qui nous seront adressés.

» Art. 5. Il sera pris envers les contrevenans telles mesures de *police administrative* qu'il appartiendra, sans préjudice des poursuites à exercer contre eux devant les tribunaux. »

Ordonnance de police concernant la liberté et la sûreté de la voie publique.

Du 8 février 1819.

« Art. 1er. Il est défendu, sous quelque prétexte que ce soit, d'étaler ou déposer en dehors des boutiques, magasins et ateliers, des meubles, voitures, caisses, tonneaux, ni aucune marchandise quelconque.

» Art. 2. Il est enjoint aux marchands épiciers, marchands de vins, tonneliers, fruitiers et à tous autres, de faire décharger et serrer dans leurs magasins et caves les marchandises qui leur arrivent, au fur et à mesure de leur arrivée, sans les laisser sur la voie publique, et aussi de faire enlever celles qu'ils voudront faire transporter de chez eux, au fur et à mesure qu'elles auront été tirées de leurs caves, boutiques et magasins, en sorte que les rues n'en demeurent point embarrassées.

(Cet article est la reproduction textuelle de l'article 10 de l'ordonnance du 28 janvier 1786. *Vide suprà.*)

» Art. 3. Les contraventions à la présente ordonnance seront constatées par des procès-verbaux ou rapports, pour être déférées aux tribunaux, et poursuivies conformément aux articles 471 et 474 du *Code pénal.*

» Art. 4. Notre ordonnance du 24 avril 1817, concernant les étalages mobiles sur la voie publique, continuera de recevoir son exécution *. »

§ III. *Des passages publics.*

Ordonnance de police concernant les passages sous les piliers des halles.

Du 18 février 1811, approuvée par le Ministre de l'intérieur le 2 mars suivant.

« Considérant, 1°. que par-tout où passage est livré au public sur des propriétés particulières, cette faculté résulte soit d'une servitude imposée aux propriétés, soit du consentement volontaire des propriétaires;

---

* Cette ordonnance n'a pas été rapportée ici, non plus que beaucoup d'autres, qui, n'intéressant pas les droits de la propriété particulière, sont étrangères au but de ce Recueil.

» 2°. Que dans le premier cas le passage étant, de droit, la portion de propriété sur laquelle il est réservé, se trouve aussi, de droit, soumis, sous ce rapport, à tous les réglemens concernant la liberté de la voie publique;

» 3°. Que, dans le second cas, le passage est toujours accordé au public dans l'intérêt des propriétaires et de leurs locataires;

» Qu'en se dessaisissant ainsi en faveur du public et dans leur intérêt, de l'usage d'une partie de leur propriété, en la convertissant, soit temporairement, soit invariablement en voie publique, les propriétaires contractent de fait, envers le public et l'autorité, l'engagement d'en garantir la liberté et la sûreté;

» Qu'à l'instant où cet engagement est violé, l'autorité, dans l'intérêt de la sûreté publique, a droit d'interdire le passage en laissant les propriétaires maîtres de reprendre en entier l'usage et la possession de leurs propriétés.

» Considérant que les propriétaires et locataires des maisons situées sur et en arrière des piliers de la Tonnellerie et des piliers des Potiers d'étain, tout en laissant sous la galerie formée par les piliers une apparence de passage au public, ont, pour la plupart, restreint et obstrué ce passage, de manière que la circulation est très-gênée et que la sûreté publique y est compromise presqu'à chaque pas;

» Considérant que si les arrêts contradictoires du Conseil du 15 janvier 1675 et 2 octobre 1677, abandonnent aux propriétaires desdites maisons la propriété et jouissance des places situées entre les piliers et la façade du rez-de-chaussée, à l'exception de celle de la Cossonnerie, dont la propriété est restée au domaine, aux termes de l'arrêt du 2 octobre 1677; lesdits propriétaires ont néanmoins consenti à livrer au public un passage invariable de jour et de nuit sous lesdites galeries, passage dont il résulte d'ailleurs le plus grand avantage pour eux, attendu la valeur qu'il donne à leurs propriétés;

» Qu'en conséquence des principes précédemment établis, ce passage doit, d'une part, avoir une largeur suffisante pour la circulation, de l'autre, être dégagé de tous les objets qui pourraient en embarrasser l'usage et le rendre dangereux pour le public, faute de quoi l'autorité serait obligée d'en ordonner la clôture, malgré le désavantage qui pourrait en résulter pour les propriétaires,

» Ordonnons ce qui suit :

» Art. 1er. A partir de la rue Saint-Honoré jusqu'à la pointe Saint-Eustache, il sera laissé entre l'alignement des piliers de la Tonnellerie et celui de la façade du rez-de-chaussée des maisons construites sur ces piliers, un espace de trois mètres de largeur pour l'usage du public.

» Art. 2. Cet espace sera mesuré à compter du nu du mur de face du rez-de-chaussée;

» Art. 3. A partir de la pointe Saint-Eustache jusqu'à la rue Pirouette, l'espace compris entre les piliers et la façade du rez-de-chaussée;

» Art. 4. A partir de la rue Pirouette jusqu'à la

rue de la Cossonnerie, l'espace compris entre le second rang des piliers et la façade du rez-de-chaussée restera entièrement libre.

» Art. 5. Il est défendu, soit aux propriétaires et locataires des maisons et boutiques situées sous les piliers et sous leurs galeries, soit aux propriétaires, locataires, tenanciers et usagers des places situées entre les piliers, d'anticiper, sous quelque prétexte que ce soit, sur les espaces réservés au passage public, et d'obstruer ce passage de quelque manière que ce soit, sous les peines portées aux lois et réglemens en cette partie.

» Art. 6. Les propriétaires, locataires, tenanciers et usagers seront tenus, dans le délai du 1er. avril prochain, de supprimer toutes les saillies fixes qu'ils auraient établies sur les espaces réservés au passage public par la présente ordonnance.

» Art. 7. Tout propriétaire qui se refusera à laisser au public le passage prescrit par la présente ordonnance, sera tenu, dans les vingt-quatre heures de la sommation qui lui en sera faite, d'enclore les travées situées au devant et au-dessous de sa propriété, sinon il y sera pourvu d'office et à ses frais. »

Ordonnance de police concernant les passages ouverts au public sur les propriétés particulières.

Du 20 août 1811.

« Vu 1°. notre ordonnance du 20 novembre 1810, concernant les passages sous les galeries du Palais-Royal,

» 2°. Celle du 18 février 1811, relative au passage sous les piliers des Halles, approuvée par le Ministre de l'intérieur le 2 mars suivant :

» Considérant que les principes qui ont dicté les susdites ordonnances s'appliquent évidemment à tous les passages ouverts au public sur des propriétés particulières; que dans la plupart de ces passages la circulation est entravée par des dépôts de meubles et par des étalages de toutes espèces des marchands et boutiques;

» Considérant que cet abus, qui est sur-tout très-sensible dans les passages couverts, où il règne toujours plus ou moins d'obscurité, doit être réprimé sans délai,

» Ordonnons ce qui suit :

» Art. 1er. Il est défendu d'établir aucune devanture de boutique *saillante*, de former aucun dépôt de meubles ou effets, ni aucun étalage *fixe ou mobile* de marchandises hors des boutiques situées dans les passages publics *qui ont moins de deux mètres et demi de largeur*.

» Les devantures de boutiques actuellement existantes ne pourront être réparées.

» Les étalages mobiles seront supprimées sur-le-champ.

» Art. 2. Les propriétaires ou locataires de boutiques situées dans des passages de *deux mètres et demi* à trois mètres de largeur *et au-dessus*, ne pourront, dans aucun cas, établir d'une manière fixe, même mobile, aucune devanture, fermeture, étalage, enseigne, montre, lanterne, tableau ou écusson, faisant saillie de plus de seize centimètres en avant du corps du bâtiment dans lequel sont situées les boutiques.

» Toute devanture actuellement existante dont la saillie serait de plus de seize centimètres ne pourra être réparée.

» Tout étalage et autres saillies mobiles ayant plus de seize centimètres seront retirés de suite.

» Art. 3. Il est défendu aux propriétaires ou locataires, de quelque profession qu'ils soient, de gêner ou embarrasser les passages dont il s'agit, soit par des dépôts de marchandises, soit par des ateliers de travail autres que ceux nécessaires à la réparation des bâtimens du passage.

» Il est également défendu d'y placer des bancs, chaises, tréteaux, comptoirs et tous autres objets de telle nature que ce soit, qui pourraient gêner la circulation.

» Art. 4. Les marchands établis dans les passages ne pourront induire de la présente ordonnance le droit de faire un étalage à l'extérieur de leurs boutiques, s'ils n'en ont obtenu l'agrément des propriétaires.

» Dans tous les cas, ils seront tenus de se conformer aux dispositions des articles ci-dessus qui les concernent.

» Art. 5. Les propriétaires ou locataires tiendront en bon état le sol des passages; ils auront soin en outre de les faire balayer et éclairer, et de les tenir fermés le soir aux heures prescrites par les réglemens.

» Art. 6. En cas de contravention, les Commissaires de police et l'architecte-commissaire de la petite voirie, sont autorisés, en vertu de la présente ordonnance et sans qu'il en soit besoin d'autre, à faire démolir les devantures de boutiques et enlever les étalages et saillies mobiles, et ce aux frais des contrevenans; ils dresseront des procès-verbaux, qu'ils nous transmettront sans retard; le tout sans préjudice des poursuites à exercer devant les tribunaux, conformément au *Code des délits et des peines* et *sauf la fermeture des passages s'il y a lieu.*

» Art. 7. A l'avenir aucun passage ne sera ouvert au public sur des propriétés particulières, qu'en vertu d'une permission du Préfet de police. »

Ordonnance de police concernant les passages et galeries du Palais-Royal.

Du 16 août 1819.

« Considérant 1°. que les galeries du Palais-Royal sont un passage livré au public,

» Que cette destination est établie par les termes exprès des contrats de vente des maisons situées au pourtour du jardin; qu'en conséquence les propriétaires et locataires de ces maisons sont, de droit, assujettis aux lois et réglemens relatifs à la liberté et à la sûreté de la voie publique;

» Qu'indépendamment de ces lois et réglemens, ils sont, par leurs contrats, assujettis à des conditions particulières qui tendent au même but;

» Que notamment il leur est interdit d'établir

des devantures, étalages, tableaux et autres saillies qui excèdent l'arrière-corps des pilastres;

» De ne faire aucun usage de l'autre face intérieure des galeries;

» Que ces conditions se rattachent aux lois et réglemens concernant la petite voirie;

» 2°. Qu'au mépris des réglemens généraux de police concernant la liberté et la sûreté de la voie publique, et des conditions énoncées aux contrats de vente, le plus grand nombre des propriétaires ou locataires des boutiques situées sous les galeries et péristyles au pourtour du jardin, se sont permis de faire des devantures dont la saillie excède considérablement l'arrière-corps des pilastres;

» Que d'autres se sont permis et se permettent journellement d'établir des étalages, montres, tableaux et autres objets, dont la saillie gêne la circulation ou peut occasionner des accidens;

» 3°. Que les mêmes inconvéniens ont lieu dans les galeries de bois, dans la galerie vitrée, et dans tous les passages aux abords du Palais, du Théâtre-Français et du jardin;

» 4°. Que le sol des galeries et passages n'est pas balayé avec l'exactitude que prescrivent les réglemens, et que l'on néglige la réparation des enfoncemens qui s'y forment;

» 5°. Que l'on dépose sur les fenêtres des maisons donnant sur les jardins, galeries et passages des pots à fleurs, vases et autres objets pouvant nuire par leur chute;

» 6°. Que dans les galeries de bois, les locataires

des boutiques ne prennent point les précautions nécessaires pour éviter l'incendie :

» Vu la loi des 16—24 août 1790, titre XI, § 1er et 5 ;

» L'article 471, § 3, 4, 5 et 6 du *Code pénal;*

» Les ordonnances de police des 30 avril 1808, 20 novembre 1810 * et 20 août 1811, concernant les galeries du Palais-Royal et les passages livrés au public sur les propriétés particulières; celles des 1er avril 1818 et 18 mars dernier concernant les caisses et pots à fleurs ;

» Celle du 15 novembre 1781 sur les incendies, maintenue par l'art. 484 du *Code pénal,* etc. ,

» Ordonnons ce qui suit :

Galeries de pierre autour du jardin.

» Art. 1er. A l'avenir et à compter du jour de la publication de la présente ordonnance, il est défendu d'établir sous les péristyles et galeries de pierre au pourtour du jardin du Palais-Royal aucune devanture de boutique en saillie sur l'arrière-corps des pilastres,

» Art. 2. Les devantures de boutiques excédant l'arrière-corps des pilastres seront retranchées et réduites à l'alignement prescrit lorsqu'il sera fait une réparation quelconque auxdites devantures ou lorsqu'il y aura changement de locataires.

» Dans aucun cas, elles ne pourront subsister au-delà de neuf années, à dater de la promulgation de la présente ordonnance.

* Nous avons cru inutile de rapporter ces deux actes, dont les dispositions sont entièrement reproduites dans celui-ci.

» Art. 3. Dans un mois, à dater de la même promulgation, seront retirés tous étalages, tableaux, montres, enseignes et autres saillies mobiles excédant les devantures de boutiques, et qui gênent la circulation ou peuvent occasionner des accidens.

» Seront également supprimés et enlevés, dans le même délai, tous objets quelconques appliqués contre les murs de face des galeries opposées aux boutiques et présentant les mêmes inconvéniens.

Galerie vitrée, galeries de bois et passages aux abords du palais, du Théâtre-Français et du jardin.

» Art. 4. Les propriétaires, principaux locataires et sous-locataires des boutiques situées dans les galeries de bois, dans la galerie vitrée et dans tous les passages de deux mètres et demi de largeur pratiqués aux abords du palais, du Théâtre-Français et du jardin, ne pourront, en aucun cas, établir d'une manière fixe ni même mobile, des devantures, fermetures, étalages, enseignes, montres, tableaux ou autres objets faisant saillie de plus de seize centimètres en avant du corps de bâtiment dans lequel sont formées lesdites boutiques.

» Il est défendu d'établir aucune devanture de boutique saillante, de former aucun étalage fixe ou mobile hors des boutiques situées dans ceux desdits passages qui ont moins de deux mètres et demi de largeur.

» Art. 5. Les devantures de boutiques actuellement existantes dans les lieux indiqués au § 1er de l'article précédent et faisant saillie de plus de seize centimètres seront retranchées et réduites à cette saillie lorsqu'il sera fait une réparation quelconque auxdites devantures ou lorsqu'il y aura changement de locataires.

» Les devantures de boutiques actuellement existantes dans les passages indiqués au 2°. § du même article, seront retranchées et retirées au niveau des murs de face, sans aucune saillie, lorsqu'il sera fait une réparation quelconque auxdites devantures ou lorsqu'il y aura changement de locataires.

» Dans aucun cas, les unes ni les autres ne pourront subsister au-delà de neuf années.

» Art. 6. Dans un mois, à dater également de la même promulgation, seront retirés tous étalages, enseignes, tableaux, montres et autres saillies mobiles quelconques excédant de plus de seize centimètres le corps du bâtiment ou les devantures actuellement existantes dans les galeries et passages de deux mètres et demi de largeur et au-dessus.

» Les mêmes objets établis en saillie dans les galeries et passages seront supprimés et enlevés dans le même délai, quelle qu'en soit la saillie.

» Art. 7. Il est expressément défendu aux principaux locataires et sous-locataires des boutiques situées dans les galeries de bois, de faire ou souffrir du feu dans lesdites boutiques en quelque saison que ce soit et d'y placer ou souffrir poêle, fourneau ou foyer d'aucune espèce.

Dispositions générales.

» Art. 8. Il est défendu de faire sous les galeries et péristyles, au pourtour du jardin, sous les galeries de bois et vitrées, et dans les passages aux abords du palais, du Théâtre-Français et du jardin, aucun dépôt de marchandises, d'y faire travailler, si ce n'est aux réparations des bâtimens, d'y placer des tables, chaises ou autres objets qui pourraient gêner la circulation.

» Art. 9. Il est défendu de déposer sur les croisees, terrasses, entablemens donnant sur les jardins, galeries et passages, des caisses, pots à fleurs, vases et autres objets qui peuvent nuire par leur chute.

» Art. 10. Les propriétaires, principaux locacataires des maisons et boutiques existant sous les galeries et passages ci-dessus indiqués, sont tenus de balayer ou faire balayer tous les jours, chacun en droit soi, et aux heures prescrites par les réglemens, le sol desdites galeries et passages, et de porter ou faire porter dans les rues adjacentes les ordures provenant du balayage.

» Art. 11. Les propriétaires de ces maisons seront également tenus, chacun pour ce qui le concerne, de faire réparer avec soin les enfoncemens et autres dégradations qui surviendront au sol desdites galeries et passages à l'effet de prévenir les accidens. »

Une ordonnance de police, du 15 octobre 1825, a étendu aux galeries des rues de Rivoli et de Castiglione la plupart des dispositions qui précèdent en ce qui concerne les saillies et étalages; elle prescrit de plus la défense d'apposer sur les parois des constructions aucun écriteau, affiche, etc.

Il est de principe que tout propriétaire a le droit

d'ouvrir un passage sur son terrain, *pour les gens de pied*, en se conformant d'ailleurs aux réglemens de police, auxquels ces sortes de communications sont soumises. (*Jurisprudence ministérielle.*)

SECTION III.

PROPRETÉ ET SALUBRITÉ.

§ Ier. *Du nettoiement des rues.*

Ordonnance de police.

Du 22 septembre 1600.

« Art. 21. Sont faites défenses à tous charretiers menant et conduisant terreaux, vidanges de privés, boues et autres immondices, de décharger ailleurs qu'ès fosses et voirie à ce destinées et où il leur sera commandé..... à peine de confiscation des chevaux, charrettes et harnois, de deux écus d'amende et de prison.

» Art. 22. Comme aussi sont faites défenses à toutes personnes de jeter aucunes eaux, immondices ni ordures par les fenêtres ésdites rues et voies, tant de jour que de nuit, à peine de deux écus d'amende et de prison. »

Arrêt du parlement relatif au nettoiement de la Capitale.

Du 30 avril 1663.

« Art. 10. Seront tenus les bourgeois de faire nettoyer et balayer devant leurs portes, lorsque les tombereaux (*des entrepreneurs du nettoiement*) y seront arrêtés, et les voituriers, charretiers et conducteurs chargeront tant lesdites boues et immondices qu'ils trouveront dans les rues, que celles qui leur seront apportées des maisons dans des mannequins, paniers et autres vaisseaux, qu'ils seront tenus de charger dans lesdits tombereaux avant lesdites boues, et afin que lesdits bourgeois soient avertis de l'heure et temps que passeront lesdits tombereaux, seront les entrepreneurs tenus de faire attacher une clochette à chacun de leurs tombereaux, sous peine de cent livres d'amende.....

» Art. 15. A ordonné et ordonne à tous laboureurs, vignerons, jardiniers et autres personnes qui feront charger des fumiers pour les emporter sur chariots, charrettes ou bêtes de somme hors ladite ville de Paris ou ailleurs, de faire clore et clisser d'osier ou autrement leursdits charriots, charrettes, crochets ou paniers de somme, en sorte qu'il n'en puisse tomber ni être répandu par les rues; et à cette fin chargeront lesdits chariots, charrettes ou paniers de somme, en sorte que lesdits fumiers ne puissent déborder de plus d'un pied au-dessus et sans en laisser de reste aux lieux où ils les chargeront. Enjoint à eux de nettoyer et balayer la place où ils les auront chargés et d'emporter les balayures dans leurs chariots, charrettes ou paniers de somme.

» Art. 16. Comme aussi aux propriétaires des maisons, architectes, jurés ès-œuvres de maçonnerie et tous autres entrepreneurs de bâtimens, appareilleurs, tailleurs de pierres, couvreurs, charpentiers et toutes autres personnes généralement qui travaillent à la construction de toutes sortes de bâtimens, de faire emporter les vidanges, terres, gravois, vieux plâtres, recoupures et taillures de pierres, ardoises et tuileaux provenant de couvertures et tous décombremens généralement quelconques, en l'une des décharges qui leur seront ordonnées par chacun quartier hors ou dans ladite ville et faubourgs, vingt-quatre heures après qu'il les aura fait mettre sur le pavé, et ce dans des tombereaux bien clos d'ais, à peine contre les contrevenans de trente livres d'amende, et sera loisible à l'entrepreneur du nettoiement en chacun quartier, les vingt-quatre heures passées, faire emporter aux dépens desdits architectes, jurés ès œuvres de maçonnerie, maîtres maçons, charpentiers, couvreurs ou propriétaires desdites maisons, appareilleurs et tailleurs de pierres, lesdites démolitions, terres, gravois, vieux plâtre, recoupures, taillures de pierres, ardoises et tuileaux et toutes autres vidanges; lesquels ouvriers et propriétaires, seront contraints par saisie et vente de leurs biens en vertu du présent arrêt au paiement de ce qu'il aura coûté auxdits entrepreneurs pour lesdites vidanges.

» Art. 18. Tous les bourgeois et habitans de ladite ville et faubourgs de Paris de quelque état, qualité et condition qu'ils soient, tant des grandes et principales rues que des médiocres et petites ruelles et autres chemins et passages qui y ont issue, feront nettoyer au balai devant leurs maisons, suivant leur étendue, tous les jours à leur logis, les boues, ordures et autres immondices, ou bien les mettre dans un panier ou autre chose, en attendant que les tombereaux passent, sans pouvoir faire avaler aucune boue dans le ruisseau en temps de pluie ou autrement, pousser ou faire pousser aval celles qui pourront être poussées dans le ruisseau ou ailleurs, par leurs gens ou domestiques, à peine de vingt-quatre livres parisis d'amende; même, en cas de contravention, permis d'emprisonner lesdits domestiques contrevenans, et seront tenus lesdits bourgeois et habitans faire jeter par chacun jour deux seaux d'eau pour le moins sur le pavé et ruisseau étant devant leurs maisons, afin que lesdits ruisseaux ne soient empêchés ni encombrés à l'endroit de leursdites maisons et que les immondices ne s'y puissent arrêter, et ce à peine de dix sous d'amende contre chacun bourgeois, lesquelles amendes seront employées pour faire nettoyer lesdites rues au balai par lesdits entrepreneurs.

» Art. 19. A fait inhibitions et défenses à toutes personnes de quelque état et condition qu'elles soient, de jeter, faire ou souffrir jeter dans les rues aucune immondices, cendre de lessive, paille, gravois, terreaux, tuileaux, ardoises, raclures de cheminées, fumiers ni quelques autres ordures que ce soit, sous peine de huit livres d'amende payable....... savoir, moitié aux entrepreneurs du nettoiement desdites rues, et l'autre moitié au dénonciateur; et seront à cette fin bouchés dans huitaine tous les trous des écuries par lesquels on vide le fumier dans les rues à peine...... de vingt-quatre livres d'amende....... défenses de plus à l'avenir donner de permissions de faire lesdites fenêtres et trous à fumier dedans les rues grandes et petites, lors de la construction des bâtimens, à peine de cent livres parisis d'amende, et seront les maîtres des maisons au devant desquelles lesdites ordures auront été trouvées, contraints au paiement de ladite amende, encore que ce fussent valets, domestiques ou autres qui eussent jeté lesdites ordures, du fait desquels ils demeureront responsables.

» Art. 20. Enjoint à tous chefs d'hôtel, propriétaires et locataires de maisons, de faire porter et jeter les ordures de leurs maisons dans les tombereaux lorsqu'ils passeront par les rues pour les recevoir.

» Art. 21. A fait et fait inhibitions et défenses à toutes personnes de jeter par les fenêtres aucunes urines ou autres ordures de quelque nature qu'elles soient, ne garder dans leurs maisons aucunes eaux croupies, gâtées ou corrompues, aussi leur enjoint d'icelles vider sur le pavé des rues et y jeter à l'instant un ou deux seaux d'eau claire.

» Art. 22. Et attendu l'infection et mauvais air que cause la nourriture des porcs, pigeons et lapins en cette ville et faubourgs de Paris et les inconvéniens qui en peuvent arriver, ladite cour a fait très-expresses inhibitions et défenses à toutes personnes de quelque qualité et condition qu'elles soient, d'avoir en leurs maisons èsdite ville et faubourgs aucuns porcs, pigeons et lapins à peine de trente livres parisis d'amende et de confiscation.

» Art. 23. Enjoint à tous propriétaires de maison où il n'y a ni fosse ni retraite, d'y en faire incessamment et sans délai.

» Art. 24. A fait et fait inhibitions et défenses à tous pourvoyeurs, cabaretiers, pâtissiers, cuisiniers et autres personnes, de jeter par les rues aucuns poils, plumes, tripailles, boyaux et autres vidanges provenant de leur vocation.

» Art. 25. Fait défenses à tous affineurs, orfèvres, maréchaux, serruriers, couteliers, taillandiers, armuriers, selliers, bourreliers, tailleurs, et à tous autres ouvriers généralement quelconques, de jeter dans les rues aucunes ordures, mâchefer, cendres, et autres choses provenant de leurs métiers, ains les jetteront dans les tombereaux lorsqu'ils passeront.

» Art. 26. Tous sculpteurs et faiseurs d'images seront tenus de travailler dans leurs boutiques, au dedans de leurs cours et non dedans les rues, avec défense d'y jeter les recoupes de leurs pierres et marbres, ni de laisser leurs marbres et pierres plus de deux fois vingt-quatre heures, pour ne point empêcher la voie publique, à peine de confiscation d'icelles et de vingt-quatre livres parisis d'amende envers l'entrepreneur du nettoiement.

» Art. 27. Défenses à tous bouchers, tueurs de porcs, harangères, vendeurs de poisson frais, sec et salé, de jeter aucunes tripailles, boyaux, sang de bestiaux, rognures de moules, ni autres choses dans lesdites rues et dans les égouts de la ville, ni même dans les voiries destinées audit nettoiement, ains les porteront ou les feront porter dans les fosses ordonnées pour cet effet; et pareillement a fait défenses à tous jardiniers, fruitiers et autres personnes de jeter dans lesdites rues aucunes écosses de pois ni fèves. Ains seront tenus de les serrer dans des paniers et mannequins pour les vider dans des tombereaux qui passeront dans lesdites rues, destinés pour le nettoiement d'icelles : le tout à peine de dix livres d'amende..... »

Ordonnance de police qui renouvelle les anciens réglemens au sujet des contraventions de police les plus fréquentes.

Du 26 juillet 1777.

« ART. 6. Ordonnons que, pendant l'été et dans les temps de chaleur, les bourgeois et habitans de cette ville et faubourgs arroseront ou feront arroser le devant de leurs portes deux fois par jour; savoir, à dix heures du matin et à trois heures après midi, en observant toutefois de n'arroser qu'à la distance de deux pieds ou environ des murs de leurs maisons et bâtimens, et de ne pas prendre pour ledit arrosement de l'eau croupissant dans les ruisseaux. »

Ordonnance de police concernant le balayage et nettoiement devant les maisons, cours, jardins et autres emplacemens de la ville et des faubourgs de Paris.

Du 8 novembre 1780.

« ART. Ier. Tous les bourgeois et habitans de la ville et faubourgs de Paris, de quelque état et condition qu'ils soient, seront tenus de faire balayer régulièrement au devant de leurs maisons, cours, jardins et autres emplacemens dépendant des lieux qu'ils occupent, jusqu'au ruisseau même, la moitié des chaussées tous les matins à sept heures en été et avant huit heures en hiver, et de relever les ordures et immondices à côté des murs de leurs maisons, et d'en faire des tas, afin que l'entrepreneur du nettoiement puisse les enlever; leur défendons de sortir les ordures provenant de leurs maisons et de les déposer sur la rue après le passage des voitures de l'enlèvement; leur enjoignons, conformément à l'article 18 de l'arrêt de réglemement du 30 avril 1663, de faire jeter, après le balayage, deux seaux d'eau au moins sur le pavé et ruisseau étant au-devant de leurs maisons, afin d'entretenir le libre écoulement des ruisseaux.

» Art. 2. Seront pareillement tenus lesdits habitans, dans les temps de neige et de gelée, de relever les neiges, de rompre et casser les glaces qui seront au devant de leurs maisons et dans le ruisseau, de les mettre par tas le long des murs de leurs maisons, sans pouvoir porter celles de leurs cours dans les rues avant le dégel, et généralement de satisfaire à tout ce qui sera ordonné concernant le nettoiement des rues par des extraits et ordonnances de police indicatifs du genre d'ouvrage que la variété de temps pourra exiger, lesquels extraits seront affichés par-tout où besoin sera, afin que personne n'en puisse prétendre cause d'ignorance, le tout à peine de cinquante livres d'amende pour chaque contravention au présent article et au précédent, et de plus grande si le cas y écheoit; pourront même, dans les cas de contravention, les suisses, portiers et autres domestiques être emprisonnés conformément à la disposition de l'art. 18 dudit arrêt du parlement, du 30 avril 1663.

» Art. 3. Défendons pareillement à tous particuliers, de quelque état et condition qu'ils soient, de jeter ni souffrir qu'il soit jeté dans les rues aucune ordure de jardin, feuilles, immondices, cendres de lessive, ardoises, tuiles, tuileaux, raclures de cheminées, gravois, ni d'y mettre ou faire mettre aucun fumier ni autres ordures de quelque espèce qu'elles puissent être, à peine de vingt livres d'amende pour chaque contravention, et de plus grande en cas de récidive.

» Art. 6. En ce qui concerne les ateliers des maçons et entrepreneurs de bâtimens, renouvelons les défenses faites de faire porter dans les rues et places de cette ville une plus grande quantité de matériaux que ce qu'ils pourront employer dans le cours de trois jours, ou d'une semaine au plus, ainsi que les précautions de faire balayer les ateliers et relever les recoupes tous les jours et avant la fin du travail des ouvriers, comme aussi de les faire enlever trois fois au moins par semaine, le tout à peine de cinq cents livres d'amende.

» Art. 7. Seront tenus ceux qui auront chez eux des gravois, poteries, bouteilles cassées, verres à vitres, morceaux de glace ou vieilles ferrailles, de les rassembler dans des paniers ou autres ustensiles, pour les porter dans la rue, et de les mettre dans un tas séparé de celui des boues, sans pouvoir les mêler avec lesdites boues ni les jeter par les fenêtres, le tout à peine de cent livres d'amende pour la première fois, et de plus grande en cas de récidive.

» Art. 8. Faisons défenses à tous particuliers, de quelque état et condition qu'ils soient, de jeter par les fenêtres, tant de jour que de nuit, aucunes eaux, urines, matières fécales et autres ordures, de quelque nature qu'elles puissent être, à peine de trois cents livres d'amende, dont les maîtres seront responsables pour leurs domestiques, et les marchands et artisans pour les apprentis et compagnons. »

Ordonnance de police concernant l'arrosement.

Du 30 juillet 1820. (Elle se renouvelle tous les ans.)

« Art. 1er. A compter de ce jour, et pendant tout le temps que dureront les chaleurs, les habitans de Paris arroseront, à *dix heures* du matin et à *deux heures* après midi, la partie de la voie publique au devant de leurs maisons, boutiques, jardins et autres emplacemens en dépendant; ils feront écouler les eaux des ruisseaux pour en éviter la stagnation.

» Art. 2. Il est défendu de se servir de l'eau stagnante des ruisseaux pour l'arrosement.

» Art. 3. Les sonneurs pour le balayage seront tenus de parcourir, aux deux heures ci-dessus indiquées, les rues des quartiers auxquels ils sont attachés, pour avertir les habitans d'arroser.

» Art. 4. Les Commissaires de police dresseront des procès-verbaux de contravention, et feront faire l'arrosement aux frais des contrevenans, qui seront en outre poursuivis conformément aux lois. »

Ordonnance de police concernant le balayage des rues de Paris.

Du 26 janvier 1821.

« Art. 1er. Les propriétaires ou locataires sont tenus de faire balayer régulièrement, *tous les jours*, au devant de leurs maisons, boutiques, cours, jardins et autres emplacemens.

» Le balayage sera fait à partir du ruisseau, *dans les rues à deux pavés ;* les boues et immondices seront mises en tas près des bornes.

» *Dans les rues à chaussées*, le balayage sera fait depuis *le milieu de la chaussée ;* les boues et immondices seront mises en tas *le long des ruisseaux du côté de la chaussée.*

» Nul ne pourra pousser les boues et immondices devant la propriété de ses voisins.

» Art. 2. Le balayage sera terminé tous les jours à huit heures du matin, depuis le 1er. octobre jusqu'au 1er. mars, et à sept heures depuis le 1er. mars jusqu'au 1er. octobre.

» Art. 4. Il est défendu de brûler de la paille dans les rues et sur aucun point de la voie publique, à peine d'amende. (Art. 6 de l'ordonnance de police du 15 novembre 1781, maintenu par l'art. 484 du *Code pénal.*)

» Art. 5. Il est également défendu de déposer dans les rues aucunes ordures et immondices provenant de l'intérieur des maisons, après le passage des voitures de nettoiement, sous les peines portées par les réglemens.

» Art. 6. Les verres, les bouteilles cassées, les morceaux de glace, de poterie, de faïence, etc., seront déposés le long des maisons séparément des boues et immondices.

» Art. 7. Il est défendu de rien jeter par les fenêtres et croisées.

» Art. 8. Il est défendu de déposer des terres et gravois au devant des maisons après deux heures de relevée.

» Les terres et gravois déposés au devant des maisons devront être enlevés dans le jour.

» En cas de négligence, les Commissaires de police les feront enlever aux frais des propriétaires.

» Art. 12. Ceux qui transportent du fumier-litière seront tenus de le contenir sur leurs charrettes par des bannes.

» Art. 13. Dans les temps de neige et de gelée, les propriétaires ou locataires seront tenus de balayer la neige et de casser les glaces au devant de leurs maisons, boutiques, cours, jardins et autres emplacemens, jusques et y compris la moitié de la rue, et ils mettront les neiges et glaces en tas, en se conformant à ce qui est prescrit par l'art. 1er. relativement aux boues et immondices.

» En cas de verglas, ils jetteront des cendres, du sable et des gravois.

» Art. 14. Il est défendu de déposer dans les rues aucunes neiges et glaces provenant des cours ou de l'intérieur des habitations, sous les peines prononcées par les réglemens.

» Art. 15. Il est défendu aux propriétaires ou

entrepreneurs de bains et autres établissemens, tels que teinturiers, blanchisseurs, etc., qui emploient beaucoup d'eau, de laisser couler sur la voie publique les eaux provenant de leur établissement pendant les gelées.

» Art. 16. Les concierges, portiers ou gardiens des établissemens publics et maisons domaniales, sont personnellement responsables de l'exécution des dispositions ci-dessus, en ce qui concerne les établissemens et maisons auxquels ils sont attachés. »

§ II. *Réglemens concernant la rivière de Bièvre.*

(*Voir* l'arrêt du Conseil, du 26 février 1732, et la déclaration, du 28 septembre 1728, au § 5 du chapitre précédent.)

Arrêté du Gouvernement relatif à la police de la rivière de Bièvre.

Du 25 vendémiaire an 9 (17 octobre 1800).

« Art. 1er. A commencer de ce jour, la police de la rivière de Bièvre fera partie des attributions des Préfets des départemens de la Seine, de Seine-et-Oise, et du Préfet de police de Paris, chacun suivant la compétence qui lui est réglée par les lois et arrêtés du Gouvernement.

» Art. 2. Ils veilleront, chacun en ce qui le concerne, au maintien des dispositions de l'arrêt du Conseil du 26 février 1732, relatives à la conservation des eaux de ladite rivière.

» En conséquence, ils donneront des ordres pour qu'il soit fait un curage général et annuel de ladite rivière ; savoir, pour la partie supérieure, dans le courant de messidor, et pour la partie inférieure, dans le courant de fructidor.

» Ils feront tenir libre le cours des eaux de la rivière, depuis la fontaine Bouvière jusqu'à leur chute dans la Seine, ensemble celui des sources et ruisseaux y affluens, même dans les canaux où elles passent, à l'effet quoi les saignées et ouvertures qui ont été faites sans titre légal aux berges de ladite rivière, sources et ruisseaux, seront supprimées et tous autres empêchemens quelconques, même les arbres qui se trouveront plantés dans leur lit et le long de ladite rivière, dans la distance d'un mètre quatre décimètres de berge, aux frais et dépens de ceux qui auront causé lesdits empêchemens, et planté lesdits arbres, et ce, quinzaine après la sommation qui leur en aura été faite au domicile de leurs fermiers ou meuniers : en sorte que des canaux établis par titre, il en sorte autant d'eau qu'il en aura entré ; ce qui sera justifié par les propriétaires desdits canaux ou passages, sinon il sera donné des ordres pour la suppression desdits canaux et passages.

» Ils feront entretenir et fortifier les berges de la rivière par les meuniers, chacun dans son étendue, en remontant d'un moulin à l'autre, de manière que les eaux ne puissent sortir de leur lit ni passer au travers desdites berges pour se répandre dans les prés ou ailleurs.

» Ils renouvelleront les défenses faites à tous les propriétaires riverains de la Bièvre d'ouvrir de nouveaux canaux, de faire aucune saignée ou batardeau, soit au lit de ladite rivière, soit aux sources ou canaux y affluens, et d'établir une blanchisserie dans les prairies adjacentes, conformément aux dispositions de l'arrêt du 26 février 1732.

» Enfin ils maintiendront l'exécution dudit arrêt en tout ce qui n'est pas contraire aux dispositions du présent arrêté.

» Art. 3. La dépense du curage de la rivière, de l'entretien et de la conservation des eaux, continuera d'être, comme par le passé, à la charge des habitans du faubourg Saint-Marceau, occupant les maisons sises le long de ladite rivière et des meuniers des moulins désignés, dans les arrêts du Conseil, sous la dénomination commune des intéressés à la conservation des eaux. »

(Les autres articles règlent le mode de répartition des dépenses, dont le contingent pour chaque intéressé est déterminé, art. 5, d'après la consommation des eaux que la profession qu'il exerce entraîne, le nombre d'ouvriers qu'il emploie, l'étendue des terrains qu'il occupe, et autres données de même nature.)

Ordonnance de police pour l'exécution de l'arrêté qui précède et des réglemens antérieurs.

Du 19 messidor an 9 (8 juillet 1800).

« Art. 1er. Dans le département de la Seine, le cours des eaux de la rivière de Bièvre et des sources et ruisseaux qui y affluent sera tenu libre, même dans les canaux particuliers où elles passent.

» Les prises d'eau et les saignées ou ouvertures

qui ont été faites sans titre légal aux berges de la rivière et des sources et ruisseaux seront supprimés aux frais des propriétaires riverains, dans la quinzaine de la publication de la présente ordonnance.

» Seront aussi supprimés, aux frais des propriétaires et dans le même délai, les arbres, arbustes, et généralement tous les objets qui gêneraient le cours de l'eau. (Art. 19 de l'arrêt du 26 février 1732, et article 2 de l'arrêté de vendémiaire an IX.)

» ART. 2. Il est défendu de jeter dans la rivière des matières fécales, de la paille, du fumier, des gravois, des bouteilles cassées et autres immondices qui pourraient en obstruer le cours, corrompre les eaux ou blesser les personnes qui feraient le curage. (§ V, art. 3, loi du 24 août 1790.)

» ART. 3. Il est défendu de construire des latrines qui auraient leur chute soit dans la rivière vive ou morte, soit dans le faux ru.

» Les propriétaires qui en auraient fait construire sont tenus de les supprimer dans le mois, à compter de la publication de la présente ordonnance, le tout sous les peines portées par l'art. 36 de l'arrêt de 1732. (Même paragraphe, même article.)

» ART. 4. Il est défendu de jeter les immondices dans les ruisseaux qui se rendent à la rivière de Bièvre et au faux ru, sous les peines portées par l'art. 50 du même arrêt. (*Idem.*)

» ART. 5. Les propriétaires de terrains clos, traversés par la rivière tiendront leurs grilles dégagées de manière que rien ne forme obstacle au libre passage des eaux. (*Idem.*)

» Art. 6. Il ne pourra être ouvert de canaux ou bassins, ni fait aucune saignee ou batardeau, soit au lit de la rivière, soit aux sources ou canaux y affluens, sous les peines portées par les art. 20 et 21 de l'arrêt de 1732.

» Art. 7. Dans le mois, à compter du jour de la publication de la présente ordonnance, tous propriétaires de canaux et bassins actuellement existans, alimentés par la rivière de Bièvre ou par les fontaines, sources et ruisseaux y affluens, seront tenus de justifier de leurs titres au Préfet de police.

» Ce délai passé, seront supprimés les canaux et bassins dont les propriétaires n'auraient pas satisfait à la disposition précédente.

» Ceux mêmes qui auraient produit leurs titres devront faire exécuter tous les changemens qui seront jugés nécessaires.

» Leurs canaux et bassins seront entretenus de telle manière qu'ils *rendent le même volume d'eau qu'ils reçoivent*. (Art. 19 de l'arrêt de 1732 et art. 2 de l'arrêté du 25 vendémiaire an IX.)

» Art. 8. Les propriétaires des héritages qui bordent la Bièvre seront tenus de laisser sur chaque rive, une berge d'un mètre trente-trois centimètres de plate-forme et de deux mètres d'empattement; elle aura soixante-six centimètres au-dessus des eaux d'été, sinon il y sera pourvu à leurs frais. (Art. 42 de l'arrêt de 1732.)

» Art. 9. Les berges seront entretenues par les meuniers en remontant d'un moulin à l'autre et fortifiées de manière que dans aucun cas les eaux ne puissent se répandre dans les prés ou ailleurs, sous les peines portées par l'art. 23 de l'arrêt de 1732 et l'art. 2 de l'arrêté de vendémiaire an IX.

» Art. 10. Les appentis établis sur les berges pour l'exploitation des tanneries, mégisseries et autres ateliers, seront entretenus en bon état par les propriétaires. Les pieux ou piliers qui le supportent seront placés à deux décimètres du bord de la rivière.

» Il sera laissé sur la berge un espace libre et suffisant pour pouvoir la parcourir facilement. (Art. 74 de l'arrêt du 28 février 1716.)

» Art. 11. La berge de la rivière au coin du clos Laurenchet et la vanne qui y est établie continueront d'être entretenues aux frais des intéressés à la conservation de la rivière, de façon que cet endroit ne puisse servir d'abreuvoir aux bestiaux et que les eaux ne se répandent pas dans la prairie de Gentilly.

» En conséquence la vanne sera tenue fermée et ne pourra être levée que sur l'ordre du Préfet de police. (Art. 7 de l'arrêt de 1732.)

» Art. 12. Toutes personnes qui voudront construire ou reconforter soit un bâtiment, soit un mur le long de la rivière, seront tenues de se conformer à l'art. 26 de l'arrêt de 1732.

» Elles ne pourront commencer aucuns travaux sans en avoir obtenu la permission du Préfet de police.

» Les propriétaires de bâtimens ou murs actuellement existans qui ne justifieront pas des permissions qui ont dû leur être accordées, seront, s'il y a lieu, poursuivis conformément à l'arrêt précité.

» Art. 13. Les moulins établis sur la rivière de Bièvre dans tout le département de la Seine resteront dans l'état où ils ont été mis, en exécution de l'art. 6 de l'arrêt de 1732.

» S'il a été fait aux vannes, déversoirs ou déchargeoirs quelques changemens autres que ceux prescrits, les moulins seront, aux frais des propriétaires, remis dans l'état où ils doivent être, et ce dans le mois à compter de la publication de la présente ordonnance.

» A cet effet, il sera procédé aux vérifications nécessaires pour connaître les changemens et innovations qui ont eu lieu.

» Art. 14. Les fausses vannes qui servent de déversoirs aux moulins établis sur la rivière seront armées d'une bande de fer plat rivée, étalonnée et marquée *PP* dans la hauteur et la largeur des vannes. Le poinçon sera remis à l'inspecteur général de la navigation et des ports pour servir à l'étalonnage; il sera ensuite déposé à la préfecture de police.

» Tout meunier qui se servirait de fausses vannes non étalonnées, ou qui les surhausserait par un moyen quelconque, sera poursuivi conformément aux lois. (Art. 14 et 15 de l'arrêt de 1732.)

» Art. 33. Les propriétaires et meuniers pourront faire curer eux-mêmes les parties qui sont à leur charge, mais ils devront, chacun en ce qui le concerne, y faire travailler en même temps que les ouvriers de l'entrepreneur, sans pouvoir entraver ou retarder ses opérations, l'entrepreneur étant chargé de faire tout ce qui ne sera pas fait ou sera mal fait (§ V, art. 3, loi du 24 août 1790.)

» Art. 35. Il est défendu de jeter dans la rivière les immondices provenant du curage, sous les peines portées par l'art. 47 de l'arrêt de 1732. (*Idem.*)

» Art. 36. Toutes les immondices qui proviendront du curage, tant de la Bièvre hors de Paris, que des ruisseaux qui y affluent, seront mises sur les bords pour les soutenir et les fortifier, de manière cependant qu'elles ne puissent pas retomber dans le lit de la rivière ou des ruisseaux, sous les peines portées par l'art. 43 du même arrêt. (*Idem.*)

» Art. 37. Les habitans du faubourg Saint-Marcel établis le long de la Bièvre seront tenus, chacun en ce qui le concerne, de faire enlever, à la fin de fructidor de chaque année, les immondices qui seront provenues du curage et de les faire transporter aux champs, sous les peines portées par l'art. 46 de l'arrêt de 1732. (*Idem.*)

(Le surplus des articles de cette ordonnance concerne plus particulièrement l'usage des eaux à l'égard des blanchisseurs, tanneurs, amidonniers et autres fabricans.)

§ III. *Des caves, puits et fosses d'aisance.*

Sentence de police qui enjoint de mettre des défenses autour des puits et tonneaux.

Du 18 mars 1701, renouvelée le 4 septembre 1716.

« Avons enjoint à tous bourgeois, jardiniers et autres propriétaires ou locataires de jardins et marais sis en cette ville et faubourgs et lieux adjacens, de faire mettre incontinent autour des puits, fosses ou tonneaux qui seront dans l'étendue desdits marais et jardins, des défenses de pierres et pieux ou des palissades, à peine de deux cents livres d'amende contre chacun des contrevenans ou refusans, et de punition exemplaire s'il y échoit. » (§ V, art. 471 du *Code pénal*.)

Ordonnance de police concernant l'épuisement des eaux des caves et des puits.

Du 14 mai 1701.

« Ordonnons à tous propriétaires et locataires de maisons de cette ville et faubourgs qui ont de l'eau dans leurs caves, de les faire incessamment vider, ensemble les puits desdites maisons, dont les eaux sont grossies et enflées par celle-la, et à cet effet leur enjoignons d'y mettre des ouvriers dans trois jours après la publication de la présente ordonnance pour y travailler sans discontinuation... à peine de cinq cents livres d'amende et de tous dépens, dommages et intérêts qui pourront être prétendus par les voisins, auxquels les deux plus proches ou à l'un d'entre eux, il est permis de faire vider les eaux des caves de ceux qui auront négligé de le faire, aux frais des négligens, et les locataires qui, au défaut des propriétaires, emploieront et paieront les ouvriers de leurs salaires justes et raisonnables, les pourront retenir sur les loyers par préférence à toute saisie faite ou à faire...... »

Ordonnance de police concernant les incendies.

Du 20 janvier 1727.

« Ordonnons que les arrêts et réglemens et nos ordonnances de police des 29 janvier et 21 juin 1726 seront exécutées selon leur forme et teneur, et en y augmentant enjoignons à tous propriétaires ou principaux locataires des maisons où il y a des puits, de les entretenir de bonnes et suffisantes poulies, et d'avoir soin à ce qu'elles soient exactement et journellement garnies de cordes. Enjoignons pareillement auxdits propriétaires et principaux locataires des maisons, d'avoir en icelles un ou plusieurs seaux qui puissent servir au besoin et le cas de feu arrivant : le tout à peine de cent livres d'amende contre les propriétaires ou principaux locataires qui auraient négligé de se conformer aux présentes dispositions. » (§ V, art. 3, loi du 24 août 1790.)

Ordonnance du Lieutenant général de police sur l'épuisement des eaux dans les caves.

Du 28 janvier 1741.

« Nous ordonnons aux propriétaires et principaux locataires des maisons de cette ville et faubourgs qui ont encore de l'eau dans leurs caves, de les vider deux jours après la publication de notre présente ordonnance, même d'en faire enlever les boues et le limon que le séjour des eaux aura produits. Seront tenus les propriétaires de pourvoir ensuite aux réparations à faire tant aux voûtes des caves, qu'aux voûtes des fosses d'aisance qui peuvent avoir été endommagées et aux fondemens des maisons qui menaceraient le moindre danger; ordonnons en outre à tous ceux qui auront du bois dans leurs caves ou dans d'autres endroits de leurs maisons où l'eau aura pénétré, de le faire sortir et de le faire sécher à l'air avant de le remettre dans les mêmes dépôts, à peine de deux cents livres d'amende pour chaque contravention. »

Ordonnance de police sur le même sujet.
Du 24 pluviôse an X (13 février 1802).

« Art. 1er...... Les propriétaires feront épuiser l'eau qui serait encore dans les caves et souterrains de leurs maisons; ils feront aussi enlever les vases et limons qui s'y trouveront, le tout à peine de quatre cents francs d'amende. (Ordonnance du 28 janvier 1741.)

(L'article 2 autorise les locataires, à défaut des propriétaires, à faire épuiser l'eau de leurs caves et à retenir sur les loyers le prix de l'épuisement. (Ordonnance du 14 mai 1701, *voyez* pag. 387.)

» Art. 3. Toute fosse d'aisance dégradée sera réparée.

» Art. 4...... Elles (*les réparations*) seront faites sans délai en cas de péril imminent, le tout à peine de quatre cents francs d'amende. (Ordonnance du 28 janvier 1741.)

Autre ordonnance de police concernant le percement, le curage, la réparation et l'entretien des puits.
Du 8 mars 1815.

« Vu les réglemens de police des 18 novembre

1701 et 4 septembre 1716, les ordonnances des 20 janvier, 3 décembre 1727, 13 mai 1734 et 15 novembre 1741, etc.

» § Ier. *Percement des puits.*

» Art. 1er. Aucun puits ne sera percé, aucune opération d'approfondissement, de sondage, de réparations et autres, ne sera entreprise dans Paris sans une déclaration au département de la police.

» L'entrepreneur y désignera l'endroit où l'on a le projet de faire les travaux. (§ V, loi du 24 août 1790, § V; art. 471 du *Code pénal*.)

» Art. 2. Dans un mois à compter de la publication de la présente ordonnnance, les entrepreneurs, perceurs, cureurs, sondeurs, et autres ouvriers travaillant à des puits dans le département de la Seine, seront tenus de se faire inscrire à l'Administration de la police de Paris. (*Idem.*)

» Art. 3. En exécution de la loi du 22 germinal an XI, les ouvriers sondeurs de puits seront tenus d'avoir des livrets.

» Les cureurs seront pourvus d'une médaille qui leur sera délivrée au département de la police.

» Art. 4. Il est enjoint à tous entrepreneurs de puits de ne se servir que d'ouvriers porteurs de livrets (*Idem.*)

» Art. 5. Dans un mois à compter de la publication de la présente ordonnance, les puits, quel que soit leur genre de construction, seront entourés de mardelle en maçonnerie ou avec des barres de fer.

» A défaut de mardelle, les puits situés dans les marais seront défendus par une enceinte formée par un mur en maçonnerie ou en terre, d'un mètre de hauteur à un mètre au moins de distance du puits:

» Le tout à peine de l'amende déterminée par les réglemens des 18 novembre 1701 et 3 décembre 1727, maintenus par l'art. 484 du *Code pénal.*

» § II. *Curage.*

» Art. 6. Il est défendu d'employer au curage d'un puits des ouvriers qui n'auraient pas de médaille. (§ V, art. 3, loi du 24 août 1790; § V, art. 471 du *Code pénal.*)

» Art. 7. Les cureurs ne pourront descendre dans les puits, pour quelque cause que ce soit, sans être ceints d'un bridage dont l'extrémité sera tenue par un ouvrier placé à l'extérieur. (*Idem.*)

» Art. 8. Les puits abandonnés ou qui, sans être abandonnés, pourraient être soupçonnés de méphitisme, ne seront curés que d'après l'instruction annexée à la présente ordonnance.

» On prendra les mêmes précautions lorsque les travaux auront été suspendus pendant vingt-quatre heures. (*Idem.*)

» Art. 9. Si, nonobstant les précautions indiquées par l'instruction, un ouvrier était frappé du plomb; les travaux seraient suspendus.

» Il est enjoint aux propriétaires, locataires et entrepreneurs d'en faire sur-le-champ la déclaration à Paris, au Commissaire de police, et au Maire, dans les communes rurales. (*Idem.*)

» Art. 10. Lorsqu'un puits sera reconnu méphitisé, il sera par nous statué si les eaux peuvent être coulées dans le ruisseau sans danger, ou s'il est important pour la salubrité de les faire transporter à la voirie de Mont-Faucon : dans ce dernier cas, l'opération ne pourra être faite que par des ouvriers vidangeurs et dans des tinettes hermétiquement fermées. (§ Ier et V de la loi du 24 août 1790, § VI, art. 471 du *Code pénal.*)

» § III. *Réparations.*

» Art. 11. Les maçons appelés à la réparation ou à la reconstruction d'un puits dont l'eau aura été trouvée corrompue, ne pourront y travailler qu'avec les précautions ci-après :

» Art. 12. Tout maçon chargé de la réparation d'un puits sera tenu, tant que durera l'extraction des pierres des parties à réparer, d'avoir à l'extérieur du puits autant d'ouvriers qu'il en emploiera dans l'intérieur. (§ V, art. 3, loi du 25 août 1790, § V, art. 471 du *Code pénal.*)

» Art. 13. Chaque ouvrier travaillant à l'extraction des pierres d'un puits à réparer, sera ceint d'un bridage dont l'attache sera tenue par un ouvrier placé à l'extérieur. (*Idem.*)

» Art. 14. Si des ouvriers maçons sont frappés du plomb pendant la démolition ou réparation d'un puits, les travaux seront suspendus et déclaration en sera faite dans le jour, à Paris, au Commissaire de police, et au Maire dans les communes rurales. (*Idem.*)

» La démolition ou réparation ne pourra en être reprise qu'avec les précautions qui seront prescrites par l'autorité locale, sur l'avis des gens de l'art.

» § IV *Entretien.*

» Art. 15. Il est enjoint aux propriétaires ou principaux locataires des maisons où il y a des puits de les entretenir en état de service et garnis de cordes, poulies et seaux, ou d'avoir soin que les pompes ou autres machines hydrauliques qui y seraient établies, soient constamment maintenues en bon état, de manière qu'on puisse s'en servir en cas d'incendie, sous les peines portées par les ordonnances de police des 20 janvier 1727, 15 mai 1734 et 15 novembre 1781. (*Idem.*)

» § V. *Dispositions générales.*

» Art. 16. Les entrepreneurs sont responsables des contraventions aux dispositions de la présente ordonnance. (Art. 74 du *Code pénal* et 1384 du *Code civil.*)

» Art. 17. Les ouvriers qui trouveraient dans les puits soit des objets qui pourraient faire soupçonner un délit, soit des effets quelconques, en feront la déclaration chez un Commissaire de police, et au Maire dans les communes rurales. (Art. 379 du *Code pénal.*)

» Il leur sera donné une récompense s'il y a lieu. »

Instruction relative au curage et à la réparation des puits.

(Les infractions à cette instruction sont prévues par le § V de la loi du 24 août 1790, l'art. 5 même loi, les art. 600 et suivans du *Code des délits et des peines.*)

« Lorsqu'il est nécessaire du curer un puits ou d'y descendre pour y faire quelques réparations, le premier soin que l'on doit avoir, est de s'assurer de l'état de l'air qu'il renferme. Cet air peut être vicié par différentes causes et donner lieu à des accidens très-graves : il faut donc commencer par descendre une lanterne allumée jusqu'à la surface de l'eau: si elle ne s'éteint pas, on la retire, et par le moyen d'un poids attaché à une corde, on agite fortement l'eau jusqu'à son fond; on redescend la lumière. Si à cette seconde épreuve la lumière ne s'éteint pas, les ouvriers peuvent commencer leurs travaux, en se munissant par précaution d'un petit appareil désinfectant de Guyton-Morveau. Il est important que les ouvriers soient revêtus d'un bridage.

» Si la lumière s'éteint, on remarquera la profondeur à laquelle elle cesse de brûler. On ne descendra point dans le puits, parce qu'on y serait asphixié. Le gaz ou air méphitique qui ne permet ni la combustion ni la respiration peut être *du gaz azote, du gaz acide carbonique, du gaze oxide de carbone, de l'hydrogène sulfuré*. Dans l'incertitude où l'on est sur sa nature, il faut, quel qu'il soit, renouveler l'air du puits, et pour cela le moyen le plus prompt et le plus certain est un ventilateur.

» Pour l'établir il faut, avec des planches, du plâtre et de la glaise, boucher hermétiquement l'ouverture du puits; au milieu de cette espèce de couvercle, pratiquer un trou d'un décimètre environ de large, sur lequel on placera un fourneau ou réchaud de terre, qui ne pourra recevoir d'air que celui du puits; on ajoutera près de la mardelle un tuyau de plomb ou fer-blanc, qui descendra dans le puits jusqu'à un décimètre de la surface de l'eau.

Cet appareil une fois établi, on remplira le fourneau de braise ou de charbon allumé, et on le couvrira d'un dôme de terre cuite ou de tôle surmonté d'un bout de tuyau de poêle, afin de donner au fourneau la propriété d'attirer beaucoup d'air. Quand le fourneau a été en activité pendant une heure ou deux, suivant la profondeur du puits, on l'enlève et l'on descend dans le puits la lanterne. Si elle s'éteint encore à peu de distance de la surface de l'eau, c'est que le gaz méphitique s'y renouvelle.

» Alors il faut mettre le puits à sec, attendre quelques jours, l'épuiser de nouveau et recommencer l'application du fourneau ventilateur, ou, si l'on ne peut établir cet appareil, y substituer un ou deux forts soufflets de forge que l'on adaptera au tuyau prolongé, jusqu'à la surface de l'eau. Ces soufflets mis en action pendant un quart d'heure ou deux déplaceront l'air vicié du puits. Enfin on redescendra la lanterne, et si elle s'éteint, il faut renoncer à l'usage du puits et le condamner.

» Si par un essai préliminaire fait par un homme de l'art, on a reconnu la nature du gaz délétère que l'on veut détruire, on peut employer les réactifs suivans :

» Pour neutraliser *l'acide carbonique* on verse dans le puits avec des arrosoirs, plusieurs seaux de lait de chaux et l'on agite ensuite l'eau fortement.

» Pour détruire *le gaz hydrogène sulfuré ou carboné*, on fait descendre au fond du puits, par le moyen d'une corde, un vase ouvert contenant un mélange de manganèse et de muriate de soude arrosé d'acide sulphurique; mais lorsque le gaz est de l'*azote*, il faut avoir recours au fourneau ventilateur, ou au soufflet, et en vérifier l'effet par l'épreuve de la lanterne allumée. »

Ordonnance du Roi, qui détermine le mode de construction des fosses d'aisance dans la ville de Paris.

Du 24 septembre 1819.

« Section Ire. *Des constructions neuves.*

» Art. 1er. A l'avenir dans aucun des bâtimens publics ou particuliers de notre bonne ville de Paris et de leurs dépendances, on ne pourra employer pour fosses d'aisance, des puits, puisarts, égouts, aqueducs ou carrières abandonnées, sans y faire les constructions prescrites par le présent réglement.

» Art. 2. Lorsque les fosses seront placées sous le sol des caves, ces caves devront avoir une communication immédiate avec l'air extérieur.

» Art. 3. Les caves sous lesquelles seront construites les fosses d'aisance, devront être assez spacieuses pour contenir quatre travailleurs et leurs ustensiles, et avoir au moins deux mètres de hauteur sous voûte.

» Art. 4. Les murs, la voûte et le fond des fosses, seront entièrement construits en pierres meulières, maçonnées avec du mortier de chaux maigre et de sable de rivière bien lavé.

» Les parois des fosses seront enduites de pareil mortier lissé à la truelle.

» On ne pourra donner moins de trente à trente-cinq centimètres d'épaisseur aux voûtes, et moins de quarante-cinq ou cinquante centimètres aux massifs et aux murs.

» Art. 5. Il est défendu d'établir des compartimens ou divisions dans les fosses, d'y construire des piliers, et d'y faire des chaînes ou des arcs en pierres apparentes.

» Art. 6. Le fond des fosses d'aisance sera fait en forme de cuvette concave.

» Tous les angles intérieurs seront effacés par des arrondissemens de vingt-cinq centimètres de rayon.

» Art. 7. Autant que les localités le permettront, les fosses d'aisance seront construites sur un plan circulaire, elliptique ou rectangulaire.

» On ne permettra point la construction de fosses à angles rentrans, hors le seul cas où la surface de la fosse serait au moins de quatre mètres carrés de chaque côté de l'angle; et alors il serait pratiqué, de l'un et de l'autre côté, une ouverture d'extraction.

» Art. 8. Les fosses, quelle que soit leur capacité, ne pourront avoir moins de deux mètres de hauteur sous clef.

» Art. 9. Les fosses seront couvertes par une voûte en plein cintre, ou qui n'en différera que d'un tiers de rayon.

» Art. 10. L'ouverture d'extraction des matières sera placée au milieu de la voûte, autant que les localités le permettront.

» La cheminée de cette ouverture ne devra point excéder un mètre cinquante centimètres de hauteur, à moins que les localités n'exigent impérieusement une plus grande hauteur.

» Art. 11. L'ouverture d'extraction correspondant à une cheminée d'un mètre cinquante centimètres au plus de hauteur, ne pourra avoir moins d'un mètre en longueur sur soixante-cinq centimètres en largeur.

» Lorsque cette ouverture correspondra à une cheminée excédant un mètre cinquante centimètres de hauteur, les dimensions ci-dessus spécifiées seront augmentées de manière que l'une de ces dimensions soit égale aux deux tiers de la hauteur de la cheminée.

» Art. 12. Il sera placé en outre à la voûte, dans la partie la plus éloignée du tuyau de chute et de l'ouverture d'extraction, si elle n'est pas dans le milieu, un tampon mobile, dont le diamètre ne pourra être moindre de cinquante centimètres ; ce tampon sera encastré dans un châssis en pierre, et garni dans son milieu d'un anneau en fer.

» Art. 13. Néanmoins ce tampon ne sera pas exigible pour les fosses dont la vidange se fera au niveau du rez-de-chaussée, et qui auront sur ce même sol des cabinets d'aisance avec trémie ou siége sans bonde, et pour celles qui auront une superficie moindre de six mètres dans le fond, et dont l'ouverture d'extraction sera dans le milieu.

» Art. 14. Le tuyau de chute sera toujours vertical.

» Son diamètre intérieur ne pourra avoir moins de vingt-cinq centimètres s'il est en terre cuite, et de vingt centimètres s'il est en fonte.

» Art. 15. Il sera établi parallèlement au tuyau

de chute un tuyau d'évent, lequel sera conduit jusqu'à la hauteur des souches de cheminées de la maison ou de celles des maisons contiguës, si elles sont plus élevées.

» Le diamètre de ce tuyau d'évent sera de vingt-cinq centimètres au moins : s'il passe cette dimension, il dispensera du tampon mobile.

» Art. 16. L'orifice intérieur des tuyaux de chute et d'évent ne pourra être descendu au-dessous des points les plus élevés de l'intrados de la voûte.

» Section II. *Des reconstructions des fosses d'aisance dans les maisons existantes.*

» Art. 17. Les fosses actuellement pratiquées dans des puits, puisarts, égouts anciens, aqueducs ou carrières abandonnées, seront comblées ou reconstruites à la première vidange.

» Art. 18. Les fosses situées sous le sol des caves qui n'auraient point de communication immédiate avec l'air extérieur, seront comblées à la première vidange, si l'on ne peut pas établir cette communication.

» Art. 19. Les fosses actuellement existantes dont l'ouverture d'extraction, dans les deux cas déterminés par l'art. 11, n'aurait pas et ne pourrait avoir les dimensions prescrites par le même article, celles dont la vidange ne peut avoir lieu que par des soupiraux ou des tuyaux, seront comblées à la première vidange.

» Art. 20. Les fosses à compartimens ou étranglemens seront comblées ou reconstruites à la première vidange, si l'on ne peut pas faire disparaître ces étranglemens ou compartimens, et qu'ils soient reconnus dangereux.

» Art. 21. Toutes les fosses des maisons existantes qui seront reconstruites, le seront suivant le mode prescrit par la première section du présent réglement.

» Néanmoins le tuyau d'évent ne pourra être exigé que s'il y a lieu à reconstruire un des murs en élévation au-dessus de ceux de la fosse, ou si ce tuyau peut se placer intérieurement ou extérieurement sans altérer la décoration des maisons.

» Section III. *Des réparations des fosses d'aisance.*

» Art. 22. Dans toutes les fosses existantes et lors de la première vidange, l'ouverture d'extraction sera agrandie, si elle n'a pas les dimensions prescrites par l'art. 11 de la présente ordonnance.

» Art. 23. Dans toutes les fosses dont la voûte aura besoin de réparations, il sera établi un tampon mobile, à moins qu'elles ne se trouvent dans les cas d'exception prévus par l'art. 13.

» Art. 24. Les piliers isolés établis dans les fosses seront supprimés à la première vidange, ou l'intervalle entre les piliers et les murs sera rempli en maçonnerie, toutes les fois que le passage entre ces piliers et les murs aura moins de soixante-dix centimètres de largeur.

» Art. 25. Les étranglemens existans dans les fosses, et qui ne laisseraient pas un passage de soixante-dix centimètres au moins de largeur, seront élargis à la première vidange, autant qu'il sera possible.

» Art. 26. Lorsque le tuyau de chute ne communiquera avec la fosse que par un couloir ayant moins d'un mètre de largeur, le fond de ce couloir sera établi en glacis jusqu'au fond de la fosse, sous une inclinaison de quarante-cinq degrés au moins.

» Art. 27. Toute fosse qui laisserait filtrer ses eaux par les murs ou par le fond, sera réparée.

» Art. 28. Les réparations consistant à faire des rejointoiemens, à élargir l'ouverture d'extraction, placer un tampon mobile, rétablir les tuyaux de chute ou d'évent, reprendre la voûte et les murs, boucher ou élargir des étranglemens, réparer le fond des fosses, supprimer des piliers, pourront être faites suivant les procédés employés à la construction première de la fosse.

» Art. 29. Les réparations consistant dans la reconstruction entière d'un mur, de la voûte ou du massif du fond des fosses d'aisance, ne pourront être faites que suivant le mode indiqué ci-dessus pour les constructions neuves.

» Il en sera de même pour l'enduit général, s'il y a lieu à en revêtir les fosses.

» Art. 30. Les propriétaires des maisons dont les fosses seront supprimées en vertu de la présente ordonnance, seront tenus d'en faire construire de nouvelles, conformément aux dispositions prescrites par les articles de la première section.

» Art. 31. Ne seront pas astreints aux constructions ci-dessus déterminées les propriétaires, qui, en supprimant leurs anciennes fosses, y substitueront les appareils connus sous le nom de *fosses mo-*

biles inodores, ou tous autres appareils que l'administration publique aurait reconnus, par la suite, pouvoir être employés concurremment avec ceux-ci.

» Art. 32. En cas de contravention aux dispositions de la présente ordonnance, ou d'opposition de la part des propriétaires aux mesures prescrites par l'Administration, il sera procédé dans les formes voulues devant le tribunal de police ou le tribunal civil, suivant la nature de l'affaire.

» Art. 33. Le décret du 10 mars 1809, concernant les fosses d'aisance dans Paris, est et demeure annullé. »

Ordonnance de police pour l'exécution de l'ordonnance royale qui précède.

Du 23 octobre 1819.

« Vu, 1°. l'ordonnance du Roi du 24 septembre 1819, etc.;

» 2°. L'ordonnance de police du 24 avril 1808, concernant les vidangeurs;

» 3°. La loi des 16—24 août 1790, titre XI, article 3, § V;

» 4°. L'article 23, § 5 de l'arrêté du Gouvernement du 12 messidor an VIII (1er. juillet 1800).

» Art. 1er. L'ordonnance du Roi du 24 septembre 1819, contenant réglement pour les constructions, reconstructions et réparations des fosses d'aisance dans la ville de Paris, sera imprimée et affichée.

» Art. 2. Aucune fosse ne pourra être construite, reconstruite, réparée ou supprimée sans déclaration préalable à la Préfecture de police.

» Cette déclaration sera faite par le propriétaire ou par l'entrepreneur qu'il aura chargé de l'exécution des ouvrages.

» Dans le cas de construction ou de reconstruction, la déclaration devra être accompagnée du plan de la fosse à construire ou reconstruire, et de celui de l'étage supérieur.

» Art. 3. La même déclaration sera faite, soit par les propriétaires qui feront établir dans leurs maisons les appareils connus sous le nom de *fosses mobiles inodores*, et tous autres appareils que l'administration publique approuverait par la suite, soit par les entrepreneurs de ces établissemens.

» Art. 4. Seront tenus à la même déclaration les propriétaires qui voudront combler des fosses d'aisance ou les convertir en caves, ou les entrepreneurs chargés des travaux relatifs à ces comblemens et suppressions.

» Art. 5. Il est défendu, même après la déclaration faite à la préfecture, de commencer les travaux relatifs aux fosses d'aisance, ou à l'établissement d'appareils quelconques, sans avoir obtenu l'autorisation nécessaire à cet effet.

» Art. 6. Il est défendu aux propriétaires ou entrepreneurs d'extraire ou faire extraire, par leurs ouvriers ou tous autres, les eaux, vannes et matières qui se trouveraient dans les fosses.

» Cette extraction ne pourra être faite que par un entrepreneur de vidange.

» Art. 7. Il leur est également défendu de faire couler dans la rue les eaux claires et sans odeur qui reviendraient dans la fosse après la vidange, a moins d'y être spécialement autorisés.

» Art. 8. Tout propriétaire faisant procéder à la réparation ou à la démolition d'une fosse, ou tout entrepreneur chargé des mêmes travaux, sera tenu, tant que dureront la démolition et l'extraction des pierres, d'avoir à l'extérieur de la fosse autant d'ouvriers qu'il en emploiera dans l'intérieur.

» Art. 9. Chaque ouvrier travaillant à la démolition ou à l'extraction des pierres sera ceint d'un bridage, dont l'attache sera tenue par un ouvrier placé à l'extérieur.

» Art. 10. Les propriétaires et les entrepreneurs sont, aux termes des lois, responsables des effets des contraventions aux quatre articles précédens.

» Art. 11. Toute fosse, avant d'être comblée, sera vidée et curée à fond.

» Art. 12. Toute fosse destinée à être convertie en cave sera curée avec soin; les joints en seront grattés à vif et les parties en mauvais état réparées, en se conformant aux dispositions prescrites par les art. 6, 7, 8 et 9.

» Art. 13. Si un ouvrier est frappé d'asphixie en travaillant dans une fosse, les travaux seront suspendus à l'instant, et déclaration en sera faite dans le jour à la préfecture de police.

» Les travaux ne pourront être repris qu'avec les précautions et les mesures indiquées par l'autorité.

» Art. 14. Tous matériaux provenant de la démolition des fosses d'aisance seront immédiatement enlevés.

» Art. 15. Il ne pourra être fait usage d'une fosse d'aisance nouvellement construite ou réparée qu'après la visite de l'architecte commissaire de la petite voirie, qui délivrera son certificat constatant que les dispositions prescrites par l'autorité ont été exécutées.

» Toutefois, lorsqu'il y aura lieu à revêtir tout ou partie de la fosse de l'enduit prescrit par le § 2 de l'art. 4 de l'ordonnance royale du 24 septembre 1819, il devra être fait, par le même architecte, une visite préalable pour constater l'état des murs avant l'application de l'enduit.

» Art. 16. Tout propriétaire qui aura supprimé une ou plusieurs fosses d'aisance, pour établir des appareils quelconques en tenant lieu, et qui par la suite renoncerait à l'usage desdits appareils, sera tenu de rendre à leur première destination les fosses supprimées, ou d'en faire construire de nouvelles, en se conformant aux dispositions de l'ordonnance du Roi du 24 septembre 1819 et de la présente ordonnance.

» Art. 17. Les contraventions seront constatées par des procès-verbaux ou rapports qui nous seront transmis sans délai.

» Art. 18. Les Commissaires de police, l'architecte commissaire de la petite voirie, l'inspecteur général de la salubrité et les autres préposés de la préfecture de police sont chargés de surveiller l'exécution de la présente ordonnance.

FIN.

TABLE CHRONOLOGIQUE

DES

LOIS, ARRÊTÉS ET AUTRES ACTES

RAPPORTÉS DANS LE RECUEIL.

                                                                       Pag.

1600 (22 septemb.) ORDONNANCE du Prévôt de Paris ou son Lieutenant civil, pour la police générale et réglement de la voirie à Paris. . 252, 330, 338, 367

1607 (Juillet.) ÉDIT portant réglement général pour les eaux et forêts, du titre des routes et chemins royaux, ès forêts et marche-pieds des rivières. 35

(Décembre.) ÉDIT contenant l'ordre, la fonction et les droits du grand-voyer et de ses commis. 36, 90, 116

1663 (30 avril.) ARRÊT du Parlement de Paris, relatif au nettoiement des rues de cette ville. 367

1667 (18 août.) ORDONNANCE de police sur les pignons et pans de bois à Paris. . . 283

1669 (Août.) ORDONNANCE des eaux et forêts. . . 228

1670 (4 janvier.) ORDONNANCE du Lieutenant de police de Paris, qui enjoint aux habitans de relever les neiges. . . . 325

1674 (26 janvier.) ORDONNANCE du Châtelet de Paris sur la construction des cheminées. 283

1685 (3 août.) ARRÊT du Conseil d'État concernant les caves sous les rues. 92

		Pag.
1685 (29 octobre.)	Jugement du Maître général des bâtimens sur les murs en fondation.	285
1686 (17 mai.)	Ordonnance du Bureau des finances de Paris sur la largeur des chemins publics.	37
1690 (23 décemb.)	Arrêt du Conseil d'État concernant les carrières près des forêts nationales.	245
1693 (16 juin.)	Déclaration du Roi portant réglemens pour les fonctions et droits des officiers de la voirie. . .	38, 261
1697 (1er. avril.)	Ordonnance du Bureau des finances de Paris, portant réglement sur les saillies, étalages et autres embarras sur la voie publique.	263, 332, 340
(Novembre.)	Tarif des droits de voirie faisant suite à l'édit dudit jour.	56
1704 (18 mars.)	Sentence de police qui enjoint de mettre des défenses autour des puits et tonneaux à Paris. (Renouvelée le 4 septembre 1716.). .	386
(14 mai.)	Ordonnance de police concernant l'épuisement des caves et des puits.	387
1704 (29 avril.)	Ordonnance de police concernant les échelles employées sur la voie publique et les ouvriers travaillant sur les toits, à Paris. . . .	325
1705 (26 mai.)	Arrêt du Conseil, contenant réglement pour l'alignement des ouvrages de pavé, le dédommagement des propriétaires sur le terrain desquels les routes seront formées, la plantation des arbres et la largeur des chemins.	39

		Pag.
1712 (1er. juillet.)	Réglement du Maître général des bâtimens sur la construction des entablemens............	287
1720 (3 mai.)	Arrêt du Conseil qui ordonne l'élargissement des grands chemins et la plantation des arbres sur iceux dans l'étendue du Royaume.	42
1721 (17 juin.)	Arrêt du Conseil concernant les alignemens des grands chemins et la police pour leur conservation et liberté.............	44
(21 juin.)	Ordonnance de police concernant les égouts à Paris..........	307
1724 (18 juillet.)	Déclaration du Roi sur les limites de la ville de Paris.......	302
(13 octobre.)	Réglement du Maître général des bâtimens sur les pans de bois, à Paris................	288
1725 (22 mai.)	Arrêt du Conseil sur le réglement des pentes du pavé, à Paris....	308
1727 (20 janvier.)	Ordonnance de police concernant les incendies, à Paris......	388
1728 (3 juillet.)	Ordonnance de police portant défenses de jeter des bottes de foin et de paille par les fenêtres à des heures indues, à Paris......	326
(28 septemb.)	Déclaration du Roi concernant les bâtimens sur la rivière de Bièvre à Paris................	309
1729 (18 juillet.)	Déclaration du Roi concernant les formes à suivre pour la démolition des bâtimens en péril....	80
1731 4 (août.)	Ordonnance du Bureau des finances de Paris, portant défenses d'enlever le pavé des rues.......	315

		Pag.
1732 (26 février.)	Arrêt du Conseil contenant règlement général sur la police de la rivière de Bièvre et la conservation des eaux, à Paris.	310
1741 (28 janvier.)	Ordonnance de police sur l'épuisement des eaux dans les caves, à Paris.	388
1747 (12 décemb.)	Ordonnance du Bureau des finances de Paris sur les précautions de sûreté à observer par les ouvriers travaillant sur la voie publique.	327
1754 (29 mars.)	Ordonnance du Bureau des finances de Paris sur la police générale des routes et chemins. 46,	93
1755 (7 septemb.)	Arrêt du Conseil sur les matériaux à prendre dans les propriétés particulières pour l'usage des ponts et chaussées.	93
(1er. décemb.)	Ordonnance du Bureau des finances de Paris concernant les précautions prescrites aux couvreurs. (Renouvelée le 28 janvier 1786.)	328
1760 (27 juin.)	Idem, concernant les travaux de pavage à la charge des propriétaires.	296
1761 (25 mai.)	Idem, relative aux enseignes.	333
(17 décemb.)	Ordonnance de police sur le même objet.	334
1764 (13 juillet.)	Ordonnance de police sur les gouttières saillantes à Paris.	288
1765 (27 février.)	Arrêt du Conseil concernant les permissions et alignemens sur les routes entretenues aux frais du Roi.	48
(16 mai.)	Déclaration du Roi sur les limites de la ville de Paris.	303

		Pag.
1765 (18 juin.)	Ordonnance du Bureau des finances de Paris sur la police et conservation des grands chemins.	96
1766 (15 juillet.)	Ordonnance du Bureau des finances de Paris sur la manière de border les routes pour en assurer la largeur.	49
1769 (1er septemb.)	Ordonnance de police concernant les dépôts de matériaux, terres, immondices et autres objets sur la voie publique à Paris.	342
1772 (5 avril.)	Arrêt du Conseil d'État concernant les carrières aux abords des routes.	243
1774 (2 août.)	Ordonnance du Bureau des finances de Paris concernant la police des ateliers de paveurs et la conservation des ouvrages publics.	97
(2 août.)	Idem, portant défenses d'endommager les bornes milliaires, d'étaler des linges sur les arbres des routes, etc.	99
1776 (1er. février.)	Idem, concernant les échopes à Paris.	344
(6 février.)	Arrêt du Conseil concernant la largeur et la classification des routes.	50
1777 (26 juillet.)	Ordonnance de police pour l'arrosement des rues de Paris.	373
1779 (1er septemb.)	Ordonnance de police sur la reconstruction des maisons faisant encoignures, les écriteaux, les gouttières, âtres et manteaux de cheminées, à Paris.	289
1780 (8 novemb.)	Ordonnance de police concernant le balayage et le nettoiement des rues de Paris.	373

		Pag.
1784 (17 juillet.)	Ordonnance du Bureau des finances de Paris sur la police générale des chemins............	100
(18 novemb.)	Arrêt du Conseil qui ordonne que les rues, chemins et communications qui ne font pas partie des grandes routes cesseront d'être entretenues aux frais du Roi...	51
1783 (10 avril.)	Déclaration du Roi concernant les alignemens et ouvertures des rues dans Paris.........	254
1784 (25 août.)	Lettres-patentes concernant la hauteur des maisons de la ville et faubourgs de Paris......	257
(10 décemb.)	Ordonnance du Bureau des finances de Paris concernant la suppression des enseignes et étalages en saillies sur les routes de traverse.............	335
1785 (22 janvier.)	Arrêt du Conseil concernant les égouts à Paris..........	316
(30 décemb.)	Lettres-patentes portant bail d'entretien du pavé de Paris. . 294,	297
1786 (28 janvier.)	Ordonnance de police concernant la liberté et la commodité de la voie publique...........	345
1789 (16 janvier.)	Ordonnance du Bureau des finances de Paris sur la fixation des limites de la ville...........	304
(14 décemb.)	Loi sur la constitution des municipalités.............	28
1790 (janvier.)	Décret sur la constitution des assemblées administratives.....	21
(2 juillet.)	Idem. Sur la mise en activité des corps administratifs.......	21

		Pag.
1790 (15 août.)	IDEM. Relatif aux droits de propriété et de voirie sur les chemins publics.	194
(24 août.)	Loi sur l'organisation de l'ordre judiciaire.	28
(11 septemb.)	Décret qui supprime les anciens offices et tribunaux.	21, 197
(12 septemb.)	IDEM. Qui réforme l'art. 10 du décret du 15 août relatif aux droits de propriété et de voirie sur les chemins publics.	196
(14 octobre.)	IDEM. Qui règle différens points de compétence des corps administratifs.	23
1791 (19 janvier.)	IDEM. Relatif à l'organisation des Ponts et Chaussées.	23
(22 juillet.)	Loi sur la police municipale et correctionnelle.	29, 179
(18 août.)	Décret sur l'organisation des Ponts et Chaussées.	23
(6 octobre.)	Code rural (Extrait du).	108
1792 (28 août.)	Loi. (Extrait concernant la propriété des arbres plantés sur les routes.).	110, 199
1793 (4 avril.)	Loi sur la division des biens nationaux.	129
(10 juin.)	Loi. (Extrait concernant la propriété des rues, places, etc.).	130
An 2 (16 frimaire.)	IDEM. (Extrait concernant les chemins vicinaux.)	200
4 (3 brumaire.)	Code pénal (Extrait du).	179
5 (13 nivôse.)	Arrêté du Directoire concernant les chemins de hallage.	230
(23 messidor.)	IDEM, concernant la confection d'un état général des chemins vicinaux.	121

		Pag.
An 5 (13 fructidor.)	Loi relative aux salpêtriers.	111
6 (9 ventôse.)	Arrêté du Directoire sur les mesures à prendre pour assurer le libre cours des rivières ou canaux navigables ou flottables.	231
(28 germinal.)	Loi sur les fonctions de la gendarmerie.	24
(19 thermid.)	Instruction sur l'exécution des dispositions concernant les rivières navigables et flottbles.	234
7 (11 frimaire.)	Loi sur la classification des dépenses publiques (pavage).	120
8 (28 pluviôse.)	Loi concernant la division du territoire et l'Administration.	24, 200
(12 messidor.)	Arrêté du Gouvernement qui détermine les fonctions du Préfet de police à Paris.	250
9 (25 vendém.)	Arrêté du Gouvernement sur la police de la rivière de Bièvre à Paris.	379
(19 messidor.)	Ordonnance de police sur le même objet.	381
10 (24 pluviôs.)	Ordonnance de police sur l'épuisement des eaux dans les caves à Paris.	389
(29 floréal.)	Loi sur le jugement des contraventions en matière de grande voirie.	152
	Extrait du Cahier des charges de l'adjudication passée pour l'entretien du pavé de Paris.	299
(18 messidor).	Arrêté du Gouvernement concernant les arbres et les plantations le long des routes.	52
(4 thermidor.)	Idem, concernant les chemins vicinaux.	201

		Pag.
An 11 (3 brumaire.)	Idem, sur une matière de compétence.	25
(13 frimaire.)	Circulaire du Directeur général des ponts et chaussées sur la répression des contraventions de grande voirie.	154
(14 floréal.)	Loi sur le curage et l'entretien des rivières non navigables.	238
12 (24 ventôse.)	Avis du Conseil d'État concernant les cours d'eau non navigables.	226
(29 prairial.)	Ordonnance de police concernant les appentis et autres saillies sur les boulevarts intérieurs, à Paris.	337
13 (15 pluviôse.)	Décret sur le numérotage des maisons de Paris.	317
(9 ventôse.)	Loi relative aux plantations des routes et aux chemins vicinaux.	53, 201
(7 prairial.)	Instruction sur l'exécution des lois concernant les chemins vicinaux.	202
(4 thermid.)	Avis du Ministre de la justice sur la validité des hypothèques dans les cas d'expropriation.	150
1806 (22 juillet.)	Décret contenant réglement sur les affaires contentieuses portées au Conseil d'État.	167
(31 juillet.)	Décret concernant la quotité des amendes proportionnées à la contribution mobilière.	163
1807 (25 mars.)	Avis du Conseil d'État sur l'interprétation de la loi du 11 frimaire an VII, en ce qui concerne le premier établissement du pavage des rues.	118
(16 septemb.)	Loi sur les desséchemens des marais et autres travaux d'utilité publique.	57, 131, 239

		Pag.
1808 (11 janvier.)	Décret sur les constructions autour de Paris.	305
(22 janvier.)	*Idem*, sur l'établissement des chemins de hallage.	240
(7 mars.)	*Idem*, sur les constructions aux abords des cimetières.	114
(27 juillet.)	*Idem*, qui fixe un délai pour la délivrance des alignemens partiels dans les villes.	58
(27 octobre.)	*Idem*, sur les droits de voirie à percevoir pour la ville de Paris. . .	265
1810 (fév. et mars.)	Code pénal (Extrait du).	180
(8 mars.)	Loi sur les expropriations pour cause d'utilité publique.	138
(13 août.)	Décret concernant les auvens des spectacles et de l'esplanade du boulevart du Temple à Paris. . .	338
(18 août.)	Loi faisant suite à celle du 8 mars sur les expropriations pour cause d'utilité publique.	148
(18 août.)	Décret sur le mode de constater les contraventions en matière de grande voirie. 26,	157
(29 septemb.)	Décret sur une matière de compétence.	54
(13 octobre.)	Arrêté du Ministre de l'intérieur relatif aux matériaux destinés aux grandes constructions dans Paris.	350
1811 (18 février.)	Ordonnance de police concernant les passages sous les piliers des halles à Paris.	355
(20 août.)	*Idem*, concernant les passages ouverts au public sur les propriétés particulières, à Paris.	358

		Pag.
1811 (3 septemb.)	Avis du Conseil d'État sur les alignemens, à Paris et autres villes.	158
(16 décemb.)	Décret contenant réglement sur la construction, la réparation et l'entien des routes.	149, 164
1813 (29 août.)	Décret sur le recouvrement des amendes prononcées en matière de grande voirie.	166
(16 octobre.)	Idem, rendu en matière contentieuse (Chemins vicinaux).	210
(16 octobre.)	Idem, sur la même matière (chemins vicinaux).	212
(8 novemb.)	Avis du Conseil d'État sur une question de compétence (chemins vicinaux.	214
(15 décemb.)	Décret sur une matière de compétence (grande voirie).	26
1814 (30 septemb.)	Ordonnance du Roi portant défenses d'établir des conduites d'eaux ménagères en communication avec les égouts de Paris.	319
1815 (8 mars.)	Ordonnance de police concernant le percement, le curage, la réparation et l'entretien des puits, à Paris.	389
(2 octobre.)	Instruction sur la mise au net et le format des plans d'alignement des villes.	63
1816 (29 février.)	Décision du Roi qui proroge le délai accordé pour la délivrance des alignemens partiels par le décret du 27 juillet 1808.	58
(26 août.)	Ordonnance de police concernant les barrières sur les boulevarts intérieurs à Paris.	353

		Pag.
1816 (12 septemb.)	Circulaire du Directeur général des Ponts et Chaussées sur la notification des arrêtés des Conseils de préfecture en matière de grande voirie.	157
1819 (8 février.)	Ordonnance de police concernant la liberté et la sûreté de la voie publique à Paris.	354
(10 mars.)	Loi relative aux salpêtriers. . . .	112
(18 mars.)	Ordonnance de police concernant les caisses, pots à fleurs et autres objets dont la chute peut causer des acccidens.	328
(16 août.)	Idem, concernant les passages et galeries du Palais-Royal à Paris.	361
(24 septemb.)	Ordonnance du Roi qui détermine le mode de construction des fosses d'aisance à Paris.	396
(23 octob.)	Ordonnance de police pour l'exécution de celle de Sa Majesté. .	402
1820 (30 juillet.)	Idem, concernant l'arrosement des rues de Paris.	376
1821 (26 janvier.)	Idem, concernant le balayage, idem.	377
1822 (1er. mai.)	Ordonnance royale sur les constructions autour de Paris. . . .	306
1823 (23 avril.)	Idem, sur le numérotage des maisons dans les villes des départemens.	127
(24 décemb.)	Idem, contenant réglement sur les saillies à Paris.	270

FIN DE LA TABLE CHRONOLOGIQUE.

TABLE

ALPHABÉTIQUE ET ANALYTIQUE DES MATIÈRES.

A.

ACCOTTEMENS. (*Voyez* Pavé.)

ALIGNEMENS ; en quoi ils consistent et quel est leur objet, p. 31. — Sont donnés par les Préfets pour la grande voirie, 32, 72 ; par les Maires pour la voirie municipale, 32, 57, 73. — Sont tracés, dans le premier cas, par les Ingénieurs des Ponts et Chaussées, 72 ; dans le second, par les architectes voyers, 73. — Défense portée par l'ancienne législation de bâtir sans avoir pris l'alignement dans les rues, 37 ; *idem*, sur les routes, 49, 96, 101. — Étaient donnés autrefois par les Trésoriers de France, Commissaires des Ponts et Chaussées ; suivant les plans arrêtés par le Roi pour les routes et rues de traverse, 49. — Des arbres le long des routes, sont donnés par les Ingénieurs des Ponts et Chaussées, 52 ; arrêtés par les Préfets, 150. — Pour ouverture ou élargissement de rues non grandes routes, dans les villes, sont donnés par les Maires d'après des plans arrêtés par le Roi, 57. — Partiels. Délai fixé aux Maires pour la faculté de les délivrer. Question élevée à ce sujet, 58. — Ne peuvent être provisoires ; difficulté qu'ils occasionnent dans les cas d'avancement d'un bâtiment sur la voie publique avant le reculement de celui qui y fait face, 70. — A Paris, sont donnés par le Préfet du département, 252. — Défense de bâtir sans permission ni alignement suivant les anciens réglemens, 252, 255. (*Voyez* Compétence.)

ALLUVION ; à qui elle appartient, 241.

AMENDES ; pour défaut de plantation d'arbres le long des routes, 150. — Question sur la quotité de celles qu'il appartient aux Conseils de préfecture de prononcer en matière de grande voirie, 161 et suiv. — Leur proportion avec la contribution mobilière, 163. — Pour destruction d'arbres le long des routes, 162, 164. — (Affectation du produit des), 165, 181. — (Mode de recouvrement des), 165, 166. — Pour contraventions en matière de voirie municipale, 179, 180.

APPEL. (*Voyez* Pourvoi.)

ARBRES des routes et canaux; sont sous la surveillance de l'administration forestière, 52. — A qui ils appartiennent, 53, 110, 149. — Ne peuvent être abattus, coupés ou élagués sans autorisation, 53, 103, 150. — Défense de les endommager, 97, 104. — D'y attacher des cordeaux, 99, 104. — Les propriétaires riverains sont obligés de les entretenir, de remplacer les morts, etc., 103, 110, 149. — Des chemins vicinaux. Règle à observer dans leur plantation, 201. — Dispositions relatives à la propriété de ces derniers, 194, 199. (*Voyez* Routes.)

ARCHITECTES, commissaires-voyers et inspecteurs de la petite voirie, à Paris; leurs attributions, 252, 323.

ARROSEMENT des rues de Paris; obligations des propriétaires et locataires, 370, 376.

ATELIERS insalubres, 246.

ATTRIBUTIONS. (*Voyez* Compétence.)

AUVENS et corniches de boutiques, 277. (*V.* Saillies, à Paris.)

AUVENS, appentis et autres saillies sur les boulevarts intérieurs de Paris, 337.

AUVENS des spectacles des boulevarts et de l'Esplanade des Invalides, à Paris, 338.

B.

BALAYAGE des rues de Paris; obligations des propriétaires et locataires, 367, 368, 369, 377.

BALCONS et avant-corps; leur établissement exige l'assentiment des voisins, 264, 275. (*Voyez* Saillies, à Paris.)

BANCS, 274. (*Voyez* Saillies, à Paris.)

BANNES, 278. (*Voyez* Saillies, à Paris.)

BARRIÈRES sur les boulevarts intérieurs de Paris, 353. — Au-devant des maisons, 274. (*Voyez* Saillies de Paris.)

BATIMENS ; la police en appartient aux Préfets pour les grandes routes et pour les rues qui en dépendent, 72 ; aux Maires pour les rues de voirie urbaine, 73. — Sujets à reculement, ne peuvent être réparés dans les fondations et le rez-de-chaussée du mur de face, 74, 75, 76. Indication des travaux qui peuvent y être faits, 77. — Cas où l'on peut en permettre l'exhaussement, 78. — En péril ; signes où l'on reconnaît qu'il y a lieu d'en ordonner la démolition, 79 ; formalités à observer en pareil cas, 79 et suivantes ; peines contre ceux qui refusent ou négligent d'exécuter les réglemens à cet égard, 180. — Questions sur les réparations qui peuvent être tolérées par suite de la démolition des constructions voisines, au mur de face, 86 ; au mur mitoyen découvert, 87. — Tenus d'avancer sont soumis aux mêmes prohibitions que ceux qui sont sujets au reculement, 89. — Démolis par la volonté du propriétaire ou par cause de vétusté, ne donnent lieu à indemnité que pour la perte du terrain cédé à la voie publique, 135. — Entamés pour l'exécution d'un projet d'utilité publique, doivent être acquis en entier si le propriétaire l'exige, 136. — Qui reçoivent la faculté d'avancer sur l'alignement, obligent les propriétaires à payer le prix du terrain dont ils s'agrandissent, 136. — Situés à l'angle de deux rues, dont l'une est grande route, sont soumis aux réglemens de grande voirie, 153. — A Paris, les propriétaires sont tenus de présenter à l'autorité les plans de ceux qu'ils veulent construire, 255.

BIÈVRE (Rivière de) à Paris ; police des bâtimens qui la bordent, 309. — Conservation des eaux, 310 et suiv. — Police générale de la rivière, 379 et suiv.

BORNES, 274. (*Voyez* SAILLIES, à Paris.)

BUREAUX des finances ; origine de leur charge de voyers, 12. — Leur compétence et leurs attributions en matière de voirie, 14.

C.

CAISSES et pots à fleurs, etc. ; défense d'en exposer aux fenêtres et autres parties des bâtimens, à Paris, 328.

CANAUX. (*Voyez* COURS D'EAU.)

CARRIERES; distances à observer à l'égard des routes et chemins près desquelles on peut en ouvrir, 93, 107, 243. — *Idem*, à l'égard des forêts, 245. — Les chemins qui y conduisent doivent être garnis d'une chaussée avec bornes, etc., à leur débouché sur les routes, 107, 244. — Règles générales sur l'établissement des carrières, plâtrières, glaisières, sablonnières, marnières et crayères, 245.

CAVES; défenses d'en creuser aucune sous les rues, 90. — Celles des maisons retranchées peuvent être conservées, 92. — Obligation de vider les caves où l'eau séjourne, à Paris, 387, 388.

CHAMBRE des bâtimens; ce qu'était cette juridiction, 282. — Ses réglemens, 285 et suiv.

CHAUSSÉES. (*Voyez* CHEMINS PUBLICS et ROUTES.)

CHEMINÉES; comment elles doivent être construites, à Paris, 283, 290, 291.

CHEMINS publics; leur largeur réglée suivant leur ordre, 37, 46. — Défense de planter à moins de six pieds du bord, de les fouiller, couper et labourer, 38. — Le pavé en sera conduit du plus droit alignement que faire se pourra, 39, 44. — Mode de dédommagement des propriétaires dépossédés par suite de leur redressement, 40. — (Défense de faire aucune translation de), 46, 101. — Aux propriétaires qui reçoivent leurs eaux, d'en interrompre le cours, 48. (*Voyez* ROUTES.)

CHEMINS VICINAUX; quels sont les chemins qu'on désigne ainsi, 191. — Appartiennent aux communes, 191. — Difficultés que présente l'application des dispositions en vigueur sur cette matière, 192. — La police de conservation en appartient aux Maires, 197. — Sont entretenus aux frais des communes, 197, 200, 201. — Défense de les dégrader, 198. — Il en sera formé un état général dans chaque département, 200, 202. — L'Administration est chargée d'en faire rechercher et reconnaître les limites, 201. — Instruction sur les attributions de l'autorité administrative en cette partie, 202 et suiv. — Les Conseils de préfecture n'interviennent pas dans la reconnaissance et la fixation de la largeur des chemins vicinaux, 209.—(Mode d'entretien des) par prestation en nature, 208 ; ce mode a cessé d'être applicable, 210. — La fixation de leur largeur appartient à l'autorité préfectorale, 206. — Les envahissemens et anticipations sont jugés par les Conseils de préfecture ; mode de poursuite, 206. — Les dépôts de fumiers, encombremens, détériorations, etc., sont justiciables des tribunaux, 207.

CHEMINS DE HALLAGE; les propriétaires d'héritages contigus aux rivières navigables sont tenus de laisser libre le terrain nécessaire, 229, 230, 240. — Leur existence ne constitue qu'une servitude légale, 231, 241. — Il est dû une indemnité aux propriétaires pour ceux qu'exige l'établissement d'une nouvelle navigation, 241. — Leur largeur peut être restreinte suivant les cas, 241.— Ne sont exigibles que là où la navigation existe, 241.

CIMETIÈRES; distances à observer pour les puits et les constructions dans les environs, 114.

COMPÉTENCE; dispositions générales *en matière de grande voirie*, 16, 21 et suiv. — Des Conseils de préfecture, *idem*, 18, 24 et suiv., 54, 72, 151, 152, 153, 154, 155, 156 et suiv., 164, 165.—Des Préfets, des tribunaux, *idem*, 27, 72, 151, 152. — Des Maires et Adjoints, *idem*, 26, 72, 152. — Des Sous-Préfets, *idem*, 155, 156, 164. — Des corps municipaux *en matière de voirie municipale*, 15, 28. — Des Maires et Adjoints, *idem*, 29, 30, 32, 57, 73. Des tribunaux de police, *idem*, 18, 28, 73, 181 et suiv. — Des mêmes autorités en matière de *petite voirie*, 30, 73. — Des Conseils municipaux en matière de *chemins vicinaux*, 200, 201, 203. — Des Sous-Préfets, *idem*, 204. — Des Préfets et des Conseils de préfecture, *idem*, 197, 201, 202, 204, 206, 209, 210, 212, 214. — Des tribunaux, *idem*, 197, 207, 212, 214. — Cas divers, *idem*, 217 et suiv. — Des autorités administratives et judiciaires en *matière de cours d'eau*, 222 et suiv. — Du Préfet de la Seine et du Préfet de police à Paris, 250. (*Voyez* CHEMINS PUBLICS et VICINAUX, COURS D'EAU et ROUTES.)

CONDUITES d'eaux ménagères ; défenses d'en établir en communication avec les égouts, à Paris, 319 et suiv.

CONSEIL D'ÉTAT. (*Voyez* Pourvoi.)

CONSEILS DE PRÉFECTURE ; leurs arrêtés ont caractère de jugemens, ils doivent être notifiés par huissier, 155, 157 et suiv. (*Voyez* Compétence.)

CONSTRUCTIONS autour de Paris (Dispositions relatives aux), 302.

CORNICHES ET ENTABLEMENS, 280. (*Voyez* Saillies à Paris, Entablemens.)

CONTRAVENTIONS ; en matière de *grande voirie*, mode de les constater, 26, 151, 152. — D'en poursuivre la répression, 164. — Aux alignemens donnés et aux réglemens établis entraînent la destruction des ouvrages, 160. Cette destruction ne peut être effectuée d'office, 165. — Sont jugées par les Conseils de préfecture, 25, 27, 72, 151 et suiv., 164, 165. — Poursuivies par les Préfets et Sous-Préfets, 72, 153 et suiv. — Peuvent être constatées par les Maires et Adjoints, 72, 154. — Concurrence du tribunal de police dans certains cas, 152. — Forme des procès-verbaux, arrêtés et notifications, 154. — Instruction sur les poursuites et les jugemens, 155. — En matière de *voirie municipale*, sont déférées à l'autorité judiciaire, 30, 181. — Sont poursuivies par les Maires par l'intermédiaire de leurs Adjoints ou des Commissaires de police, 73. — Les entrepreneurs de bâtimens sont poursuivis comme les propriétaires, 153. (*Voir* Alignemens, Compétence, Conseils, etc.)

COURS D'EAU ; distinctions qu'ils comportent, 221. — On ne peut former aucun moulin, usine, ou établissement quelconque sur les rivières navigables ou flottables, sans une permission de l'autorité administrative, 228, 233. — *Idem*, sur les canaux de dessèchement, d'irrigation ou de navigation, 233. — Défense de détourner l'eau des rivières navigables et flottables, et d'en affaiblir ni altérer le cours, 229, 230, 233 ; d'y jeter des ordures, ou de les amasser sur le rivage, 229 ; de tirer du sable à moins de six toises des rivages, 230. — Mesures relatives à la formation des établissemens susceptibles d'être autorisés sur les rivières navigables et flottables, 234 et suiv. — Réglement sur le curage des rivières non navigables ni flottables, 238. — Règles relatives à l'exécution des travaux d'art, aux expropriations et aux indemnités, 239. — Usage permis des eaux courantes non navigables, 242. — Concession de prise d'eau sur les ruisseaux des rues d'une commune, 242.

COUVERTURES en paille et autres matières combustibles; cas où elles doivent être défendues ou tolérées, 183.

CUVETTES, 279. (*Voyez* SAILLIES, à Paris.)

D.

DÉMOLITION des bâtimens; cas où il y a lieu de l'ordonner pour cause de péril, 79 et suiv.

— Règles relatives à l'examen des matériaux salpêtrés provenant des démolitions effectuées par les propriétaires, 111 et 112. — D'office des travaux exécutés contre les réglemens; discussion de la question *si les Maires peuvent l'ordonner?* 185 et suiv. (*Voyez* BATIMENS.)

DÉPOTS de matériaux et autres objets dans les rues de Paris; défenses de les y laisser séjourner, 338, 341. (*Voyez* EMBARRAS SUR LA VOIE PUBLIQUE, à Paris.)

DEVANTURES de boutique, 281. (*V.* SAILLIES, à Paris.)

DROITS DE VOIRIE. (*Voyez* SAILLIES.)

DOMAINES NATIONAUX; peuvent être aliénés comme les propriétés particulières pour utilité publique départementale ou communale, 129.

E.

ÉCHOPES, à Paris, 276. — Défenses aux propriétaires d'en laisser établir sans permission auprès de leurs maisons, 344.

— Ne peuvent être que mobiles, 344. (*V.* SAILLIES, à Paris.)

ÉCLAIRAGE des rues; dans quels cas les frais de premier établissement sont à la charge des riverains, 124. — Des matériaux entreposés et des excavations faites dans les rues et places; peines contre ceux qui négligent d'y pourvoir, 180.

ÉCLUSES. (*Voyez* Cours d'eau.)

ÉGOUTS, à Paris; les propriétaires des maisons sous lesquelles ils passent, sont tenus de contribuer aux réparations et à l'entretien, 307, 316. (*Voyez* Conduites d'eaux, etc.)

EMBARRAS de la voie publique, à Paris, 338 et suiv.

EMBATTOIRS de maréchaux; ne peuvent être établis le long des routes sans permission, 54, 102.

ENCOIGNURES (Dispositions particulières aux maisons formant), à Paris, 289.

ENCOMBREMENS de la voie publique sont défendus, 90, 91, 96. (*Voyez* Routes.)

ENCORBELLEMENS et parties supérieures de portiques; sont assujettis aux mêmes règles que les bâtimens formant saillie à partir du sol, 89. — A Paris, 280. (*Voyez* Saillies, à Paris.)

ENSEIGNES, à Paris (Dispositions particulières aux), 277, 333 et suiv. (*Voyez* Saillies, à Paris.)

ENTABLEMENS, à Paris; précautions à prendre pour en assurer la solidité dans les constructions, 280, 287. (*Voyez* Saillies, à Paris, Corniches, etc.)

ESCALIERS EXTÉRIEURS; conditions auxquelles leur suppression est subordonnée, 92.

ÉTALAGES, à Paris, 332, 334, 335, 349. (*V.* Saillies.)

ÉVIERS; défense de les faire plus haut que le rez-de-chaussée s'ils ne sont couverts, 91. — *Idem*, à Paris, 279, 328. (*Voyez* Saillies, à Paris.)

EXPROPRIATION pour cause d'utilité publique; quelles dispositions régissent cette matière, 128. — C'est le Roi qui prononce si l'utilité publique l'exige, 130. — Indemnités dues aux propriétaires, doivent être payées préalablement, 131, 146. — Formes relatives à l'évaluation et au paiement des indemnités dues aux propriétaires pour cause de dépossession, ou par eux pour plus-value de leurs propriétés, par suite de l'exécution des travaux publics ordonnés, 131 et suiv., 137. — Formes relatives à l'expropriation proprement dite, 138 et suiv., 148.

F.

FERMETURES de boutiques, 330. (*V.* Saillies, à Paris.)

FOSSES D'AISANCE, à Paris; toute maison doit en être pourvue, 292. — Précautions qu'exige leur établissement, 292. — Obligation de réparer celles qui sont endommagées, 388, 389. — (Mode de construction et de réparation des), 396 et suiv.

FOSSÉS le long des grandes routes; leur entretien est une charge des propriétés riveraines, 41, 43, 45, 101, 150. — Leurs dimensions, leur distance du pavé, 41, 42, 43, 101. — Défense de planter des arbres à moins de trois pieds de distance, 41; à moins de six pieds, 45; de les combler, d'y déposer fumiers ou immondices, d'y faire fouilles ou plantations, 45, 97. — Toutes les routes seront bordées par des fossés avec berges et talus, 49, 101. — Le long des chemins vicinaux ne sont pas à la charge des riverains, 209.

FOUILLES. (*Voyez* Terrains pris ou fouillés, etc.)

G.

GOUTTIÈRES saillantes, 281. — Comment elles doivent être établies, 288, 289. (*Voyez* Saillies, à Paris.)

H.

HYPOTHÈQUES; formalités à observer dans les cas d'expropriation, 130, 132, 145.

I.

INDEMNITÉS. (*Voyez* Terrains pris ou fouillés, etc.; Expropriations.)

J.

JOURS ET ISSUES des bâtimens sur la voie publique, 71, 79.

M.

MAISONS; leur hauteur proportionnée à la largeur des rues, à Paris, 255, 257. (*Voyez* Batimens.)

MATÉRIAUX; défense d'enlever ceux qui sont destinés aux ouvrages publics, ou mis en œuvre, 97, 106. — De prendre les gazons, terres et pierres des chemins publics sans autorisation, 108. (*Voyez* PAVÉ.)

MARCHE-PIED le long des rivières. (*Voyez* CHEMINS DE HALLAGE.)

MINES (Administration des), 245.

MURS en fondation (Construction des), à Paris, 285. (*Voyez* BATIMENS.)

N.

NEIGES ET GLACES (Obligation d'enlever les), à Paris, 325, 378.

NETTOIEMENT des rues de Paris (Dispositions relatives au), 367 et suiv.

NIVELLEMENT du sol des rues exige les mêmes formalités que l'alignement, 124 et suiv. — *Idem*, à l'égard des routes, 126.

NUMÉROTAGE des maisons dans les villes des départemens, 127. — A Paris, 317.

P.

PANS DE BOIS; défense d'en construire sur la voie publique, et de réédifier ceux qui existent, 36. — Peuvent être être permis, 285. — Comment, dans ce cas, ils doivent construits à Paris, 283, 287, 288.

PAS OU MARCHES, 274. — (*Voyez* SAILLIES, à Paris.)

PASSAGES publics à Paris (Dispositions particulières aux), 355 et suiv.

PAVÉ; les propriétaires riverains des routes et rues de traverse sont tenus à l'entretien des revers et accottemens, 47, 104. — Défense de faire aucune tranchée et ouverture dans le pavé de Paris ou des routes royales, accottemens, revers et glacis, 98, 105; d'enlever, recéler et acheter les pavés, le sable et autres matériaux destinés aux ouvrages publics, 97, 106; d'interrompre le cours des eaux par clôture ou autrement, 105. — Discussion sur la question si le premier établissement du pavé des rues peut légalement être mis à la charge des riverains, 115 et suiv. — *Id.*

à Paris ; obligations des propriétaires, 293 et suiv. — Les propriétaires sont tenus de demander le niveau de pente pour bâtir, 308. — Défense de dépaver les rues, d'en enlever les pavés non plus que tous autres matériaux, 315. — D'y faire des trous et tranchées, d'y poser pieux, étaies, etc., 340.

PAVEURS; défense de les troubler dans leurs travaux, 98, 106.

PEINES; prononcées par les anciens réglemens ne sont applicables que pour les cas où la législation nouvelle ne les a point changées, 157, 178 et suiv., 257. — Appliquées en matière de voirie municipale, 179, 180. (*Voyez* Amendes.)

PERCHES, 279. — (*Voyez* Saillies, à Paris.)

PERRONS, 274. — (*Voyez* Saillies, à Paris.)

PIGNONS à Paris (Forme des), 287.

PLANS d'alignemens; origine de leur formation, 33. — Mode de confection de ces plans; formalités auxquelles ils donnent lieu, 61 et suiv. — Des rues formant traverse, 49, 68. — Admettent la suppression de bâtimens entiers, 69. — A Paris, sont arrêtés dans les formes indiquées pour les villes, 258 et suiv.

PLANS symétriques; ne peuvent être imposés à la propriété particulière sans le consentement du propriétaire, 126.

PONTS ET CHAUSSÉES; attributions de cette administration, 23.

PORTE-A-FAUX (Défense de bâtir en); sur les rues, 36. *Idem*, à Paris, 256.

POURVOI au Conseil d'État; formes dans lesquelles il doit être introduit, 167 et suiv. — Contre les jugemens des tribunaux, 189. — Contre les décisions des autorités administratives, 73.

PROHIBITIONS; en quoi elles consistent, 73. — Sont observées comme en matière de voirie à l'égard des abords des places de guerre, 114. (*Voyez* Batimens.)

PROPRIÉTÉ (questions de); sont déférées au jugement des tribunaux en matière de grande voirie, 27. — *Idem*, en matière de voirie municipale, 30. — *Idem*, pour les chemins vicinaux, 212, 214, 221. — *Idem*, pour les cours d'eau. (*Voyez* COMPÉTENCE), 224, 228. — Des rues et places, quais et promenades non entretenus par l'État, 130. — Des chemins, routes et rues à la charge de l'État; des fleuves et rivières navigables, 131, 228. — Particulière, peut être chargée de contribuer aux dépenses d'utilité générale, à proportion des avantages qu'elle en retire, 131 et suiv.

PUITS, à Paris; obligation de les entourer de défenses, 386, 390. — D'en épuiser l'eau provenant des caves, 387. — De les entretenir en bon état, 388. — (Percement, curage et réparation des), 389 et suiv.

R.

RECOURS. (*Voyez* POURVOI.)

RÉGLEMENS anciens; sont confirmés par la nouvelle législation, 18, 29.

RIVIÈRES. (*Voyez* COURS D'EAU. *Voyez* BIÈVRE, à Paris.)

ROUTES (grandes); leur largeur dans la traverse des forêts, 35, 42, 51. — Les riverains sont tenus de les border de plantations, 43, 53, 102. — Leur largeur fixée suivant leur ordre, 37, 42, 46, 50. — (Règles à observer dans les plantations), 53, 102, 149. — Défense d'entreprendre sur leur largeur, 49, 100. — D'y déposer ni laisser séjourner aucuns gravois, terres, immondices, charrettes, ustensiles ou autres objets, 96, 105. — D'y faire aucuns trous, fouilles, culture, etc., 105. — De rompre, couper ou abattre les arbres, 44. — D'endommager les bornes milliaires, celles des ponts, et d'étendre des linges et autres objets le long des routes; aux adjudicataires d'arbres, d'y laisser séjourner tout ou partie d'iceux, 99, 100. (*Voyez* ARBRES et CHEMINS PUBLICS.)

RUES, chemins et autres communications, non grandes routes, retirés des baux d'entretien, des ponts et chaussées, et les droits de voirie remis aux seigneurs justiciers, 51. — Fonctions attribuées autrefois au grand voyer pour assurer la commodité du passage dans les rues, 90. — Ne peuvent être fermées sans permission, 91.—Des communes rurales doivent-elles être régies comme chemins vicinaux? Discussion de cette question, 214 et suiv.—Destinées à diviser un bien national; formes à suivre pour l'acquisition des maisons et terrains nécessaires à leur percement, 129. — A Paris; sont réputées grandes routes, 19.— Il ne peut en être ouvert de nouvelles qu'en vertu d'une ordonnance du roi, 254. — Seront élargies jusqu'à concurrence de trente pieds, *ib.* — Il en sera dressé des plans pour être soumis à l'approbation du roi, *ib.*

S.

SAILLIES; en quoi elles consistent, 34. — Défense d'en faire aucune aux bâtimens neufs et de conforter les anciennes, 36; de poser aucune échoppe ni chose saillante sur les rues, routes et chemins, sans permission, 47, 49, 90, 101.— Dépendent des attributions des maires dans les rues des villes, bourgs, villages, 73. — Ancien tarif des droits auxquels donnait lieu l'établissement des saillies autorisées, 56. — A Paris; Défense d'en établir de nouvelles et de fortifier les anciennes sans permission, 261, 263. — Fixes; dépendent des attributions du Préfet du département, 260. — Mobiles; concernent le Préfet de police, 260. — Autorisées; leurs dimensions, etc., 270 et suiv. — Droits attribués à l'administration pour les permissions qu'elle accorde, 265 et suiv. (Pour les PASSAGES, *voyez* ce mot.)

SALPÊTRIERS. (*Voyez* DÉMOLITIONS, 429.)

SERVITUDES; articles du Code civil, 115, 242.—(Questions de); sont du ressort des tribunaux, 27.— A Paris, en matière de construction, 292.

SURETÉ de la voie publique, à Paris; précautions ordonnées pour éviter les accidens, p. 325 et suiv.

SUPPRESSION de rues, places ou autres voies publiques; ne peut s'effectuer qu'avec l'assentiment des riverains, ou moyennant un dédommagement suivant les formes, 126. (*Voyez* RUES, 431.)

SURSIS; peut être ordonné par le Conseil d'État quand il s'agit de démolir, 167.

T.

TERRAINS pris ou fouillés pour la confection des travaux publics; les contestations entre les propriétaires et les entrepreneurs, sont jugés administrativement, 22; pour torts et dommages procédant du fait personnel des entrepreneurs, *idem*, 22; le Conseil de préfecture prononce dans les deux cas, 24. — Règles de l'ancienne législation sur cette matière, 93 et suiv. 106. — Les agens de l'Administration peuvent fouiller dans un champ pour y prendre leurs matériaux, sans autre formalité que d'avertir préalablement le propriétaire, et à charge de l'indemniser, 108; question de savoir si les entrepreneurs des travaux communaux peuvent jouir du même droit, 109. — Règles sur l'évaluation des indemnités, 137.

TRAVERSES OU PONTS de communication sur les rues, sont interdits, 263.

TRÉSORIERS de France. (*Voyez* BUREAUX DES FINANCES.)

TRIBUNAUX de police. (*Voyez* COMPÉTENCE.)

TUYAUX de poêle et de cheminées, 278. (*Voyez* SAILLIES, à Paris.

VANNES de moulins. (*Voyez* COURS D'EAU.)

VOIRIE; en quoi consiste cette partie de l'Administration publique, 8. — Son origine, 9 et suiv. — Distinction de la grande voirie et de la voirie municipale, 16, 17. — A Paris la grande voirie dépend des attributions du Préfet de la Seine, et la petite de celles du Préfet de police, 31, 250. (*Voyez* COMPÉTENCE.)

FIN DE LA TABLE ALPHABÉTIQUE ET ANALYTIQUE DES MATIÈRES.

www.ingramcontent.com/pod-product-compliance
Lightning Source LLC
Chambersburg PA
CBHW070617230426
43670CB00010B/1561